青岛市图书馆馆藏西文珍本文献提要

曲　玲　陈东庆　李晨曦　编译
青岛市图书馆　校译

中国海洋大学出版社
·青岛·

图书在版编目（CIP）数据

青岛市图书馆馆藏西文珍本文献提要：汉、英、德、法 / 曲玲，陈东庆，李晨曦编译. —青岛：中国海洋大学出版社，2020.8

ISBN 978-7-5670-2485-4

I.①青… II.①曲… ②陈… ③李… III.①西方图书－内容提要－汇编－青岛－汉、英、德、法 IV.①Z822.1

中国版本图书馆CIP数据核字（2020）第053595号

青岛市图书馆馆藏西文珍本文献提要：汉、英、德、法

出版发行	中国海洋大学出版社			
社　　址	青岛市香港东路23号	邮政编码	266071	
出 版 人	杨立敏			
网　　址	http://pub.ouc.edu.cn			
电子信箱	yyf_press@sina.cn			
订购电话	0532-82032573（传真）			
责任编辑	杨亦飞	电　　话	0532-85902533	
印　　制	青岛国彩印刷股份有限公司			
版　　次	2020年9月第1版			
印　　次	2020年9月第1次印刷			
成品尺寸	185 mm×260 mm			
印　　张	17.5			
字　　数	340千			
印　　数	1—1 000			
定　　价	48.00元			

发现印装质量问题，请致电0532-58700168，由印刷厂负责调换。

部分馆藏英文珍本书影

 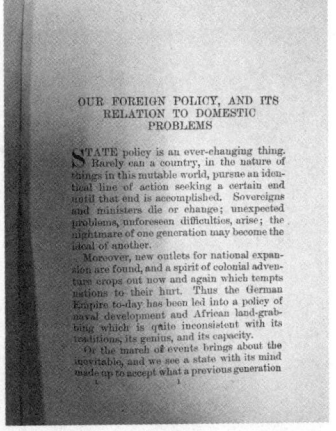

《美国外交政策》书影

《社会哲学导论》书影

 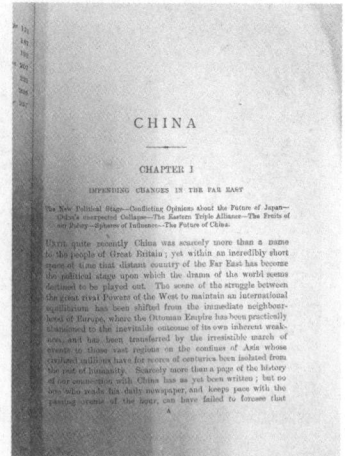

《中国》书影

部分馆藏德文珍本书影

《曼斯菲尔德的阿尔布雷希特伯爵》书影

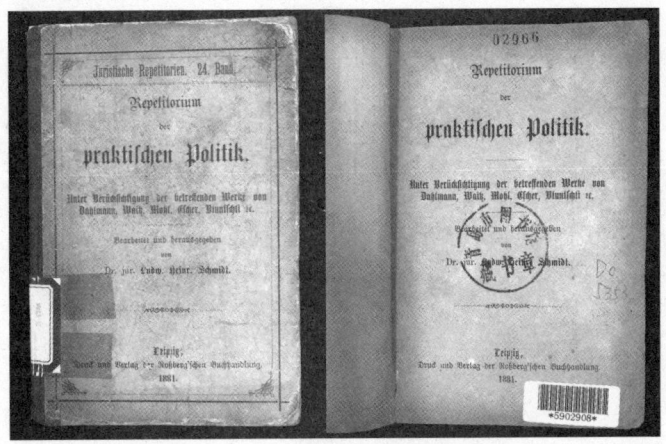

《实用政治》(修订版)书影

部分馆藏法文珍本书影

《法国大革命史》《法国的伟大传奇》《执政政府与帝国史》书影

序

  青岛,曾经受到德国等西方国家的侵略,由此,西方的文化和宗教逐渐渗透至此。它们在青岛建立了学校、图书馆、语言的联盟、宗教团体等机构,收藏了一定数量的西文文献。1949年后,这些西文文献被移交至青岛市图书馆,保留至今。

  西文文献一直是史学研究者重视的重要文献信息资源之一。本着有助于中外学者对这些文献的研究,特别是对中西关系史、中西文化史和传教史的研究,并让读者了解那个时期内出版情况的宗旨,我们编写了《青岛市图书馆馆藏西文珍本文献提要》一书。本书主要收录了青岛市图书馆馆藏的17至20世纪初出版的西文文献。这些珍本文献主要为英文、德文和法文;在内容上,主要有宗教、政治、经济、军事、语言、历史、地理、工业、农业、交通等类目,以社会科学类的文献为主。其中,有些文献或能填补中外文化交流史研究和近代出版史的空白。期望读者通过查阅本书信息对所研究的领域能有所裨益。

  由于书中所收录的文献代表着当时的社会状况,文献中的观点和立场各有不同,著者的情况也较复杂,所以我们采取了按原书原样著录,展现的是历史的本来面目,但这并非表明我们完全赞同文献中的观点。

  限于水平,书中难免存在错误或不当之处,敬请读者批评指正。

编者
2019.10

凡　　例

一、本书文献按《中国图书分类法》22大类分类，按《中国文献编目规则》和《西文文献著录条例》规定格式著录。

二、本书著录项目主要包括题名项、责任者项、版本项、出版者项、出版年、中文提要。

具体格式为：

　　正题名：副题名/责任者.－版本.－出版地：出版者，出版日期

　　页数；尺寸

　　提要。

三、本书为了尊重历史文献的本来面目，在著录文字中尽量采用原始文献中所用文字和词语。

四、本书文献均收藏于青岛市图书馆。

五、本书按《中国图书馆分类法》排列。

目 录

英文图书

- B 哲学、宗教 …… 001
- C 社会科学总论 …… 020
- D 政治、法律 …… 022
- E 军事 …… 074
- F 经济 …… 076
- G 文化、科学、教育、体育 …… 079
- H 语言、文字 …… 087
- I 文学 …… 093
- J 艺术 …… 155
- K 历史、地理 …… 158
- N 自然科学总论 …… 207
- O 数理科学和化学 …… 208
- P 天文学、地球科学 …… 216
- Q 生物科学 …… 216
- R 医药、卫生 …… 218
- S 农业科学 …… 219
- T 工业技术 …… 220
- U 交通运输 …… 225
- Z 综合性图书 …… 226

德文图书

B 哲学、宗教 …………………………………………………………… 229
D 政治、法律 …………………………………………………………… 235
E 军事 …………………………………………………………………… 237
F 经济 …………………………………………………………………… 238
G 文化、科学、教育、体育 ……………………………………………… 239
H 语言、文字 …………………………………………………………… 241
I 文学 …………………………………………………………………… 249
K 历史、地理 …………………………………………………………… 252
O 数理科学和化学 ……………………………………………………… 254
P 天文学、地球科学 …………………………………………………… 254
R 医药、卫生 …………………………………………………………… 255
S 农业 …………………………………………………………………… 255
T 工业技术 ……………………………………………………………… 257
Z 综合性图书 …………………………………………………………… 259

法文图书

I 文学 …………………………………………………………………… 261
K 历史、地理 …………………………………………………………… 262

英文图书

B 哲学、宗教

B08/M156－2

An Introduction to Social Philosophy/ John S. Mackenzie. —2nd ed. —Glasgow：James Maclehose & Sons，c1895

xv，454 p.；20 cm.

本书介绍了社会哲学的范畴、社会存在的问题、社会运行机制、社会发展的最终目的、理想的社会状态和社会进步的要素等内容。本书分别从社会研究的本质及重要性、社会研究和社会经济发展的关联性、社会研究的普遍方法及其他多种途径论述了何为社会哲学,并切入社会研究过程中显现出来的问题,以点明研究社会哲学的必要性及其在整个社会科学研究中的重要地位;介绍了人类当下面临的严峻社会问题、挑战以及人类社会分为专制无自由、纯粹自由主义和社会自由与纪律并存的三个阶段。本书分析了社会机制的历史演变和体系构成;强调理想社会就是追求幸福,幸福就是个人修养完善、自然至上、社会有序;同时,讨论了社会进步需要的要素。

B08/R186

Modern Classical Philosophers：Selections Illustrating Modern Philosophy From Bruno to Spencer/ Benjamin Rand. —London：Archibald Constable & Co.，c1908

xiii，740 p.；23 cm.

本书介绍了哲学泰斗的生平及作品。例如:乔不丹诺·布鲁诺及其哲学著作《对话集》中第二段对话——论万物的起因、发展和结局,弗朗西斯·培根及其著作《新工具》,托马斯·霍布斯及其著作《利维坦》,勒内·笛卡尔及其著作《方法谈》,巴努赫斯·斯宾诺莎及其著作《伦理学》,戈特弗里德·威廉·莱布尼茨及其著作《单子论》,约翰·洛克及其著作《人类理智论》,乔治·贝克莱及其著作《人类知识原理》,戴维·休谟及其著作《人类理智研究》,艾迪安·孔狄亚克及其著作

《感觉说》,伊曼努尔·康德及其著作《纯粹理性批判》,约翰·戈特利布·费希特及其著作《知识原理简史》,弗里德里希·威廉·约瑟夫·谢林及其著作《超验主义与理想主义》,格奥尔格·威廉·弗里德里希·黑格尔及其著作《逻辑学》,亚瑟·叔本华及其著作《作为意志和表象的世界》,奥古斯特·孔德及其著作《实证哲学教程》,约翰·穆勒及其著作《对威廉姆·汉密顿哲学的解析》,赫伯特·斯宾塞及其著作《第一项原则》。

B081.1/L885－2(1)

B081.1/L885－2(2)

Metaphysic: In Three Books, Ontology, Cosmology and Psychology. Vol. I/ Hermann Lotze. —2nd ed. —Oxford: The Clarendon Press, c1887

xx, 390 p.; 20 cm.

本书论述了形而上学思想中的存在论、宇宙论和精神论。存在论篇分为简介和七章。在简介中,作者通过事物之间的联系提出了现实生活中处处有形而上学思想的存在,描述了人类如何形成经验及其与形而上学的关联。七章分别描述了事物的形成与来源、事物的本质、客观物质世界的法则与人类主观意识的共存、客观世界形成和变化所必须遵循的规律、人类遵循客观规律而改造世界的精神活动的本质、事物的矛盾对立统一性以及存在论的总结。宇宙论篇阐释了人类对于空间观念的主观性、人类对于空间观念的形成过程、时间的本质和存在形式、运动的本质和存在形式、物质的本质以及对于世界物质性的理论架构、物质的组成要素、物质运动的客观规律以及自然发展过程中所表现出的各种形式。精神论篇阐释了人类灵魂的形而上学思想、人类的感觉和意志、人类行为与主观意图的关联、超灵观念的形成以及人类精神活动的心理学依据。

B1/L258

Classical (Imaginary) Conversations: Greek, Roman, Modern/ Walter Savage Landor. —New York: M. Walter Dunne, c1901

xv, 418 p.; 23 cm.

本书收录了古代名人和现代名人间的近一百五十次对话。本书借对话泛论各种主题,以古喻今。全书分为三个版块——希腊、罗马和现代。在希腊版块中,对话的双方既有古希腊神话人物(如特洛伊之战的传奇英雄阿喀琉斯和海伦娜),也有希腊著名人物(如宫廷诗人阿那克里翁和波利克拉特斯),还虚构了大哲学家柏拉图和犬儒主义代表人物(如第欧根斯、德谟克利特和斯多葛派哲学家欧布里德)的对话。对话内容包括对神话故事的新解、对民主自由的讨论和哲学观点的交锋。在罗马版块中，对话的内容包含社会的多个层面、经济政治上的弊病以及精神文化上的问题。在现代版块中，对话的双方有文学大家但丁，政治人物亨利八世和安妮丝、伊丽莎白一世和玛丽一世等，同时，包括现代科学家伽利略、弥尔顿和多米诺等人。现代版块中的对话内容是关于科学的理性和人文思想的讨论。

B1/W373

History of Philosophy/ Alfred Weber. —New York：Charles Scribner's Sons, c1896
xiii, 604 p.；20 cm.

　　本书介绍了古希腊哲学、中世纪哲学和现代哲学方面的内容。古希腊哲学由两个时期组成。第一个时期为自然哲学主导时期，此时以形而上学思想为主流思想，阐释了古希腊哲学的来源，介绍了米利都流派等诸多哲学流派。第二个时期为批判主义和对人的研究兴起的时期，以苏格拉底为代表人物的哲学家引领了学院派的潮流，同时，阐释了柏拉图和亚里士多德关于物质世界的哲学思想，描述了斯多葛学派、学院派、折中学派等众多学派的见解，介绍了随着古希腊哲学的发展，进入后柏拉图时期的状况。中世纪哲学由两个时期组成。第一个时期为崇尚柏拉图思想的基督教神学统治时期以及最终以学院派为代表的自由新哲学思想的形成时期。第二个时期是以逍遥学派学院派思想为主导的时期，该学派又分为以邓斯·司各特为代表人物的半现实主义的逍遥派和唯名论逍遥派。现代哲学由四个时期组成。第一个时期是形而上学自成体系的时期，哲学人物包括布鲁诺、培根、霍布斯、德拉克利特以及之后的斯宾诺莎。第二个时期是批判主义思潮兴起时期，代表人物有洛克、贝克莱、休谟以及之后的康德。第三个时期是形而上学思想大变革时期，代表人物有费希特、谢林以及之后的黑格尔、叔本华。第四个时期是欧美19世纪60年代之后的哲学大发展时期，哲学经历了自然主义、唯物主义和实证主义之后进入唯心论和理想主义，后发展为生机论、唯意志论和实用主义，最终唯实论在世界范围内确立了地位。

B2/D733

Confucianism and Taouism/ Robert K. Douglas. —London：Society for Promoting Christian Knowledge，c1879
287 p.；17 cm.

　　本书介绍了孔教与道教。孔教部分介绍了孔子的贡献和历史意义、孔子的生活、孔子影响整个中华文化的教育理念和教育方式、孔子对于圣人的理解和如何才能成为圣人的独特见解、孔子所持的"以德治国"的治国理念、孔子对艺术文化方面的造诣、孔教发展等方面，同时，介绍了孟子学说等内容。道教部分综述了老子的贡献及其对后世的影响、对老子的著作《道德经》的解读、老子去世后列御寇等人对老子思想的传承、道教作为本土宗教的发展等方面的内容。

B222.25/F115－2

A Systematical Digest of the Doctrines of Confucius/ Ernst Faber. —2nd ed. — [Germany]①：The General Evangelical Protestant Missionary Society of Germany, 1873

137 p.；24 cm.

本书介绍了春秋战国时期的权威文献(《易经》《春秋》《礼记》《论语》《大学》《中庸》《孟子》)、非权威文献(《史记》《左传》《家语》《孝经》《国语》《荀子》《汉书》《大戴礼记》)以及被孔子视为异端的文献(《晏子春秋》《鬼谷子》)；介绍了孔子对性、圣人、命、天、鬼神和上帝的理解，孔子对功与过的理解，孔子所提倡的君子和道，孔子的思想及学说等内容；叙述了格物、致知、诚意、正心、修身、齐家、治国、平天下等君子之道。书后附有从传教的角度审视儒家学说、儒家学说及孔子生平、道家学说与儒家学说的对比、周朝的兴起等附录。

B222.5/H975－2

The Mind of Mencius, or Political Economy Founded upon Moral Philosophy：A Systematic Digest of the Doctrines of the Chinese Philosopher Mencius, B. C. 325. / Hutchinson. —2nd ed. —Tokyo：Nippon Seikokwai Shuppan Kwaisha, c1897

xvi, 316 p.；22 cm.

本书介绍了孟子的道德哲学，论述了以下内容：一是道德学要素，包括人类的本质，人们对心灵、天堂和命运的看法，人们对道的理解，即对统治万物的规则的理解等与个人品质相关的要素及行为上的德行、言语上的德等方面的内容。二是道德学的实际运用，包括道德学对人的影响力、道德学应用于伦理社会关系中的作用等内容。三是道德发展有助于国家运行，包括生产、商务和赋税等方面，有助于国家教育服务(如教授理论和音乐、提高学校和老师的质量、改善教学方式)，同时，在加强国防力量、完善国内政策方面具有一定的影响。

B502.232/N475

Lectures on the Republic of Plato/ Richard Lewis Nettleship. —London：Macmillan

---

① 根据《西文文献著录条例》，当具体出版地不详时，可用国家来代替城市名。

and Co., Ltd., c1897

364 p.; 21 cm.

  本书对柏拉图的《理想国》一书进行了分析与介绍,内容包括在正义问题上,对某些哲学家的观点进行了批判;社会和人性中存在的主要要素;人类早年应接受的教育;理想国政府的法则;关于正义准则的阐释;国家和哲学之间的关系;柏拉图对哲学本质的分析对国家统治的适用;社会和精神衰退的阶段;对贫穷的理解;人们未来的精神生活等。

B502. 233/P478

The Nicomachean Ethics of Aristotle/ F. H. Peters. —4th ed. —London: Kegan Paul, Trench, Trubner & Co., Ltd., c1893

359 p.; 18 cm.

  本书是亚里士多德的《伦理学》的英译本,对关于利益及其最终目的、美德、人的意志、智慧、个人品格、快乐、友情或爱情等方面进行了阐述。

B516. 22/L525

The Monadology and Other Philosophical Writings/ Leibniz. —London: Oxford University Press, c1898

x, 437 p.; 20 cm.

  本书介绍了莱布尼茨的生平和《单子论》两大部分。生平篇介绍了莱布尼茨的生平,包括他的童年时期、大学生活、在伦敦和巴黎的生活、拜访斯宾诺莎等方面),也介绍了他的《抽象运动的理论》《形而上学论》《新系统》等作品和莱布尼茨哲学的主要准则,对莱布尼茨哲学的详细阐释,对莱布尼茨哲学的历史性、批判性估计。例如,如何构想整体和部分的关系,物质之间怎样建立和谐关系,哲学与数学结合,对物质、组织、个人意识、知识理论和道德的研究。在对《单子论》的介绍篇中,莱布尼茨提出了有关公平正义的概念、自然物质及物质之间关系的新体系和对这一新体系的论点。

B516. 31/K16

Perpetual Peace: A Philosophical Essay/ Immanuel Kant. —London: George Allen & Unwin Ltd., c1903

xi, 203 p.; 19 cm.

  本书分为两大部分:对此书的介绍以及《永久的和平》一书的正文。第一部分对此书及背景进行了介绍,包括早期的社会环境状况,古代的战争情况,基督徒及早期教会对于战争的态度,国际法和新兴科学的发展,对格劳秀斯、普芬道夫和瓦特尔的理论研究,对持久和平的梦想,卢梭对圣皮埃尔的批判,霍布斯的地位,凯特时期的政治社会环境,黑格尔、席勒和莫尔特克的思想,仲裁的价值等内容。第二部分介绍了各州签署永久和平条款的内容,并进行了解释。例如,"国家债务不能与国家外的事情相关联""特定条件下应废除军队",还补充了永久和平条款的保障协定和秘密条款。

B563.1/E52(2)

The Chief Works of Benedict de Spinoza. Vol. II/ Benedict de Spinoza; R. H. M. Elwes. —London: George Bell and Sons, c1903

xxii, 420, 26 p. ; 18 cm.

本书分为五个部分,构成了斯宾诺莎的完整的哲学体系。第一部分论述了实体学说,阐明了世界上除自我依赖的实体外无其他物质。第二部分论述了唯理论的认识论,阐明了观念的起源,说明了人的理性是可以认识自然的。第三部分论述了人的情感和意志的性质和起源,阐明了人的被动的情感是错误和混淆的观念造成的。第四部分论述了道德的基础和善恶的标准,阐明了人在盲目的情感支配下的奴役状况和在理性指导下符合人性的道德生活。第五部分论述了道德修养的途径,阐明了主动的心灵能与整个自然相一致,从而获得自由。

B563.1/S758(1)

The Chief Works of Benedict de Spinoza. Vol. I/ Benedict de Spinoza; R. H. M. Elwes. —London: George Bell and Sons, c1900

xxxiii, 387, 29 p. ; 19 cm.

本书分为两大部分。首先,对巴鲁赫·斯宾诺莎进行了介绍,主要有斯宾诺莎的生平、斯宾诺莎的出身及受教育情况、斯宾诺莎因追求真理而违反犹太教规的情况、斯宾诺莎的论著和理论的形成等内容。其次,介绍了斯宾诺莎的主要作品——《神学政治论》,内容包括论预言、论预言家、伦西伯来人的天职、论神律、论仪式的法则、论奇迹、论解释《圣经》等。

B712.44/J27

Pragmatism: A New Name for Some Old Ways of Thinking/ William James. —London: Longmans, Green, and Co., c1908

xii, 307 p. ; 22 cm.

本书介绍了什么是实用主义。在当今哲学的困境中,论述了经验主义者、理性主义者、理想主义者对哲学的不同看法。在实用主义的意义中,论述了实用主义与知性主义和理性主义的区别、席勒和杜威对实用主义的建设性看法等内容。在实用主义如何处理某些形而上学问题中,描述了实用主义对物质问题、唯物主义问题、设计问题和自由意志问题的处理方式。在一个和多个问题中,介绍了实用主义认为世界是一个整体,只有一个时间和空间,但这一整体可分为多个部分,各部分相互联系。在实用主义和常识的关系中,介绍了知识体系是如何发展、远古时期的人类如何发现常识并将其投入使用等内容。在叙述实用主义所理解的真理是什么中,介绍了实用主义认为真理是通过语言和既往的真理而持续不断发展的。在实用主义和人本主义的关系中,论述了席勒对人本主义的看法、实用主义与理性主义的本质区别等内容。在实用主义与宗教的关系中,阐释了宗教具有柔和强两方面以及实用主义对这两方面的调节作用等内容。

B712.49/F297

The Destiny of Man: Viewed in the Light of His Origin/ John Fiske. —Boston: Houghton, Mifflin and Company, c1884

vii, 121 p.; 18 cm.

本书讲述了人类从远古时期起各个阶段的发展变化以及各项哲学理论和文明对人类的影响。首先,介绍了人类所在自然界所处环境对哥白尼理论和达尔文理论的影响。其次,描述了人类的起源、人类意识的觉醒、人脑的发展等内容。在这一部分中,介绍了通过自然选择,人类有了不同方面的改变并形成了内心世界,渐渐建立起早期社会和道德体系。尽管原始时期的人类热衷于通过战争获得利益,但工业革命的发展和政治社会的形成使他们摒弃了这一方式。到此为止,人类已完全打破自然选择学说的限制,摆脱了野蛮的生活方式。最后,描述了基督教的教义并向读者提出了一个问题:我们未来的生活会如何?

B812.4/G795－16(1)

B812.4/G795－16(2)

B812.4/G795－16(3)

A Treatise on the Law of Evidence. Vol. I-III/ Simon Greenleaf. —16th ed. —Boston: Little, Brown, & Co., 1899

cxxxiv, 991 p.; 24 cm.

xcvi, 638 p.; 24 cm.

xliii, 542 p.; 24 cm.

本书分为三大部分：对政治法学的总体介绍、习惯法中某些特殊行为和事件的证据要素、习惯法中起诉犯罪的证据。第一部分介绍了证据的基本概念、在起诉中不必提供的证据、证据的种类、物证、相关性和旁证、举证责任和推定、法律和事实、法官和陪审团的作用、最优证据的原则、传闻规则、传闻规则的例外情况等内容。第二部分为习惯法中某些特殊行为和事件的证据要素。这些特殊行为和事件包括缓刑、协议和赔偿、报告、通奸、中介、仲裁和判定、攻击和殴打罪、损害赔偿之诉讼、辩护律师、私生子、关于约定支付票据的法规、承运人、案件、法规、惯例、赔偿金、死亡、债务、监禁、继承权等。第三部分为习惯法中起诉犯罪的证据。习惯法中可起诉的犯罪行为包括从犯、纵火、袭击、殴打、受贿、盗窃、欺诈、同谋、笼络陪审员、伪造证据、杀人、诽谤、不赡养、妨害行为、陪审、一夫多妻、强奸、非法集会、抢劫、叛国等。

B82/C865

Constructive Ethics: A Review of Modern Moral Philosophy/ W. L. Courtney. — London: Chapman and Hall, Ltd., c1895

xii, 318 p. ; 23 cm.

本书论述的是伦理学的建设性问题，从理论性和历史性两个方面进行了阐述。关于理论方面的论述有主观唯心主义、物质和意识、绝对唯心主义等问题。在主观唯心主义中，讲述的是人类意识的产物是对自我的认识；在物质和意识中，讲述的是唯物主义理论和德国悲观主义理论；在绝对的唯心主义中，提出了黑格尔的绝对观念论和唯心主义者心中上帝的存在等内容。有关历史性方面，阐述了解释、批判和重建三个部分。解释部分阐释了伦理学的定义及分类、个人主义、利他主义、良知、早期的唯理论；批判部分批判了功利主义并介绍了早期和晚期功利主义的特点以及对功利主义的反思；重建部分提到了康德的学说、科学理论和悲观主义。

B82/D519

Ethics/ John Dewey, James H. Tufts. —London: G. Bell & Sons, Limited, c1910

xiii, 618 p. ; 21 cm.

本书分为道德的开端和发展、道德生活理论和行为世界三个部分。第一部分描述了早期的群体生活、社会理性化和社会化的机构、群体的道德准则等内容。第二部分阐释了道德的地位、道德理论所产生的问题、道德理论的种类、理智在道德生活中所扮演的角色等内容。第三部分讲述了社会机构和个人，公民社会和政治社会、经济生活中的伦理学，一些经济秩序原则，经济秩序中不稳定的问题，家庭与道德的关系等内容。

B82/G795－5

Prolegomena to Ethics/ Late Thomas Hill Green. —5th ed. —Oxford：Clarendon Press，1906

xxxix，470 p.；20 cm.

本书分为简介和正文两个部分。第一部分介绍了道德的自然科学理念。第二部分分为四章,介绍了形而上学知识、意志、道德观念和道德进步、道德哲学在行为规范上的运用。第一章描述了知识层面和自然层面上的精神原则、人类作为智慧的代表与自然精神的关系和与自由的关系等内容。第二章描述了意志的自由,欲望、智慧和意志的相互关系等内容。第三章描述了快乐与欲望的关系、德行的内在本质、道德理想中体现的个人品格、公益的延伸领域及决定要素及古希腊和当代对于美德的定义等内容。第四章描述了道德理想、道德理想理论和快乐主义道德哲学的实践价值、功利主义与个人完美主义对比的价值、稀奇维克对善良的理解等内容。

B82/J63

A Study of the Ethics of Spinoza/ Harold H. Joachim. —Oxford：The Clarendon Press，c1901

xiv，316 p.；22 cm.

本书分为现实的本性、人类的思想和人类的理想生活三个部分。第一部分介绍了对照的意义、现实与上帝的关系、上帝的自然属性和模式等内容。第二部分介绍了身体和灵魂、知识理论和人类的情感本质等内容。其中,知识理论部分介绍了发展的想象、比率和直观知识三个阶段。人类的情感则介绍了意志和欲望、行为和激情、积极的情绪等内容。第三部分介绍了道德价值准则的意义、秩序对人类的约束、理性生活与道德生活的关系、理想的生活是与上帝意志的统一等内容。其中,秩序对人类的约束部分讲述了人类积极情绪的力量和其相对无力性以及人类生活在智力和道德上的约束等内容。

B82/R186

The Classical Moralists/ B. Rand. —Boston：Houghton Mifflin Co.，c1909

xviii，797 p.；22 cm.

本书从古代、中世纪和现代三个时期介绍了众多优秀的道德学者及作品。其中,古代道德学家及作品包括色诺芬及其著作《纪念苏格拉底》、柏拉图及其著作

《理想国》、亚里士多德及其著作《尼各马可伦理学》、第欧根尼·拉尔修及其著作《杰出哲学家的生活及理念》、卢克莱修及其著作《物性论》、埃皮克提图及其著作《埃皮克提图演说》、马库斯及其著作《沉思》、普罗提斯及其著作《九章集》。中世纪道德学家及作品包括圣奥古斯丁及其著作《上帝之城》、彼得·阿伯拉及其著作《道德即为认识自己》、托马斯·阿奎那及其著作《神学大全》。现代的道德学家及作品包括雨果·格劳秀斯及其著作《战争与和平法》、托马斯·霍布斯及其著作《利维坦》、拉夫·卡德沃思及其著作《论永久道德》、亨利·摩尔及其著作《伦理手册》、理查德·坎伯兰及其著作《论自然法则》、斯宾诺莎及其著作《伦理学》、马勒布朗希及其著作《道德学》、约翰·洛克及其著作《人类理解论》、萨缪尔·克拉克及其著作《自然宗教讨论》、沙夫茨伯里伯爵及其著作《对美德的探讨》等。

B82－057/S828－2

The Science of Ethics/ Leslie Stephen. —2nd ed. —London：Smith, Elder, & Co., c1907

xxvi, 444 p.；20 cm.

本书分为十一章。第一章介绍了探索的目的和所受的限制，分别从研究的出发点、道德科学所面临的困难、可实现的结果、社会改革理论和道德问题方面进行了阐述。第二章的内容为动机理论，描述了行为的理由和情感、动机的种类、功利主义原则、社会和个人的功利主义等内容。第三章讲的是社会动机理论，从个人和种族、社会和人类、社会集体、社会组织、家庭等方面进行了阐述。第四章的内容是道德法的形式，从法律和习俗、道德法、道德基础等方面进行了介绍。第五章介绍了道德法的内容（如自然和道德法则、勇气、节制、真相、社会道德以及社会对美德的定义）。第六章的内容是利他主义，从利己的本能、同情、利他主义、行为准则四个方面进行了阐释。第七章介绍了美德（如意志自由、努力和知识）。第八章介绍了意识，从意识的理论、羞耻感、美学判断等方面进行了阐释。第九章的内容是快乐的准则，描述了功利主义、进化准则、道德变体、道德本质、权宜之计。第十章的内容是道德和快乐的关系，从约束力、道德纪律、个人牺牲等方面进行了阐释。第十一章对以上内容进行了总结。

B82－064/M645

Utilitarianism/ John Stuart Mill. —13th ed. —London：Longmans, Green and Co., c1897

96, 32 p.；23 cm.

本书介绍了概论、功利主义的含义、功利原理的终极约束力、功利原理的证明、功利与正义等。功利主义又称为功用主义,在西方国家是一种以功利作为道德标准的学说。功利主义认为,凡决定都应引起有益的后果。作为一种意在知道行为和合理评价依据的规范理论,它并不坚持实际的决定或判断始终要符合某种标准。作者认为人生的终极目的就是尽可能多地免除痛苦,并且在数量和质量两个方面尽可能多地享有快乐,而其他一切值得欲求的事物(无论我们是从自己的善出发还是从他人的善出发),都与这个终极目的有关,并且以此为终极目的。一切正义的问题也都是利益的问题;二者的不同之处在于正义附有一种特殊的情感,从而使正义有别于利益。

B82-09(5)/L433(1)

History of European Morals From Augustus to Charlemagne. Vol. 1/ William Edward Hartpole Lecky. —London: Longmans, Green, and Co., c1911
xxiv, 407 p. ; 18 cm.

  本书介绍了从公元1世纪后期罗马帝国奥古斯都在位到9世纪初法兰克皇帝查理曼在位的一千年间欧洲伦理道德观念的演变。本书分为道德的自然历史、异教徒帝国和罗马的转变三个部分。第一部分介绍了功利主义学派以及对这一学派的反对、实行功利主义原则的结果、功利主义的约束力、直觉主义学派、道德评判的多样性、道德学派与社会环境的关系、道德感原则的建立等内容。第二部分介绍了禁欲主义、罗马世界性精神的发展、折中主义的兴起、腐败的后果、禁欲主义的影响及社会的腐败、对宗教的热情、柏拉图主义等内容。第三部分介绍了帝国的转变与神迹学说的关系、自然科学对神迹学说影响等内容。

B825/K63

How to Develop Self-Confidence in Speech & Manner/ Grenville Kleiser. —New York: Funk & Wagnalls Company, c1910
vii, 288 p. ; 19 cm.

  本书介绍了如何克服建立自信初期的恐惧和担忧、如何坚定自己的意志、如何激发自我意识来疗愈初期的不坚定心理、如何使用正确意识来引导建立自信的过程、如何找到灵感的源泉、如何集中精神、如何强健体格、如何发现自我闪光点、如何培养自信的生活及学习习惯、如何完善人格和改善品行、如何不做一个容易灰心丧气的人、如何每天进行自我修炼、如何挖掘自身的想象力和能动性、如何处理积极和消极的情绪、如何通过改变语音和语调来建立自信、如何在职业发展中建立自信、如何在社会交往中建立自信、如何在公众演讲时建立自信、如何让自信达到最高点以及如何在建立自信过程中遵循记忆规律等内容。

B825/M298

Little Visits with Great Americans or Success Ideals and How to Attain Them/ Orison Swett Marden. —New York：The Success Company，c1905

352 p.；20 cm.

　　本书分为十二个部分。第一部分的主题为发明,讲述了努力工作才是发明的秘诀。第二部分的主题为制造业,讲述了童年接受恩惠的人长大要回报社会。第三部分的主题为商业,讲述了诚信是商业成功的关键。第四部分的主题为财务情况,讲述了自力更生、勤俭节约是正确的理财方式。第五部分的主题为劳动,讲述了爱岗敬业是一种态度、一种精神、一种境界。第六部分的主题为公共生活,讲述了见义勇为、善于抓住机会、能言善辩、提升自身修养是获得社会成功的条件。第七部分的主题为教育和文学,讲述了学习知识和学会思考是成为一个完整的人的必需。第八部分的主题为艺术,讲述了勤于钻研、善于观察生活、学习楷模是拥有良好艺术造诣的基础。第九部分的主题为娱乐,讲述了乐观向上的心态、精神世界的丰富是拥有快乐的保障。第十部分的主题为慈善,讲述了乐善好施、懂得分享、学会回报社会是社会整体进步的必然要求。第十一部分的主题为神学,讲述了信仰上帝、遵从上帝的指导是获得幸福的途径。第十二部分的主题为加拿大人,讲述了加拿大的历史沿革、加拿大人与美国人相似之处等内容。

B825－49/S641

Character/ Samuel Smiles. —London：John Murray, Albemarle Street，W.，c1910

xiv，428，7 p.；20 cm.

　　本书介绍了人格的影响力、家庭的影响力、同伴和榜样的影响力、职业的影响力、勇气的力量、自控力、责任、脾气秉性、行为艺术、书籍的影响力、婚姻、经验教训等内容。本书主要描述了人格对于每个人来说都是一笔财富,伟大的人格造就了伟大的历史人物;人格的丰富和形成很大程度上来源于家庭教育或者家庭环境的熏陶、家庭中父母亲的榜样力量;同伴的性格部分地影响着个人,孩子对于偶像的崇拜最终演变成一种模仿;职业氛围和性质塑造人格、职业的特点最终成为人格的一部分;道德榜样为民众建立了大智大勇的信仰、科学和文教鼓励青少年去探索和发现新事物;自控自律是拥有美德的前提;自我管理的责任、奉献家庭和社会的责任;保持愉悦的生活态度、待人和善友好;举止优雅是一个人风度的体现、文明举止是社会文明风尚的要求;婚姻生活中,夫妻关系能够完善彼此的性格;人格在挫折中更能够得到锻炼等内容。

B84/F841－4

Selections From Berkeley/ Alexander Campbell Fraser. —4th ed. —Oxford：The

Clarendon Press, c1891

402 p. ; 20 cm.

本书包括三个部分。第一部分的主题为形而上学的非物质论,选文为《意识反映物质》,内容包括对人类知识的原理的探究、人类知识发展特征的总结。第二部分的主题为心理学,选文为《可见的世界如何成为意识的重要组成部分》,内容包括新洞察力理论的出现及内涵、视觉语言交流的方式、视觉语言理论的内涵。第三部分的主题为形而上学神学,选文为《宇宙固有的能动的理性》,内容包括哲学思考的链条、哲学思考的承上启下特征等方面。

B84/H698

Outlines of Psychology/ Harald Hoeffding. —London: Macmillan and Co. Limited, c1901

xi, 365 p. ; 18 cm.

本书分为七章。第一章介绍了心理学研究的课题和研究方法,讲述了心理学是关于人类心理的一门系统的科学、心理学和形而上学的区别和联系、心理学的主观性和客观性、心理学与逻辑学和伦理学的关系等内容。第二章介绍了人的意识和身体的关系,讲述了神经系统作为一个生理构成在产生意识时所起的作用、产生意识的生理过程和心理过程及关于这一主题的一系列假设等内容。第三章介绍了有意识与无意识的关系,讲述了无意识的定义、意识来源于之前所有的无意识行为、无意识行为之间的内在联系、关于人类精神生活的意识假说等内容。第四章介绍了心理学要素的分类,讲述了个人意识的演变、要素分类的依据以及感觉和意志的关系等内容。第五章介绍了认知心理学,阐释了知觉、思维能力、时空观、事物观等内容。第六章介绍了感觉心理学,阐释了感觉和知觉的关系、感觉和思维能力的关系、个人主义和情感共鸣的关系、生理学和感觉生物学的关系、感觉相对论法则的根据以及感觉对于认知的影响等内容。第七章介绍了意志心理学,阐释了意志的来源、意志和意识的关系以及个人性格的形成过程。

B845/B287—2

Relation of Psychology to Music/ E. F. Bartholomew. —2nd ed. —Rock Island: The New Era Publishing Company, c1899

286 p. ; 19 cm.

本书主题为心理学和音乐的关系,介绍了音乐的本质、音乐研究中的心理学特征、音乐才能的挖掘、大众精神世界和精神活动、音乐表达的途径、人的思维习惯、心理和音乐的联系、音乐与记忆的关系、想象力与音乐的联系、听音乐时的感受和情绪以及意志与音乐的关联等内容。

B920/B985

The Analogy of Religion, Natural and Revealed, to the Constitution and Course of Nature: To Which Are Added Two Brief Dissertations. I. of Personal Identity. II. of the Nature of Virtue/ Joseph Butler. —London: George Bell & Sons, 1898

546, 48 p.; 19 cm.

本书介绍了巴特勒传教的核心思想,阐释了"来世"的核心思想,大自然的惩恶扬善,大自然以道德保护世人,大自然让人类经历苦难、帮助人类建立文明,大自然的强大力量,大自然必须遵循的法则,基督教的重要性,上帝给人的启示,基督教教义的权威性,上帝通过基督教来帮助人类赎罪,宇宙给人类的启示,自然类比论与宗教的对立与统一等内容。巴特勒的部分布道内容包括人的社会属性、意识超越自然、语言的地位、心怀怜悯、巴兰的性格、为何怀有憎恨、宽恕伤害你的人、自我欺骗、睦邻友好、虔诚地爱戴上帝、人的愚昧无知等。

B921/S811—3

After Dogmatic Theology, What: Materialism or a Spiritual Philosophy and Natural Religion/ Giles B. Stebbins. —3rd ed. —Detroit: Thorndike Nourse, c1884

144 p.; 20 cm.

本书介绍了纯物质主义和人类精神哲学以及自然宗教之间的复杂关系及区别。第一部分讲述了近现代随着心理学等科学的发展,人类思想的潜能得到了挖掘和开发,神学逐渐走向衰落。第二部分阐述了上帝的统治不再无所不包,物质主义、科学主义等开始渗透至社会的多个层面。第三部分阐述了人类精神哲学如何成为引导人类思潮的力量以及人类精神哲学理论的核心内涵。第四部分举例说明了人类精神作为思想的一种存在方式无所不在。人类行为从根本上受自身思想意识的驱动。第五部介绍了人类的直觉是挖掘人类思维的潜力,是找寻科学的真相的有力工具。只有给予人类直觉足够的关注和研究,人类才有可能不断地发现精神世界和物质世界的真相和规律。

B922/S296

First Religious Instructions for Little Ones/ Albert Schaffler. —New York: Joseph F. Wagner, c1901

iv, 208, xxxiv p.; 20 cm.

本书有助于初次接触宗教的孩子了解何为宗教。第一部分介绍了上帝,包括上帝拥有创造事物的能力且在六日内创造了万物,上帝让花儿草儿生长娇艳、让人类拥有了灵魂,上帝拥有惩恶扬善的美德等内容。第二部分介绍了耶稣,包括耶稣是上帝之子、孩童时期的耶稣、三个智者偶遇耶稣时做出的预言、耶稣从小就善待他人且内心虔诚、成年的耶稣成为孩子们最好的老师、耶稣最终为了拯救世人在十字架上被钉死、耶稣成为基督教的最高信仰等内容。第三部分介绍了圣灵,包括圣灵是天使的后代,圣灵保佑着人类的理性,世上只有一个上帝,却有圣父、圣子、圣灵三个圣灵。第四部分介绍了如何进行第一次忏悔,包括进行圣餐的细节、被世人谨记的十诫、进入教堂做礼拜的要求、如何进行第一次的真诚忏悔等内容。

B928.2/D691(1)

Social Life of the Chinese: With Some Account of Their Religious, Governmental, Educational, and Business Customs and Opinions. Vol. I/ Justus Doolittle. — New York: Harper & Brothers, c1876

xxxii, 490 p.; 21 cm.

本书分为上下两册。第一册首先介绍了福建省省会福州,包括福州的地理区位、经济历史文化发展情况、福州作为一个沿海城市在近代经历的外国殖民历史等内容。其次,介绍了中国的农业生产情况以及其他经济发展情况、传统订婚与结婚的风俗、婚姻生活以及子女的养育、处理丧事的风俗、宗族祭祀传统以及祖宗祠堂、中国三大宗教的沿革、中国选拔人才的体系(如科举考试、中国名人逸事)等内容。第二册中国的传统讲述了节日及风俗、慈善事业的历史发展、社会风俗的演变、龙凤等图腾文化的集合等内容。

B929/C443(1)

B929/C443(2)

Foundations of the Nineteenth Century. Vol. I-II / Houston Stewart Chamberlain. — London: John Lane the Bodley Head Limited, c1910

580 p.; 19 cm.

本书介绍了19世纪作为承上启下的历史阶段所呈现出的历史局势。本书正文分为两册。第一册阐述了19世纪发展的基础,分为三个部分。第一部分讲述了19世纪前历史发展的积淀与财富,包括希腊艺术和哲学、罗马法律体系、基督教思想的形成。第二部分讲述了19世纪古文明的继承与发展,包括种族主义崛起带来的骚乱、犹太民族的形成、德意志民族的形成。第三部分讲述了19世纪人民进行的大历史变革运动,包括基督教的改革完善、国家和民族意识的觉醒。第二册阐述了 13 至 19 世纪新世界的崛起，包括日耳曼人掌握着创造新世界的主动权、文艺复兴等历史思潮的掀起、在这个时期内的历史沿革、人类踏上世界大发现的海上航行时代、科学逐渐成为社会不可缺少的力量、大工业时代随着机器的发明而来临、经济寡头把势力发展到政治舞台、政教之间的斗争日趋白热化、哲学和宗教思想得到了新的发展、艺术形式和内容更加丰富深入等。

B97/518

The Pastoral Epistles/ J. H. Bernard. —London：Fetter Lane, E. C., c1906
  xxvii, 192 p.；17 cm.

  本书介绍了《牧师的书信》的文学写作背景、《牧师的书信》在圣·保罗一生中所发挥的重要作用、《牧师的书信》的文体风格及词汇、基督教最初创立时大主教和主教主持礼拜的情景、希腊圣经原文等内容。书后附有《牧师的书信》原文和被世人认可的权威注释及内容索引。

B97/B627

Edinburgh Sermons/ Hugh Black. —London：Hodder & Stoughton, c1906
  xi, 300 p.；20 cm.

  本书介绍了基督教义的部分内容，包括对上帝的用心聆听、智者的使命、耶稣的重生、命运取决于选择、冥想给人以舒适、赞美诗的吟唱、距离的诱惑、悔过之心的具有、心有憎恨其身受罚的意义、无所不在的道德法则、对于耶稣判决的逆转、耶稣献祭的勇气、心中有爱的人性之美、在交流中布道并感受看不见的耶稣、约束改变的原则、信仰的误区、对抗与友爱的对立、人的忍耐力、信仰的解体、民族的精神财富、社会意识的统一、在布道中求教和受教的过程、人性善良的魅力、孤独带给人类的财富等内容。

B97/C797

The Master-Christian/ Marie Corelli. —London：Methuen & Co., c1900
  634 p.；18 cm.

  本书的主题为科幻、宗教、文学，向社会习俗、传统的宗教信仰或宗教教义发出了挑战，深入地讨论了关于基督的真爱与基督教。书中通过一个叙述详细的丑闻，把艺术、谋杀、爱情、欲望、骗子、私生子等粉饰为权力，没有污迹和宽恕，由此来批判基督教的虔诚和讽刺教堂的布道，从而让读者看到男人与女性、富人与穷人等。

B97/M848

The Crises of the Christ/ G. Campbell Morgan. —New York：Fleming H. Revell Co.，c1903

477 p.；21 cm.

本书分为九个部分。第一部分讲述了人类的堕落,与上帝的旨意相悖等内容。第二部分描述了耶稣的降世,包括上帝与人类之间的奇妙关系、上帝存在于基督教义中、耶稣作为上帝之子开始对人类进行救赎等内容。第三部分描述了刚刚降世的耶稣接受洗礼,包括耶稣的抉择、上帝之光的显现、圣约翰来到耶稣身旁等内容。第四部分讲述了耶稣经受考验,克服了四次诱惑。第五部分描述了耶稣成年,改变容貌,上帝的使者频频来访,上帝之子接受救赎人类的使命等内容。第六部分讲述了耶稣为了完成使命,在十字架上被钉死,以其血和肉来拯救人类的信仰和洗净人类的罪恶等内容。第七部分讲述了耶稣复活,使命完成,人类以耶稣为信仰上帝的途径,基督教基本确立。第八部分讲述了耶稣升天,脱离凡体,神人合一等内容。第九部分讲述了人类得到救赎,耶稣受难后升天,基督教义成为基督徒的永久精神信仰等内容。

B971/S451—2

The Teaching of Bible Classes：Principles and Methods with Special Reference to Classes of Young Men and Boys/ Edwin F. See. —New York：Young Men's Christian Association Press，c1907

viii, 181 p.；19 cm.

本书由四个部分组成。第一部分从教师的角度讲述了什么叫教学、教师应该具备哪些资格、教师课前要做哪些准备。第二部分从学生角度讲述了要针对学生的体能、智力和天资进行分析,包括青少年时期的心理和生理特征,投身课堂的兴趣,品评的观念和发挥能力、想象力和记忆力,主观意志和对知识的感知。第三部分从课堂教学的角度讲述了分析讲课中教师使用的教学方法,包括提问的技巧、举例的技巧、带动学生融入课堂的技巧、教学计划制订的方法等。第四部分从师生关系的角度分析了师生关系对于课程的影响、教师容易进入的教学误区以及考试应该侧重培养学生的某些方面等内容。

B971/T486

Land and the Book；or, Biblical Illustrations Drawn From Manners and Customs, the Scenes and Scenery of the Holy Land/ W. M. Thomson. —London：T. Nelson and Sons, Paternoster Row，c1881 xvii, 716 p.; 18 cm.

本书旨在引导读者通过阅读《圣经》理解宗教和土地的渊源,介绍了当代历史和考古研究的成果、事件以及《圣经》诞生地,简短地描述了《圣经》故事发生的每个地区,提供了一个概述的地理和历史演变进程。

B975/B873

The Candle of the Lord and Other Sermons/ Phillips Brooks. —London: Macmillan and Co., c1884

vii, 370 p.; 19 cm.

本书介绍了耶和华为人类点亮的烛光,即人类的思想情况、耶和华牺牲自我的莫大快乐、青年和老年的基督教徒状况、来自马其顿的信徒状况、人类应该拥有的利益、自尊自爱才能懂得感恩的意义、自由的可贵、斋戒、善良和邪恶的存在情况、信仰基督给人们带来光亮情况、基督的慈悲爱人的情怀、耶稣的爱等内容。

B975/B942

The Pilgrim's Progress From This World to That Which Is to Come/ John Bunyan. —London: J. M. Dent & Sons Ltd., c1907

xvii, 383 p.; 18 cm.

本书分为两个部分。第一部分借用了寓言和梦境的形式,书中的叙述者在梦中看到一个叫作"基督徒"的人正在读一本书,知道了自己居住的城市将遭天火焚毁,惊恐不已。这时一个叫作"传道者"的人指点他必须逃离自己的故乡,前往天国。"基督徒"背负着拯救世界的重担,从此踏上了艰难而勇敢的历程,为自己,也为他人寻找救赎。从毁灭城出发,"基督徒"经历了许多考验,遇到了各种诱惑和凶险。一路上,他学会了如何抵制诱惑,战胜困难,最终实现了自己的目标,天堂的大门向他敞开。第二部分写的是"基督徒"的妻子"女基督徒"和孩子们在一个叫作"无畏"的人的指引下前往天堂的朝圣过程。同"基督徒"的历程一样,他们也从毁灭城出发,在到达天国城的大门之前遇到了同样的艰难险阻(如绝望潭、浮华集市、怀疑城堡)。然而,这两段旅程很不相同。"基督徒"是自己上路,他在路上得到了这样或那样的帮助,有时也有一两个同伴,但基本上是他独自一人行进在通往漫漫的天国道路上。而"女基督徒"是与他人结伴而行的,一路上他们的同伴队伍不断壮大,相互帮助、相互支持。

B975/G367

Christian Politeness: For the Use of Schools, Academies, Colleges, and Seminaries, as Well as for Private Study/ M. M. Gerend. —Milwaukee：J. H. Yewdale and Sons Co.，c1904

298 p. ； 20 cm.

本书介绍了基督徒应如何在个人生活和工作中遵循基督教义所要求的礼仪。主要内容包括个人清洁礼仪、穿着礼仪、举止礼仪、致敬礼仪、拜访礼仪、会话礼仪、餐桌礼仪、教堂礼仪、学校礼仪、娱乐礼仪、旅途礼仪、做客礼仪、信件礼仪等。本书阐释了仅有内在的信念尚不能构成完整意义上的宗教，必须有外在化的崇拜仪式才能使宗教获得完全的表现形态。作者将基督教的礼仪用直观、形象、生动的手法展现了出来，将信仰者引入和谐、宁静的境界。

B975/G975

Paths to Power：Central Church Sermons/ Frank W. Gunsaulus. —New York：Fleming H. Revell Company，c1905

362 p.； 20 cm.

本书从宗教角度阐述了如何拥有社会地位和权力，旨在让读者阅读《圣经》后进一步了解上帝拥有哪些权势，上帝的权势是如何遭到损伤的，利益诱惑是如何使得权势重新回到手里的，政府部门是如何拥有权势的。

B976.1—61/H535(15.10)

The Catholic Encyclopedia：An International Work of Reference on the Constitution，Doctrine, Discipline, and History of the Catholic Church. Fifteen Volumes and Index Volume X／ Charles G. Herbermann，Edward A. Pace. —New York：The Encyclopedia Press，Inc.，c1911

xv，800 p.； 26 cm.

本书为一本国际上广泛引用和参考的天主教百科全书，亦被称作《旧天主教百科全书》或《原天主教百科全书》。本书信息量大，能够给予读者完整的、权威的关于天主教的教义、思想体系以及历史发展等方面的相关内容。

B977.2/G448

Mission Problems and Mission Methods in South China/ J. Campbell Gibson. —New York：Fleming H. Revell Company，c1901

332 p.； 20 cm.

J. 坎贝尔·吉布森是19世纪来华传教士之一。本书由他的一系列演讲汇编而成，包括福音书得到印证的情况，中国文学和哲学概况，中国的儒教、道教和佛教,传教工作的阶段,教会组织工作以及西方教会文化的倡导,中国教会的建立和本土化,中国教会的进一步基督化,基督教会的对外联系,教会的独立特权和责任等内容。

C 社会科学总论

C91/S635

An Introduction to the Study of Society/ Albion W. Small, George E. Vincent. —New York: American Book Company, c1894

384 p. ; 19 cm.

本书由五个部分组成。第一部分的主题为社会学的来源和研究范围,阐释了社会学学科的开端及发展,与其他具体学科之间的关系,与社会改革之间的关系以及社会学的有机构成。第二部分的主题为一个社会的自然历史形成,阐释了苏格拉底等先哲的社会理论,生活在农场的家庭情况,农村聚落情况,村庄、乡镇和城市情况。第三部分的主题为社会解剖学,阐释了社会构成元素——土地和人口、最基本的社会组织家庭、社会集合体和组成状况、个人的多样性、身心交流的方式等内容。第四部分的主题为社会生理学和病理学,阐释了社会基本生活家庭的职能、社会机构的职能、对家庭的病理学分析、对社会结构的病理学分析、社会弊病的特点等内容。第五部分的主题为社会精神学,阐释了社会精神学的一些现象、社会意识、权威现象、社会精神学的法则、社会智商和情感、社会意志和执行、道德和法律等内容。

C912/A211

A Book of Earnest Lives/ W. H. Davenport Adams. —8th ed. —London: Swan Sonnenschein and Co., c1902

vii, 403 p. ; 20 cm.

本书由五个部分组成。第一部分讲述了教育界发展以及教育工作者的生活,包括教育理论、宗教中教育的重要性、18世纪妇女教育的兴起、国家教育体系的建立、私立学校的教育、幼儿教育的发展、为工业服务的技术学校的兴起等方面。第二部分讲述了奴隶的生活,包括奴隶贸易的废除、解放奴隶制度的颁布等内容。第三部分讲述了传教事业、为传教事业工作的人们的情况(包括传教士的领军人物约翰·艾略特、大卫·贝瑞尔德等)及现代传教的种类。第四部分讲述了监狱改革,包括18世纪监狱的状况等。第五部分讲述了穷苦大众的生活,包括穷人与富人的状况、穷人的感情生活等内容。

C912.1/M429

Men, Places, and Things/ William Mathews. —Chicago: S. C. Griggs and Company, c1888

viii, 386 p. ; 19 cm.

本书介绍了拿破仑、威廉沃特、布尔沃、亚历山大·仲马的优点和缺点，同时，介绍了犬儒主义者和犬儒主义、读什么书、书法中蕴含的哲学以及英国伦敦的神职人员和众议院等内容。

C912.68/H654

The Investment of Influence: A Study of Social Sympathy and Service/ Newell Dwight Hillis. —Chicago: Fleming H. Revell Company, c1897

295 p. ; 18 cm.

本书主题为如何对别人施加影响及其重要性，介绍了影响在社会生活中的重要性以及每个人与生俱来的独特气场，在生活中拥有广阔的胸襟和高人格魅力的人是如何影响别人的，如何充分发挥自己的天赋，换位思考是社会进步的一大途径，天才和后天努力在对别人施加影响时所起到的作用，体现个人完善和社会发展不可缺少的要素，在对别人施加影响时要更多地使用心灵而不是理智，通过放下自我、清空自我来对自己重新进行彻底的认识，真正伟大的人格就有最平易近人的感染力，如何在移默化中影响别人，如何抓住最有利的时机来对别人施加影响等内容。

C913.5/F785

Starting in Life: What Each Calling Offers Ambitious Boys and Young Men/ Nathaniel C. Fowler. —Boston: Little, Brown, & Co., c1910

xxiii, 411 p. ; 22 cm.

本书介绍了外科医生、百货商店店员、建筑师、机械制造师、农学家、旅途的推销员、书店老板、律师、作家、速记员、艺术家、商人、职业军人、教师、国家公务员等不同社会角色的日常生活，以及年轻人是如何在不同的社会岗位上开创自己的新生活等内容。

C931.2/D911

The Principles of Industrial Management/ John C. Duncan. —New York: D. Appleton and Company, c1911

xviii, 323 p. ; 19 cm.

本书分为三个部分。第一部分的主题为经济环境,讲述了工业选址、特色化经营、电力供应、管理以及销售等工业发展中存在的问题,工业选址方面广泛被认可的理论,作者关于工业选址的理论,工业发展的理想状态,商业集聚效益和商业特色产业化。第二部分的主题为工厂的设备,阐释了流水线工厂生产、消防设施和工业布局效益、车间和工人、电力供应问题。第三部分的主题为工厂的组织和管理,讲述了组织的三种形式、劳动力、工人的薪资、工人的档案记录、原材料的档案记录、成品和半成品的档案记录、设备的档案记录等内容。

D 政治、法律

D033.3/R347

Imperialism: Its Prices; Its Vocation/ Emil Reich. —London: Hutchinson & Co., c1905

xii, 177 p.; 19 cm.

本书分为简介、通史研究中的帝国主义的特征和帝国主义在英国的发展三个部分。第一部分介绍了内政和外交的状况。第二部分阐释了帝国主义与男性和女性角色的关系,与宗教的关系以及与学者的关系。第三部分介绍了帝国主义在英国的表现方式,包括海外殖民以及社会一系列变革等内容。

D095.124/K93

The Conquest of Bread/ Peter Kropotkin. —New York: Vanguard Press, c1906

xiv, 214 p.; 18 cm.

本书介绍了人类拥有的财富状况,包括物质财富(如自然界的矿产)和工商业创造的财富;全体社会成员拥有幸福,包括物质生活的舒适、精神世界的富足(如自由掌控自己的生活);在社会机制为共产主义的国家,人人都是主人,不受任何权威或个人的压迫;上交个人财物,全社会成员共同分配社会资源,按需分配;社会按照个人分配一定份额的食物,住房沿袭按需分配,按家庭人口分配,穿衣同样按需分配;人民共同决定社会生活的准则,劳动成为人类追求自我价值实现的手段,社会各行各业的运行准则由全民讨论并达成一致;人人有权利发表不同的意见;薪资发放也采取集体主义原则均分,消费和生产的平衡,劳动分工的发展;工业离散化发展,农业发展等内容。

D5/B877

Partisan Politics: The Evil and the Remedy/ Brown, James Sayles. —Philadelphia: J. B. Lippincott Company, c1897

221 p. ; 21 cm.

本书介绍了政党的起源、教派政治的出现、教派政党趋于削弱政府机构的职能、政界的异端邪说、政党的不断出现、通过选举来组织政党、按照宪法进行大选、全民公投、不公正的选区划分、当选政府为报答支持者给予的恩惠、为社会地位立法、制定政府契约、美国领土使用方面的腐败、军队的军备化武装、可供使用的大规模武器、擅自行使未被授权的权利以及不负责任地行使权利、政党如何使用国家财政、政党政治的发展和完善、社会对于政党政治的不同意见等内容。

D5/L779

First Principles in Politics/ William Samuel Lilly. —New York：G. P. Putnam's Sons，c1899

ix, 322 p. ; 22 cm.

本书包括七章。第一章介绍了政府的建立，阐释了当前国家最突出的一个特点即法律观念，而大众心中的法律并不是真正的法律观念，真正的法律是道德法律，保障人最基本的自然权利并规定人的自然义务等内容。第二章介绍了政府的来源，阐释了政治哲学与权利哲学的关系，政治的发展和运行必须与时代的发展相协调；历史发展的必然规律推进了政府的出现，科学思想的发展推动了政府的形成等内容。第三章的主题为政府的终结，阐释了政府作为权利工具，其服务的利益对象是有限的，人民的权利得到根本的保障后，政府的职能最终化为无形，社会安定有序。第四章的主题为政府的职能，阐释了政府职能随着社会演变不断发生变化，其最基本的职能就是维持国内政治和社会生活的有条不紊，兼备遍及社会生活多个方面的职能等内容。第五章的主题为政府运行机制，阐释了政治生活的本质是人性，政治机制的形成的基础是社会生活现象，政治机制在各国的表现不尽相同。第六章的主题为政府的腐败问题，阐释了政府腐败问题一直以来都是政府职能潜藏的危害，腐败的根源在于人性对于权力的贪婪。第七章的主题为政府对于犯罪现象的制裁，阐释了社会犯罪现象的各种表现，政府采取相应的刑事以及法律手段对其进行制裁和审判以维护社会的安定有序等内容。

D5/R374

World Politics：At the End of the Nineteenth Century/ Paul S. Reinsch. —New York：The Macmillan Company，c1908

xviii, 366 p. ; 19 cm.

本书介绍了世界政治。第一部分介绍了民族帝国主义，包括民族主义是如何在19世纪过渡到民族帝国主义的、民族帝国主义的政治体制、作为殖民国拥有的特权、殖民主义和帝国主义之间的关系以及民族帝国主义造成的社会历史影响等。第二部分介绍了中国的开放问题,包括中国社会和政治形势、列强在中国境内取得特权背后的根本内涵、大国列强在中国的政治影响以及对于中国复杂形势的总结等。第三部分介绍了中国开放对于世界政治的影响,包括俄国帝国主义政治概况、东方形势对于西欧大国的影响、东西方的诸多会议情况及中国开放的国际意义等。第四部分介绍了德国帝国主义政治,包括德国民族主义到民族帝国主义的转变、德国对于亚非地区的兴趣、德国对南美的殖民统治、德国帝国主义政治的特征以及帝国主义对国内政治的影响等。第五部分介绍了美国在东方政治中地位的思考,包括美国对于远东地区的兴趣、国际政治对于美国国内政党体制的影响、执政机构地位上升、帝国主义对于美国内政的影响以及美国国内复杂的国际关系等。

D50/L617

The Awakening of the East: Siberia-Japan-China/ Fierre Leroy-Beaulieu. —New York: McClure, Phillips & Co., c1900

xxvii, 298 p.; 19 cm.

本书简述了东方各国的崛起和发展情况。第一部分的主题为西伯利亚,讲述了俄国在西伯利亚地区扩张的根源,介绍了西伯利亚的自然环境和住民、农业状况和农村人口、矿产资源和工业发展、商业发展和茶叶运输、城镇发展状况、移民状况、交流通讯方式、跨西伯利亚铁路的修建状况、穿过中国东北的铁路的修建以及由于跨西伯利亚铁路的修建而导致的欧洲和远东地区关系的变化等内容。第二部分的主题为日本,讲述了日本民族形成的历史、日本1868年革命、现代日本的开始、日本工业发展、日本农村状况、日本商业发展、日本财政、国内政治形势以及议会形成、日本的外交政策及军事力量发展以及西方文明在日本得到发展并导致了日本和各大国复杂的国际关系。第三部分的主题为中国,讲述了中国发展的问题,中国人及特点,中国人对于西方文明复杂的态度,外国势力在中国的地位,中国和大国列强之间的关系,俄、法、英等国在远东地区的势力增长,"门户开放"政策及列强划分势力范围等。

D50/R374C

Colonial Administration/ Paul S. Reinsch. —New York: The Macmillan Company, c1905

viii, 422 p.; 19 cm.

本书介绍了社会演变。第一章阐释了社会演变的本质、原因、动力以及影响因素。第二章阐释了人类进步的状况,包括人类文明的根源、进步的本质、发展的影响因素、人类发展中遇到过的难题。第三章阐释了人类历史上对于进步的状况并没有理想的审视和改变,简述了人类难以形成理性认识的原因。第四章阐释了人类历史的核心特征(如承上启下、时代发展)。第五章阐释了宗教信仰在社会演变中发挥的职能,宗教对个人、对群体的精神作用为社会演变提供了思想基础。第六章和第七章阐释了西方文明的形成原因、过程、发展以及当代的表现形式。第八章阐释了在经历社会演变后,世界文明进入了现代社会阶段,文化、思想、科学、经济都取得了很大的进步。第九章阐释了人类演变最初并不是心智方面的演变,物质演变才是心智演变的基础。第十章对全书进行了总结,提出了关于人类文明的总体概念。

D59/W754

The State Elements of Historical and Practical Politics: A Sketch of Institution History and Administration/ Woodrow Wilson. —Boston: D. C. Heath & Co., c1890

xxxvi, 686 p. ; 19 cm.

本书介绍了各国的政治学。第一章介绍了政府的起源,政府是由早期族长制的家族演变而来的,并以印度为例加以说明。第二章介绍了早期政府的发展,叙述了政府形成的开端、政府固定规则体系的形成、政府机构的改变等内容。第三章介绍了希腊和罗马的政府,讲述了雅典人的状况、梭伦执政官、希腊文、罗马的统治及影响、罗马帝国和罗马法等内容。第四章介绍了中世纪时期日耳曼的政治和政府,叙述了日耳曼部落和罗马的联系、早期的日耳曼机构、日耳曼体系和罗马体系的对比、两种体系的短期共存状况、两种体系的相对影响等内容。第六章到第十一章介绍了法国政府、德国政府、瑞士政府、两个君主政体国家澳大利亚-匈牙利政府和瑞士-挪威政府、英国政府、美国政府的状况。第十二章总结了宪法和管理的发展过程。第十三章到十六章介绍了政府的本质、形式、法律、建设和结果等内容。

D6/G472

China and the Chinese/ Herbert Allen Ciles. —New York: The Columbia University Press, c1902

ix, 229 p. ; 19 cm.

本书介绍了中国和中国人。第一章介绍了汉语,包括汉语中的语法、方言、语调、象形文字等内容。第二章介绍了中国的图书馆,包括儒家学说、唐朝历史、百科全书、地形学、地理学、生物学、刑法、诗歌、小说、戏剧、字典等内容。第三章介绍了中国的民主,包括省级政府、辖区、地方行政官、下级官员、民众、地方法官、总督、个人自由、税收、孟子的以民为本、关税等方面的内容。第四章介绍了中国和古希腊,包括两国在精神和道德培养方面的相关价值、两国文化的一致性、希腊对中国的影响、中文翻译的希腊作品、中国和西方作品的一致性等内容。第五章介绍了道教,包括老子及老子的学说、佛教和道教的斗争、道教的衰落等内容。第六章介绍了中国人的生活方式和习俗,包括社会生活、礼节、主人和客人、女人的地位、妻子的地位等内容。

D6/N521

China and the Chinese: A General Description of the Country and Its Inhabitants; Its Civilization and Form of Government; Its Religious and Social Institutions; Its Intercourse with Other Nations and Its Present Condition and Prospects/ John L. Nevius. —New York: Harper & Brothers, 1869

456 p. ; 20 cm.

本书介绍了中国和中国人的基本情况,包括中国和中国人的概况,中国的教育、政治、宗教、道德、习俗、文化状况等内容。在教育方面,介绍了孔子和儒家思想、科举制度和学堂教育;在政治方面,介绍了中国政府的构成状况;在宗教方面,介绍了中国的宗教、老子、全国性的宗教仪式和信仰、中国各宗教体系的关系和相互作用、迷信、占卜方式等内容;在道德方面,介绍了中国的王道、中国有关道德的文学作品情况;在习俗方面,介绍了社会习俗、传统节日和消遣方式等内容;在文化方面,介绍了中国人的性格、西方与中国的交流情况、西方在中国的传教状况、传教工作的不同方式和机构、传教工作的结果、当地基督徒的性格和经历、罗马天主教在中国的传播情况、中国的局势等内容。

D609.9/S667

The Crisis in China/ George B. Smyth, Rev. Gilbert Reid, Charles Johnston. — New York: Happer & Brothers, c1900

v, 271 p. ; 19 cm.

本书介绍了彼时中国排外情绪的原因、列强对中国的划分状况、中国改革的斗争情况、中国的政治状况、远东的危机状况、西伯利亚的铁路状况、中国和列强的关系、中国和美国的相互协助、美国对中国的瓜分状况、美国在中国的利益、美国在中国的政策等内容。

D673.73/P238—2

John Chinaman and a Few Others/ E. H. Farker. —2nd ed. —London: John Murray, Albemarle Street, c1902

xx, 380 p. ; 20 cm.

本书讲述了约翰的故事,包括出生、婚姻和死亡,上帝之手,外国的无辜者,国王、教皇、总理和哲学家,传教,海盗和谋杀,黑暗的道路,胜利和统治者,宗教和传教,人性,陆军和海军,假冒的中国人,有名的外国人,警察和警察局长等。

D731/D594

The New Far East/ Arthur Diosy. —London: Cassell and Company, Limited, c1898

xii, 374 p. ; 22 cm.

本书介绍了新远东国家(中国、日本和韩国)的概况。第一章介绍了新远东的诞生。第二章介绍了远东国家的人们的发式及穿着打扮。第三章和第四章介绍了日本人和中国人的思维方式、生活习惯等。第五章介绍了远东国家妇女的地位及有关妇女的生活方式和风俗。第六章介绍了万能的美元,即远东国家与西方国家进行的经济贸易往来。第七章介绍了远东国家之间及其与其他国家之间的战争,尤其描述了日本的霸权主义。第八章介绍了"黄祸"。"黄祸"是殖民主义时期美国和欧洲殖民主义国家煽动对亚洲民族,尤其是对中国具有偏见的一个用语。本章对"黄祸"及与"黄祸"有关的漫画进行了解读和分析。第九章和第十章介绍了俄罗斯、法国、德国和英国对远东国家的策略。

D731/McK33

The Unveiled East/ F. A. McKenzie. —New York: E. P. Dutton and Company, c1907

viii, 347 p. ; 22 cm.

本书描写了东方国家的基本情况,介绍了日本的目标、太平洋战争、日本占领韩国、从亚瑟港到哈尔滨、就业垄断、日本的棉花贸易、移民问题、袁世凯总督朝鲜、通过的旧条约、新女性、中国和外国的贸易、传教工作、日本和基督教、英国的机会等方面的内容。附录包括韩国领事馆赠予美国罗斯福总统的纪念碑、崔益铉的公开信等。

D731.3/H899(1)

Fifty Years of New Japan (Kaikoku Gojunen Shi). Vol. I/ Marcus B. Huish. —New York: E. P. Dutton & Company, c1909 xi, 646 p.; 23 cm.

  本书介绍了日本改革后五十年内社会各方面的发展变化。本书为上卷，介绍了日本的历史、最后一位幕府将军以及他对王政复辟的看法、外交关系、关于新宪法通过的事件、政党的历史、军队的情况、立法机构的发展、警察部门、监狱和犯人情况、地方政府、市政的发展状况、财政状况、人们的交流方式、铁路情况及出行方式、海上运输方式、合股公司的情况、银行业的发展情况、产业历史、编织和染色状况、农业和林业的情况、海产品和矿产等产业状况、外贸情况及前景等内容。

D731.3/H899(2)

Fifty Years of New Japan (Kaikoku Gojunen Shi). Vol. II/ Marcus B. Huish. —New York: E. P. Dutton & Company, c1909

xi, 616 p.; 23 cm.

  本书介绍了日语的基本情况，日本人的宗教信仰——神道教（日本国教），日本的儒家学说和基督教情况、慈善活动情况、古代文化和教育情况、古代教育家及其对日本社会现代化的贡献、明治维新时期的国民教育状况、商业教育情况、妇女的教育情况、对西方哲学的引进情况、数学-物理科学教育情况、自然科学教育情况、医药学的发展、医药卫生条件以及对英国和美国的负债、红十字会、高雅艺术——绘画、雕塑、音乐、戏剧等状况、新闻学和文学、明治维新时期的文学作品、新日本的社会机遇、西方对日本的影响、日本和西方的社会交流、北海道在五十年内的发展情况等内容。

D737.4/C877

Diversions of a Diplomat in Turkey/ Samuel S. Cox. —New York: Charles L. Webster & Co., c1887

xix, 685 p.; 23 cm.

  本书的作者塞缪尔·S.考克斯在1885至1887年间任美国驻土耳其大使。在避免外交问题的基础上，作者观察了当地的文化，并以幽默的手法记录下他的旅程。本书描述了土耳其的政治，外交，历史，宗教，近卫兵的起源、发展和衰落，语言和文学作品，道德标准，生活方式，民主共和的特点，土耳其人的机智和幽默，旧土耳其帝国受法国影响而带有的萨连特风格的希腊和拉丁教堂，土耳其少数民族和社会等级状况，儿童的教育问题，犹太人的习俗，闺房，太监，奴隶制，婚姻等内容。本书还介绍了苏丹、巴尔干半岛、博斯普鲁斯海峡、罗马尼亚、保加利亚、塞尔维亚、伊斯坦布尔等地区的状况。

D737.46/D991

Constantinople and Its Problems: Its Peoples, Customs, Religions and Progress/ Henry Otis Dwight. —New York: Fleming H. Revell Company, c1901

298 p. ; 20 cm.

本书介绍了君士坦丁堡(今土耳其城市伊斯坦布尔)的地理位置,影响力,妇女的问题,东方的教会,东西方文化的相遇,君士坦丁堡的学校、教师及学校里教授的宗教的情况,土耳其被遗忘的机构——媒体。

D747/B916

Impressions of South Africa/ James Bryce. —New York: The Century Co., c1900

lx, 517 p. ill. ; 21 cm.

本书分为四个部分。第一部分为南非的自然概况,介绍了南非的自然特点、健康问题、野生动物、植物、不同政治职位的自然方面、自然和历史的关系、自然风光等内容。第二部分为南非的历史概况,描述了土著居民霍屯督人、布须曼人和卡菲尔人、津巴布韦、卡菲尔人的历史和机构,1854年前南非的欧洲人的情况,1854至1895年南非的欧洲人的情况。第三部分为作者的南非之行,描写了从卡普顿到津巴布韦,从津巴布韦到索尔兹伯里堡,再到马里兰卡之行的概况,马绍纳兰的资源,德兰士瓦省的出生率,巴苏陀兰——南非的瑞士等内容。第四部分介绍了南非存在的一些问题,即种族问题、两大英国殖民地的社会特点、殖民地的政策、1895年起义前德兰士瓦省的状况、南非未来的经济等内容。

D751.2/D759

Russian Affairs/ Geoffrey Drage. —New York: E. P. Dutton & Co., c1904

xvi, 738 p. ; 23 cm.

本书讲述了俄罗斯的有关事务。第一章介绍了斯拉夫派和潘斯拉派的历史、主要观点等内容。第二章分为农业的发展和饥荒两个部分,介绍了农业的重要性、地理特征、土地使用权方式、耕种方式和主要农作物、现代农业的发展以及1891至1901年俄国的饥荒。第三章介绍了俄罗斯工业的历史、现代工业的地位、棉花贸易情况、矿物和金属贸易等内容。第四章介绍了俄罗斯国内的商业、码头和商业海运以及国外商业的历史等内容。第五章介绍了俄罗斯金融的历史,对预算的分析,俄罗斯的铁路、垄断等内容。第六章介绍了俄罗斯与波兰、芬兰和其他波罗的海沿岸国家的关系。第七章介绍了俄罗斯的附属国北亚的西伯利亚和中亚等地区。

D751.2/M637

Russia and Its Crisis/ Paul Milyoukov. —Chicago：The University of Chicago Press，c1906

xiii，589 p.；20 cm.

本书介绍了俄罗斯及其危机。第一章介绍了俄罗斯的概况,并将其与美国进行了对比。第二章介绍了俄罗斯的民族主义思想。民族主义以追求国家利益为核心,成为俄罗斯国内影响深远的政治浪潮。第三章介绍了俄罗斯的宗教传统。俄罗斯宗教传统作为俄罗斯思想的底色,无论是从历史发展还是从教义和仪式方面,都对俄罗斯民族性格的形成产生了决定性的影响。俄罗斯人性格中的双重性受东西方文化角力的影响,矛盾性和多疑性、神秘性和保守性、人道主义及救世性等特征都可以找得到其宗教的解释。第四章介绍了俄罗斯的政治传统,即俄罗斯从沙皇政治中继承了强权政治。第五章和第六章分别介绍了自由和社会主义观念。第七章介绍了俄罗斯改革所面临的危机和紧急性。第八章是对本书的总结。

D751.2/M863(1)

Rousseau and His Era. Vol. I/ John Viscount Morley. —London：Macillan and Co. Limited，c1873

xii，329 p.；20 cm.

本书讲述了卢梭和卢梭所在的时代。第一章介绍了大革命时期的概况、卢梭的品格和在大革命中发扬的革命的精神。第二章介绍了卢梭的青年时期,描写了卢梭的出生、教育、学徒生活等内容。第三章介绍了卢梭和华伦夫人的故事,描写了卢梭离城出走后,经由一位朋友的介绍,结识了华伦夫人。卢梭在华伦夫人家居住的这段时期里,熏陶激发出他对音乐的兴趣,并在华伦夫人的鼓励下开始了远足旅行。第四章介绍了卢梭和泰雷兹莱维塞尔的故事,描述了卢梭在1745年返回巴黎后结识了泰雷兹莱维塞尔并成为她的情人,泰雷兹为卢梭共生育了五个孩子,全部被卢梭送进了巴黎的育婴堂。第五章介绍了卢梭的两次演说情况。第六章介绍了卢梭在巴黎的生活,包括巴黎社会给他带来的影响、突然爆发的道德改革、他对无神论的抨击等内容。第七章介绍了卢梭的隐居生活。1756年,四十四岁的卢梭接受朋友的馈赠——一座环境优美的乡村小房子,开始了他的隐居生活。卢梭在隐居的六年中写了许多著名的作品,有政治学名著《民约论》、教育学论著《爱弥儿》、自传体小说《新爱洛绮丝》等。第八章介绍了卢梭在音乐上的造诣。受华伦夫人的影响,卢梭开始对音乐产生兴趣。后来他不断地自学和研究,想出一种用数字代替音符的简易记谱法,并写出了具有独创性见解的著作《音乐记谱法》,还撰写了《现代音乐论文》一并带到巴黎,呈交给巴黎科学艺术院。第九章介绍了卢梭与伏尔泰和达朗贝尔力的故事。

D751.2/T472

Russian Politics/ Herbert M. Thompson. —New York：Henry Holt and Company，c1896

xi, 289 p.；20 cm.

本书介绍了俄罗斯的政治的内容、历史背景和发展情况,包括俄罗斯的政治和俄罗斯民族的种族血统、彼得大帝去世前的历史概况、彼得大帝去世到克里米亚战争、俄国农奴制的解放以及之后人民的生活、俄国进行的其他改革情况、俄国的宗教和宗教迫害状况、俄国政治改革阶段的戏剧性人物、俄国人民反抗沙皇制度情况、俄国犯人的引渡问题、俄国人对自由的追求等内容。

D752.2/L793

A Sovereign People：A Study of Swiss Democracy/ Henry Demarest Lloyd. —New York：Doubleday, Page & Company，c1907

xvi, 273 p.；21 cm.

本书介绍了瑞士的民主实践,民主制的发展,公社、州民大会或全国公社的状况,代表制度的民众审查,联邦制下的直接民主情况,酒品贸易的国有化,工业发展速度,市政府的概况,瑞士的社会化情况,全民公投的效果,民主制的成果等内容。

D755.1/W784

The Spanish in the Southwest/ Rosa V. Winterburn. —New York：American Book Company，c1903

224 p.；19 cm.

本书介绍了加利福尼亚的印第安人的生活状况,印第安人的食物、房屋、穿着、部落战争、神话传说,马科斯德战争,科罗纳多和阿拉孔概况,西班牙的太平洋宣言,卡里约和维斯凯诺概况,西班牙在加利福尼亚的开支情况,圣地亚哥任务的建立,对蒙特雷海湾的搜寻,奴隶的情况,世俗化状况,印第安人村落和农场人们的生活情况,太平洋沿岸的外国人状况,在加利福尼亚的西班牙统治情况等内容。

D756.1/L674—2

Government of Dependencies/ an essay by Sir Geoger Cornewall Lewis; with an introduction by Jacob Gould Schurman. —Rev. ed. —Washington[D. C.] &

London: M. Walter Dunne, [1901]

xx, 216, 99 p. ; 24 cm.

本书分为十一章。第一章介绍了独立和下级政府的定义。第二章列举了独立的例子(如东方君主制的独立、古代共和的独立、欧洲国家当代的独立)。第三章介绍了独立所要求的模式,即通过占领、领土割让获得或通过协议获得。第四章介绍了占领领土作为独立国家的原因。第五章介绍了独立国家随着法治制度的兴起产生的分离。第六章介绍了主导国家对独立国家的霸权统治的优势。第七章介绍了独立国家对主导国家霸权统治的优势。第八章介绍了主导国家对独立国家财产占领的弱势。第九章介绍了独立国家对主导国家采取独立的弱势。第十章介绍了独立国家政府的多种形式可能带来的各种弊端。第十一章介绍了独立国家可能丢失各自的特点。

D771.2/H325

Actual Government as Applied Under American Conditions/ Albert Bushnell Hart. —New ed. —London and Bombay: Longmans, Green and Co., c1906

xliv, 559 p. ; 20 cm.

本书介绍了美国政府的概况。第一,介绍了美国政府的基本观点,即政府的自然基础、个人主义和个人权利、政府名望。第二,介绍了美国人民的意志,即投票权和选举权、政党和机制。第三,介绍了州政府,即州和联盟、州立法、州执行部门、州法院。第四,介绍了当地政府,即乡镇政府联合体制、城市政府、城市政府的问题。第五,介绍了国家政府,即国会的内部结构、国会的工作、总统、国家公民服务、联邦法院等内容。第六,介绍了区域功能,即领土和领土保护、国界和兼并、领土和殖民地。第七,介绍了财政功能,即税收和国家财政。第八,介绍了外交关系,即国际交往、国际商务、战争。第九,介绍了商业功能,即商业结构、交通运输。第十,介绍了主要的福利,即教育、宗教和国家道德、国家政策等内容。

D771.2/J66

Addresses and Papers of Theodore Roosevelt/ Willis Fletcher Johnson. —New York: The Unit Book Publishing Co., c1909

510, vi p. ; 18 cm.

本书介绍了西奥多·罗斯福的演讲内容和各项政策,并简单描述了罗斯福的生平轶事。

D771.2/J82

Imperial Democracy: A Study of the Relation of Government by the People, Equality

Before the Law, and Other Tenets of Democracy, to the Demands of a Vigorous Foreign Policy and Other Demands of Imperial Dominion/ David Starr Jordan. —New York: D. Appleton and Company, c1899

viii, 293 p. ; 19 cm.

本书介绍了帝国主义统治下的民主、政府、法律、民主社会的宗旨、外交政策和帝国统治的其他要求等内容。

D771.2/L914

Political Essays/ James Russell Lowell. —Boston: Houghton, Mifflin and Company, c1888

326 p. ; 20 cm.

本书介绍了美国的政治结构、政策和具有代表性的美国总统及他们在职期间的贡献等,包括美国社会概况、美国的 11 月大选、迈克克莱伦和林肯的事情、重建美国的情况等内容。

D771.2/P478(1)

The Public States of America. Vol. I/ Richard Peters. —Boston: Little, Brown, and Company, c1861

cxxii, 755 p. ; 26 cm.

本书介绍了美利坚合众国的联邦条款,包括条款总列表、同时期可参考的宪法版本、司法实践领域内的制度条款、商业运行过程所必须遵照的制度条款、国家危机应对时履行的制度条款、国际义务践行所遵照的制度条款、海洋事务管理过程中的制度条款、公共领地使用条款、邮政事务办理中的制度条款等。本书还介绍了独立宣言、宪法大纲、美利坚合众国宪法的历史地位和现实意义、1799 年之前国会所通过的一系列法令。

D771.2/P481

The Public Statutes at Large United States of America/ Richard Peters. —Boston: Little, Brown and Company, c1867

xii, 644, 176 p. ; 26 cm.

本书介绍了美利坚合众国与外国制定的一系列对外条约,包括某些机构拥有缔结条约的职能,缔结条约时该机构有什么权利和义务,美国与其他基督教信众国家缔结政治联盟条约的双语版本(如美法 1778 年条约),美国与其缔结商业友好往来条约的双语版本(如美法 1778 年商业条约),美国与其他国家缔结两国友好条约(如1782年与尼德兰、1782年与大不列颠英国、1783年与瑞典、1785年与普鲁士王国、1787年与摩洛哥、1788年与法国、1795年与阿尔及尔、1795年与西班牙的条约);还介绍了世界亚非拉各国与美国缔结的条约。

D771.2/V984

The New Politics/ Frank Buffington Vrooman. —London：Oxford University Press（American Branch），c1911

300 p.；22 cm.

本书探讨了政治新局面。第一部分阐释了以实玛利的哲学(以实玛利为易卜拉欣的儿子,是阿拉伯穆斯林的祖先),包括政治局面的混乱、社会伦理的和个人主义、社会伦理和社会经济活动脱离、社会伦理和社会政治活动脱离、个人主义下的民主体制诞生等内容。第二部分阐释了"大众利益"的哲学,包括政治和社会伦理的关系、希腊人对政治体系发展的贡献、家长制统治、社会主义社会、个人发展和政治环境的关系、国家主义的根本所在等内容。第三部分阐释了国家主义民主体制,包括国家主义和家长制政治的斗争、国家主义与公共事业的发展、国家主义与国内环境的塑造、人民能享受到的国家主义带来的成果、主权至上的世界形势、政党发挥的作用、国家主义的未来发展走向以及可能出现的问题等内容。

D771.2/W168

The Expansion of Western Ideals and the World's Peace/ Charles Waldstein. —New York：John Wilson and Son，c1899

ix，194 p.；18 cm.

本书介绍了西方理念传播的真相,阐释了西方理念的传播实质,即另一种形式的对别国的侵略和渗透,而非付诸战争、威迫等强制手段,是通过政治经济外交尤其是文化手段来影响国人的意识形态,进而达到使国人认同西方民主观念、资本主义观念的目的;同时,通过采用技术交流、文化交往等方式影响社会主义国家人们的心理、行为方式,使社会主义国家的生活方式、国家运行变成资本主义式样,从而在无形中破坏并控制被影响国家原本的独立发展。西方理念中的民主、自由、和平理念成为用来同化别国人民的思想工具,其传播过程本质上已经违反了传播和平的宗旨,而成为一个非暴力的衍生变化过程。

D771.2/W873

American Politics：Political Parties and Party Problems in the United States/ James Albert Woodburn. —New York：G. P. Putnam's Sons，c1903 ix, 314 p.; 22 cm.

　　本书介绍了美国政党政治及其运行过程中出现的问题,包括宪法制定之前的政党政治、汉密顿联邦党人与杰斐逊共和党人的状况、人际策略盛行时期的情况、共和党人和杰克逊民主党人的关系、废奴主义者和自由党的关系、废奴之后的自由土地问题、早期共和党人的状况、当代政党的发展沿革、小党派的形成和发展、国家宪法的构成、宪法体系的形成和完善、国家宪法在当今的时代特点、政党活动的执行准则、政治领域的道德规范、大选投票的诚信操作情况、政党领袖所必须遵循的规范、封官许愿制度、政党的资格评估体系、选区不公正的重新划分、首次选举制度的改革、政党之间相互独立以及政治信仰的忠诚等内容。

D771.2/W947

Civil Government in the United States/ A. O. Wright. —Madison: Midland Publishing Co., c1897

7, 350 p.; 19 cm.

　　本书介绍了美国民权运动。第一部分的主题为宪法,阐释了法律条例的颁布、制定宪法的基础、促进宪法制定的关键事件、制宪会议的召开、宪法的通过、宪法对于社会发展的影响及自身的不断完善等内容。第二部分的主题为国会的组织形式,阐释了立法权的归属,众议院、参议院、议员的推举与任命,众议院以及参议院各自的职能,议员享有的权利,制定法律的过程等内容。第三部分的主题为立法权,阐释了国会的权力和国家立法中的禁忌。第四部分的主题为行政部门,阐释了行政部分的组织形式、其权力与职能、总统的其他权力、弹劾制度等内容。第五部分的主题为司法部门,阐释了司法部门的组织形式、法院的司法职能及权力、对于叛国罪的惩处等内容。第六部分列举了其他的一些政治组织规则,阐释了州税记录、各州之间的联系、新建立的州、联邦给予州政府的保护、联邦条款的修改、宪法关于土地的条款、宪法的执行等内容。第七部分的主题为权利法案,阐释了宗教以及言论等自由、携带武器的权利、为士兵提供住宿、擅自搜查民居、审判前的申诉权、被告上诉的权利、民事案件中陪审团的权利、超额罚款、捍卫人权的权利等内容。第八部分的主题为宪法的修改与完善,阐述了与联邦相悖的诉案、总统大选、废奴制度、内战的相关条款、黑人的选举权等内容。

D771.20/B368

Readings in American Government and Politics/ Charles A. Beard. —New York: The Macmillan Company, c1911

xxiii, 624 p.; 21 cm.

本书介绍了美国政治。第一部分介绍了殖民时期美国政治机构的雏形、民族意识以及自治政府的逐渐形成、联邦机构的形成和发展状况、各州机构的发展状况、美国政治事务的演变情况、政党机构的发展等内容。第二部分介绍了联邦体制的主要原则、总统的提名与选举、总统的权力、国家机构、美国国会、国会的权力、国会的运行过程、联邦司法制度、外交事务、国防事务、税务与财政、商业行业规范、国家资源的利用、领土安全部门等内容。第三部分介绍了各州政府所必须遵循的宪法规范、州政府的管辖事务、各州行政部门、各州立法部门、各州司法制度、各州政府的组织形式、各州政府的职能、更低一级的地方政府概况、政治和政府的联系、各州税务和财政概况、各州经济和社会法规的制定等内容。

D771.20/R878

Problems of City Government/ L. S. Rowe. —New York：D. Appleton and Company，c1908

358 p. ; 20 cm.

　　本书介绍了美国的市级政府所面临的管理问题，包括城市的形成和发展，古代、中世纪时期以及现代城市的面貌以及特点，市级政府所面临的问题的本质，城市发展带来的社会发展，城市发展带来的政治发展，美国城市在政治体制中地位，市政管理的合法权利，现代市级政府的组织形式，市级政府以及美国的民主理念，城市与公共生活的关系，以费城为例的市级政府提供天然气供应等基础服务，市级政府运行及管理的基本原则，市级政府管理与德国地铁的经验，外国城市管理的经验等内容。

D771.22/B917(1)

D771.22/B917－2(2)

The American Commonwealth. v. 1, The National Government—The State Governments/ James Bryce. —New York：The Commonwealth Publishing Co.，c1908

xvii，724，24 p. ; 20cm.

　　本书分为上下两册。上册内容包括两个部分。第一部分的主题为国家政府，介绍了国家和各州的关系、宪法的起源、联邦政府的本质、总统、总统的权力和职责、监督制约总统的机制、参议院、参议院的行政和司法机构、参议院的职能、众议院、众议院的运行机制、国会委员会、国会的立法职能、参众议院的关系、制约国会的机制、三权分立的政治结构、联邦机制的优越性及缺陷、宪法在执行过程中的完善与修订等内容。第二部分的主题为各州政府，介绍了美洲联邦制度的本质、各邦宪法的制定以及修订、各邦立法机构、各邦财政管理、各邦政府的管理运行模式、政府工作人员的精简、各邦政党政治、更低一级的政府权力所受到的制约等内容。

下册内容包括三个部分。第一部分的主题为政党制度，介绍了政党政治的发展历史、政党政治的组织方式、政治家、政治机制下的社会发展、封官许愿制度、总统大选制度、总统提名及任职、公众言论的本质、公众言论影响下的政治制度、群众言论的优势和不足等内容。第二部分列举了政治制度发展的先例以及得到的社会影响，介绍了纽约的花呢大亨、费城的石油气大亨、版图扩张中出现的问题、自由主义、妇女的选举权、民主制度固有的缺陷以及优势、美国政治的先例对于欧洲的影响等内容。第三部分的主题为社会机构，介绍了酒吧、公园长椅、城市街道、大学、教堂、宗教的影响、妇女地位、平等主义思潮、创新思维、美国与欧洲的关系、美国生活的愉悦、社会政治机制未来的发展方向、社会经济生活未来的发展前景等内容。

D771.22/R374

Readings on American Federal Government/ Paul S. Reinsch. —Boston：Ginn and Company，c1909

xii，850 p.；21 cm.

本书介绍了美国的联邦政府，包括总统的提名和任职，行政部门的权力与职责，行政部门与国会相互制约的三权分立的政治机制，与别国缔结条约的权力，参议院的职能以及参议院议员的推举方式，参议院与众议院的区别与联系，众议院的组织形式和准则，财政立法的原则和程序，隶属政府机构的各部门的职责与权力，立法和行政管理过程中的问题，海陆空军备的发展和管理，处理美国外交事务的外交策略以及智慧，国家内政的类型以及处理方法，法院的司法解释权以及对行政和立法的制约，宪法中的集权与改变，国家大会的召开方式以及核心议题等内容。

D771.224/McC743

Presidential Campaigns/ George Murray McConnel. —Chicago：Rand，McNally & Co.，c1908

243 p.；20 cm.

本书介绍了美国的总统大选，包括1788年实名投票的情况，华盛顿当选第一任总统大选及连任第二届的情况；约翰·亚当斯当选第三任和第四任总统的情况；蒙蒂塞洛时期的状况，杰斐逊和麦迪逊当选总统的情况；詹姆士·门罗在华盛顿户外举行的露天宣誓情况;约翰·昆西·亚当斯(第二任总统约翰·亚当斯之子)当选总统的情况;总统大选的形式和规模扩展到整个美国疆土情况,安德鲁·杰克逊成为第一位在国会大厦东门廊举行就职宣誓的美国总统的情况;"金钱政治"的出现使得政党腐败的情况;马丁·范布伦、威廉·亨利·哈里森、约翰·泰勒、詹姆斯·K.波尔克相继当选总统,并投身于打击"金钱政治"的情况;泰勒·菲尔摩开始重构政党政治的体系;富兰克林·皮尔斯总统确定就任美国总统(而不是宣誓),打破惯例,没有亲吻《圣经》,只是将左手放在《圣经》上,并成为第一位脱稿发表就职演说的美国总统的情况;詹姆斯·布坎南总统就职,并举行了一场盛大的庆祝舞会的情况;亚伯拉罕·林肯总统允许非裔美国人第一次参加总统就职庆典游行,废奴运动开始掀起帷幕的情况;安德鲁·约翰逊在林肯被刺杀之后,成为第一位由总检察长带领宣誓就任总统的副总统,南北战争结束,美国实现南北统一的情况;尤利塞斯·S.格兰特总统后第一次邀请各州州长参加就职典礼情况;拉瑟福德·B.海斯成为第一位在白宫宣誓就职的美国总统且是第一位在就职典礼前宣誓就职的美国总统,导致了蒂儿登危机的情况;詹姆斯·加菲尔德当选总统,总统的母亲第一次出席总统就职庆典并且总统第一次在白宫前对军队进行检阅,之后,切斯特·艾伦·阿瑟随即被任命为第二十一任美国总统的情况;格罗弗·克利夫兰、本杰明·哈里森任职总统期间为政党发展带来了新的改变的情况;威廉·麦金莱当选总统,众议院第一次获准与参议院一起安排总统就职庆典,开始大力推广教育的情况;西奥多·罗斯福成为第一位没有在《圣经》面前宣誓的美国总统的情况等内容。

D771.224/W739

The Rights and Duties of American Citizenship/ Westel Woodbury Willoughby. — New York:American Book Company,c1898

336 p.;19 cm.

本书介绍了美国公民的权利与义务。第一部介绍了政治学,包括家庭、族群、民族、外国移民以及国家;国家的起源、爱国主义精神以及公民;选举权的发展、选举制度的完善;国家关系、国家法以及外交政策;政府职能、局限以及社会主义;政府的形式变化,从帝王专制、君主立宪、贵族统治、民主共和到代议制;法制社会的形成、法律与道德的相辅相成、法律程序和法律条款的完善等内容。第二部分介绍了美国人民的政府,包括政府形成的历史过程、政府权力的分布、国会的构成以及运行模式、国会的权力、行政部门、总统、行政部门的分类、联邦司法制度、联邦以及当地的政府、政府的税收和支出、国家资金和银行、政党政府以及政党政治机制等内容。

D771.238/C774

Chinese Immigration/ Mary Roberts Coolidge. —New York：Henry Holt，1909
　　x，531 p.；19 cm.

　　本书介绍了华人移民美国的概况。第一部分介绍了1848至1882年华人自由移民美国的情况、美国华人劳务输入的情况、华人劳务在美国的生活情况、抵制华人政策的出台、加利福尼亚抵制华人的法案颁布、加利福尼亚参议院通过并实施这一法案情况、国会承认并通过这一法案的情况、中华人被遣返的情况、国会的华人议题等内容。第二部分介绍了美国对华人的限制和排斥。第三部分介绍了竞争与同化，包括卡尼时期前加州的华人劳工的状况、马萨诸塞州的华人状况、华人与美国人的竞争状况等内容。

D771.26/D994

Citizenship of the United States/ Frederick Van Dyne. —New York：The Lawyer's
　　Co-operative Publishing Co.，c1904
　　xxvii，385 p.；23 cm.

　　本书介绍了美国公民拥有的权利。第一部分介绍了出生在美国的婴儿的国籍，单国籍或双国籍，生来就拥有已经得到法律保障的人权，出生在别国、父亲是美国人的婴儿拥有美国国籍等内容。第二部分介绍了美国宪法规定的程序按照各种情况（如不同国家、不同职业）申请加入美国户籍；根据父母的户籍入美国户籍得到公民身份；缔结婚姻后，随配偶入美国户籍；按国家间缔结的条约入美国户籍；由于某些社会活动的结果，入美国户籍；为美国进步做出特殊贡献的人可入美国户籍；由于地域变更，可改入其他州户籍等内容。第三部分为护照，介绍了关于护照保险的相关规定。第四部分为移民，介绍了放弃美国国籍的程序、外国政府对于落户在美国的人的不同态度等内容。

D771.262/W747

Things as They Are：Mission Work in Southern India/ Amy Wilson-Carmichael. —
　　London：Morgan and Scott，c1904
　　xvi，303 p.；20 cm.

　　本书讲述了作者在印度南部传教过程中的所见所闻，包括作者对于本书写作目的的阐释；去往南印度途中，传教士引起了当地人的好奇和围观；当地的生活和经济发展状况；在当地进行传教工作的困扰；作者对当地独特信仰的感受；当地的祭祀、丧葬以及沐浴仪式；传教中应对自然的东方智慧以及应对困苦的东方哲学；探寻东方朴素信仰背后的原因；作者对印度人对于生命、精神和自然的理解；印度社会阶层和大众群体;朴素信仰的缺陷;当地人对诅咒和死亡的阐释;基督教义在当地人中的接受程度以及排斥程度;基督教本土化之后,对当地人产生的影响等内容。

D771.27/S644

Working with the People/ Charles Sprague Smith. —New York：A. Wessels Co.，c1904

xvi, 161 p.；18 cm.

  本书介绍了教堂和慈善事业,包括教会慈善机构想法的提出、成立、发展与壮大,教会慈善机构的组织形式以及各地教会慈善事业发展的进程;对各地进行实地调查,从组织形式、救助方式上对慈善事业的完善和发展;教会学校作为一种新型的教育机构,所教授的社会科学等课程以及教授的目的;教会学校所教授的其他课程,包括文学、艺术、自然、音乐、戏剧以及课外实践活动;教会学校提供的自由讨论的论坛、关注个人精神的教会、充实个人发展的俱乐部和容纳更多思想激辩的礼堂;教会学校为民主发展进程做出的贡献等内容。

D771.27/W279

American Charities/ Amos Griswold Warner. —Rev. ed. —New York：T. Y. Crowell & Company, c1894, 1908

xvii, 510 p.；19 cm.

  本书介绍了美国慈善机构。第一部分的主题为发展慈善事业的历史根源和神学思想基础,介绍了慈善事业和科学的关系、贫穷的原因、堕落的根源、堕落的社会原因、贫穷这一社会现状等内容。第二部分的主题为需要依赖社会帮助的阶层,介绍了救济院与需要救济的人,救济院所提供的公共救助,失业人群与流离失所的人的状况,需要救助的儿童、穷困的病人、精神病患者、智障与酒鬼的情况等内容。第三部分的主题为管理工作和财务工作,介绍了公立慈善机构、私立慈善机构、慈善机构的资产状况,国家给予私立慈善机构的补助金等内容。第四部分的主题为对慈善机构工作的社会监督以及改进,介绍了社会监督和调控机构状况、慈善机构发动的运动情况、现代慈善事业的发展趋势等内容。

D771.29/F413

The History of Political Theory and Party Organization in the United States/ Simeon D. Fess. —Boston：Ginn and Company, c1910

vi, 451 p.；20 cm.

本书介绍了美国政治理论以及政党组织的发展过程,包括美国政党政治的来源,国家理论与联邦理论,政治理论中自由的代表人物托马斯·杰斐逊、政治理论中权力的代表人物亚历山大·汉密顿、国家主义的右派约翰·马莎尔的情况,全新的政党理论,提名政党成员的程序,1832 至 1844 年代表大会的情况,1844 至 1856 年政党组织的衰落的情况,州对联邦法令的拒绝执行的情况,坚持宪法至上的代表人物丹尼尔·韦伯斯特的情况,第三政党的情况,奴隶制的存废问题,人民的主权论情况,1860 年全国提名大会的情况,伟大的战时总统亚伯拉罕·林肯的情况,内战对于政党政治的影响,立法部门与行政部门的斗争的情况,战时做出制度的调整的情况,内战时期的政党问题,对总统选举的调整等内容。

D771.29/J72

History of American Politics/ Alexander Johnston. —New York: Henry Holt and Company, c1881
  x, 274 p. ; 16 cm.

  本书介绍了美国政治,包括以下内容:1787 年宪法的颁布;1789 年、1793 年乔治·华盛顿当选美国总统的情况;欧洲政治模式传入美国,联邦制符合美国的发展的情况;1797 年约翰·亚当斯当选第三任总统,美国联邦党内部开始出现分歧;1801 年《独立宣言》的起草者托马斯·杰斐逊当选美国总统,民主共和党执掌政权;1805 年,杰斐逊连任,民主共和党持续掌权,联邦党走向末路;1809 年,民主共和党人詹姆斯·麦迪逊当选美国总统,成为美国宪法的奠基人;1817 年,民主共和党人詹姆斯·门罗当选美国总统,联邦党彻底瓦解,民主共和党内部开始出现问题;1821 年,门罗连任,政党得到全面的发展与巩固;1825 年,约翰·昆西·亚当斯作为民主共和党人当选美国总统,民主党和共和党开始分别发展,民主党占上风;1829 年,民主党人安德鲁·杰克逊当选美国总统,共和党所在州拒绝承认民主党掌权下的联邦法令;1833 年,杰克逊连任,国内出现废奴主义与反废奴主义思潮;1837 年,民主党人马丁·范布伦当选美国总统,主张废奴的党派出现;1841 年辉格党人威廉·亨利·哈里森上任一个月后死亡,随后约翰·泰勒上任;1845 年民主党人詹姆斯·诺克斯·波尔克当选美国总统,奴隶制的存废导致社会动荡;1849 年辉格党人扎卡里·泰勒上任不久死亡,1850 年辉格党人米勒德·菲尔莫尔上任,但其在奴隶制问题上不得人心;1853 年民主党人福兰克林·皮尔斯当选美国总统,共和党势力开始逆转;1857 年民主党人詹姆斯·布坎南当选美国总统,民主党内部分裂;1861 年共和党人亚伯拉罕·林肯当选美国总统,领导了美国内战和废奴运动;1865 年民主党人安德鲁·约翰逊当选美国总统,美国实现南北统一后重新建立政党制度;1869 年共和党人尤里西斯·辛普森·格兰特当选美国总统，共和党和民主党构建新的合作竞争关系等。

D80/F754

The Practice of Diplomacy: As Illustrated in the Foreign Relations of the United States/ John W. Foster. —Boston: Houghton, Mifflin and Company, c1906

401 p. ; 22 cm.

本书介绍了美国的外交事务，包括外交事务的功用、美国外交史上代表人物的成就、外交官的任命程序、代表国家出访外国时所应有的礼遇、对本国政府所承担的职责、对外国政府所承担的职责、出访时的衣着礼仪以及会面礼仪、外交官的豁免权、外交使命的完成、外交部门的其他官员、领事馆、两国条约的协商和接洽、条约的官方批准和解释权、条约以外的其他协议、两国间的仲裁和仲裁程序、国际间债权等内容。

D813/H913

The Two Hague Conferences and Their Contributions to International Law/ William I. Hull. —Boston: Ginn & Company, c1908

xiv, 516 p. ; 20 cm.

本书介绍了在海牙召开的两次国际会议（1899年会议和1907年会议），包括两次会议召开的不同历史背景、会场、成员国、召开时举行的宴席和开闭幕仪式、所集合的各国对于各项议题的意见和看法、主办方和组织形式、会议期间所召开的各项会议、会议的议程、会议期间所讨论的军备问题和空战问题、会议中讨论的重点议题——海战和陆战、国际间的仲裁原则、总结两次会议在诸多议题上达成的国际共识以及其对于嗣后战争法的编纂和发展历史意义等内容。

D813.4/F754

Arbitration and the Hague Court/ John W. Foster. —Boston: Houghton, Mifflin and Company, c1904

147 p. ; 20 cm.

本书介绍了国际仲裁和海牙国际仲裁法庭，包括对国际间争端的回顾和相应采取的仲裁方法，当争端发生，通常由当事国根据事先或事后签订的仲裁协定或某些条约中的仲裁条款，将争端交由双方选定的仲裁人所组成的仲裁法庭依照一定的程序审理，审理的结果（即裁决）为最后决定，双方均应服从；发起国为俄国的海牙国际和平会议，即1899年和1907年在荷兰海牙召开的两次国际和平会议的情况；对于国际仲裁原则的条款再修订；国际仲裁大会的特别委员会和联合委员会的概况;国际仲裁对于维护世界和平与发展的作用等内容。

D82/B637

China and the Far East: Clark University Lectures/ George H. Blakeslee. —New York: Thomas Y. Crowell & Co. , c1910

xxii, 455 p. ; 21 cm.

  本书介绍了中国、日本、韩国三个亚洲国家的基本情况。中国部分介绍了中国在世界政治中的地位、中国和欧洲国家外交关系的基本概括、中美外交关系的基本概括、美国对中国施行特殊政策的必要性、中国对外贸易的沿革及发展状况、中美贸易关系、中国的货币政策及状况、中国军队的发展状况和实力、中国发展的契机、在美中国留学生的情况、对中国的全新认识、中国境内基督教的传教活动、中国开展宗教教育的进程、在夏威夷的中国留学生接受美国文化后的改变等内容。日本部分介绍了中日外交关系、日本与美国的外交关系、日本军队的实力和发展情况。韩国部分介绍了韩国的觉醒、日本在韩国的管辖和占领、韩国的宗教信仰等内容。

D829.12/P865

The Outbreak in China: Its Causes/ Rev. F. L. Hawks Pott. —New York: James Pott & Company, c1900

vi, 124 p. ; 20 cm.

  本书介绍了中国普通民众的抗争。第一部分介绍了普通民众的极度贫困情况、官员的贪污腐败情况、对于外国侵略的民族排外性等内容。第二部分介绍了中日战争之后,中国被列强瓜分,普通民众与封建政府决裂的概况,包括德国强占胶州湾、俄国强行租借亚瑟湾、英国政府强行占领威海卫、意大利要求占领并管辖三门湾、外国帝国主义势力不断深入中国等内容。第三部分介绍了外国势力在中国施行"以华制华"的策略,修建铁路等权力逐渐转移到列强手中的状况。第四部分介绍了普通民众掀起的反帝反封建运动。第五部分和第六部分介绍了义和团运动的兴起和中国境内基督教会势力的发展状况。第七部分和第八部分介绍了中国如何同时应对外部帝国主义的侵略和内部普通民众的起义的情况。

D871.2/C743

Uncle Sam Abroad: Our Foreign Serice Consular and Diplomatic/ J. E. Conner. —Chicago: Rand, McNally & Company, c1900

201 p. ; 19 cm.

本书描写了美国在国际上的影响，山姆大叔为美国形象的典型代表。本书介绍了美国政府的构成（即美国联邦政府包括国会、总统、联邦法院三大机构；三权分立与联邦制度的状况；立法、司法、行政三种权力各自独立、互相制约，以避免政府滥用职权）；驻外国的领事馆以及领事馆官员的任命和派遣（即负责签证发放、侨民保护和协助等事务，帮助处理本国国民在外国出现的一些争端）；美国国务院主管外交事务的组成部门概况（即负责处理本国政府与世界其他国家政府及政府间国际组织的外交事务）。本书还描写了象征山姆大叔的美国在世界范围内势力的发展（即美国在欧洲、远东、南美洲插手他国事务等内容）。

D871.2/F754

The Practice of Diplomacy: As Illustrated in the Foreign Relations of the United States/ A. John W. Foster. —Boston: Houghton, Mifflin and Company, c1906
401 p. ; 23 cm.

本书介绍了国家外交事务的处理方法和原则，以美国为例进行分析，内容包括外交部设立的实用性，外交代表人的不同政府级别，外交官的任命程序和原则、接待外交大使的原则和标准、对本国政府的职责、对出使国家的职责和义务、出席正式场合的穿着礼仪以及行为礼仪、在国外拥有的豁免权、出使任务的完成和回国问题，其他外交事务负责人员的职责，领事馆的设立和职能、关于协商和缔结国家条约的程序、关于条约的批准生效的步骤、享有条约的最终解释权，国际法庭仲裁的原则和程序以及国家间签约后双方共同遵守和执行等内容。

D871.2/G721(2)

Papers Relating to the Foreign Relations of the United States with the Annual Message of the President Transmitted to Congress December 3, 1907. Part 2/ Government Printing Office. —Washington: Government Printing Office, c1910
xl, 550-1313 p. ; 23 cm.

本书介绍了1906至1907年美国向国会提交整理过的外国的各项政策的制定与调整，通过了解国外的相关政策来制定和修改美国的相关政策，从而保持美国在世界上的领先地位。其内容包括在危地马拉和洪都拉斯境内的军事驻扎政策、对华人的保护政策、外国与美国的互惠条约、共同促进中美洲和平稳定的共识情况；关于海地增加国内赋税增收的国家政策；意大利与丹麦为促进贸易制定的条约，烟草产业遭到重创的情况，与俄国进行的经济贸易谈判情况；日本就远东问题与法国达成协议的情况，国内不同国籍间的婚姻状况，日俄就中国问题达成的共识；欧洲国家（如俄国、摩洛哥、荷兰、挪威、葡萄牙、罗马尼亚、塞尔维亚、西班牙),美洲国家(如巴拿马、秘鲁、委内瑞拉),非洲国家(如埃及)的同时期的外交政策等。

D871.2/G721(1887)

Papers Relating to the Foreign Relations of the United States for the Year 1887/ Government Printing Office. —Washington: Government Printing Office, c1887

lxvii, 1149 p. ; 23 cm.

本书介绍了1886至1887年美国向国会提交整理过的其他国家的各项政策的制定与调整,通过了解外国的相关政策来制定并修改美国的相关政策,从而保持美国在世界上的领先地位。其内容包括阿根廷共和国及美阿关系,澳大利亚、匈牙利、比利时、玻利维亚、巴拿马、秘鲁、委内瑞拉、海地、智利等国的各项政策的制定与调整,中国以及美国对华政策,朝鲜半岛问题,法国及美法关系的变化,德国的崛起和美国对德的立场变化,大不列颠英国的发展状况和英美力量对比的变化,夏威夷的发展以及美国不断争取对它的管辖权,海地各项政策的制定与调整,意大利各项政策的制定与调整,西亚国家利比里亚的状况,尼德兰即现在的荷兰政策的制定与调整,俄国各项政策的制定与调整,西班牙的政策调整等。

D871.2/M255(2)

Treaties, Conventions, International Acts, Protocols and Agreements Between the United States of America and Other Powers 1776-1909. Vol. II/ William M. Malloy. —Washinton: Government Printing Office, c1910

xxvi, 1231-2491 p. ; 23 cm.

本书记录了1776至1909年美国与其他国家之间签订的涉及社会生活各个领域的条约以及参与缔结的国际法案和国际公约,记录的条约范围主要有国家贸易、政治互信及联盟、文化交流、世界和平等方面。本书介绍了与美国缔约的国家有北欧国家芬兰、瑞典、挪威、冰岛、丹麦,东欧国家俄罗斯,中欧国家波兰、匈牙利、德国、奥地利、瑞士,西欧国家英国、爱尔兰、荷兰、比利时、卢森堡、法国、摩纳哥,南欧国家罗马尼亚、保加利亚、塞尔维亚、马其顿、阿尔巴尼亚,北非国家阿尔及利亚,北美国家加拿大、美国、墨西哥,中美洲国家危地马拉、萨尔瓦多、洪都拉斯、尼加拉瓜、巴拿马,加勒比海地区国家巴哈马、古巴、牙买加、海地,南美洲国家委内瑞拉、秘鲁、玻利维亚、巴西、智利、阿根廷,东亚国家中国、韩国、日本,东南亚国家菲律宾、越南、马来西亚,南亚国家印度,中南亚国家阿富汗,及中东国家伊拉克、伊朗等。

D871. 2/U58

Regulations Prescribed for the Use of the Consular Service of the United States/ The United States Government Printing Office. —Washington: The United States Government Printing Office, c1896

xix, 871 p. ; 22 cm.

本书介绍了领事馆的功能,包括领事馆官员的级别分类、选拔和任命、承担的职责和义务、宪法授予其的特权、缔结条约里授予其的权力,领事馆大使对于领事馆工作的监督指导,外交代表对于领事馆工作的监督指导,领事馆与海军和国家政府部门的关系,对本国商业船只进行保护,处理两国外交争端,移民手续的审查与办理,政府对于领事馆官员的福利待遇,领事馆的各项开支,由领事馆所记录并整理的文书和视频等资料的保存,领事馆活动与本国政策的一致性原则等。

D871. 22/W916

America's Foreign Policy: Essays and Addresses/ Theodore Salisbury Woolsey. —New York: The Century Co. , c1898

x, 293 p. ; 18 cm.

本书介绍了1898年前后美国的外交政策,包括外交是内政的延伸,国内政治形势决定着国家的对外政策,国际关系又影响着国内政治的发展;与古巴交战对美国国内的冲击;美国对西班牙应该承担的责任;1898年2月15日美国战舰"缅因"号在古巴哈瓦那港被炸沉的经过,美国政府应对此事件承担的责任;古巴国内形势的发展以及美国对古巴的干涉;1898年美国为夺取西班牙属地古巴、波多黎各和菲律宾而发动美西战争;菲律宾的政治形势;美国在夏威夷地区施行的政策和法律法规的完善;南北美洲之间通洋运河的修建;通洋运河的修建的出发点;外交政策对外交关系的稳固的影响;白令海峡的重要性;门罗宣言带来国际社会的广泛质疑;国家仲裁对于美国的意义等内容。

D871. 26/U58

National Documents: State Papers so Arranged as to Illustrate the Growth of Our Country From 1606 to the Present Day/ Unit Book Publishing Co. —New York: Unit Book Publishing Co. , c1904

494, iv p. ; 18 cm.

本书记录了1606年至今美国签署的一系列政府文件,并以此来说明美国社会的发展状况,包括1606年《维吉利亚洲第一宪章》,1620年《五月花号共识》,1643年《新英格兰殖民地宪法条令》,1645年《关于印第安人的早期法令》,1765

年《权利法案》,1774 年《第一届大陆会议宣言》,1775 年《第二届大陆会议宣言》,1776 年《独立宣言》,1777 年《联邦法案》,1783 年《英美条约》,1787 年《美国宪法》,1789 年华盛顿第一任就职演说,1793 年华盛顿第二任就职演说,1793 年《中立法案》,1794 年《六国条约》,1794 年《英美条约》,1796 年华盛顿卸任演说,1803 年《美法条约》,1814 年《英美条约》,1819 年《美西条约》,1820 至 1821 年《密苏里协议》,1823 年门罗宣言,1842 年《英美条约》,1846 年《英美条约》,1848 年《美国墨西哥条约》,1850 年《英美条约》,1850 年协议,1853 年《美国墨西哥条约》,1854 年《堪萨斯法案》,1861 年林肯就职演说,1861 年《美国联邦宪法》,1863 年《解放农奴宣言》,1863 年林肯葛底斯堡演说,1863 年《特赦条款》,1865 年林肯第二任就职演说,1866 年《内战结束宣言》,1867 年《美俄条约》,1871 年《英美条约》,1898 年《夏威夷诸岛附加条款》,1898 年《承认古巴独立宣言》,1898 年《美西条约》,1902 年《美国古巴商业互惠条约》,1903 年《美国古巴补充条款》,1904 年《美国巴拿马条约》等诸多档案。

D901/B476

An Introduction to the Principles of Morals and Legislation/ Jeremy Bentham. —Oxford: The Clarendon Press, c1789

xxv, 378, 8 p. ; 19 cm.

本书介绍了道德原则和法律原则,包括实用主义的形成过程,与公共利益的联系;与实用主义相悖的思想体系;身体受难、政治批判、道德谴责、精神受罚人类苦或乐的四大原因;如何衡量人生苦乐的价值;人生苦乐的不同形式及面对苦乐不同的态度;人生境遇对于人生态度和价值观的塑造和影响;人类行为;人类的主观能动性及目的性;人类的意识;人类行为的动机及倾向性;有害的行为可能导致的结果;不足以定罪的违法行为;处罚和犯罪的适当区分;处罚的分寸和尺度;犯罪的分类和不同刑罚;司法部门定罪部门的局限性等内容。

D908/G646(1)

Comparative Administrative Law: An Analysis of the Administrative Systems National and Local, of the United States, England, France and Germany. Vol. I/ Frank J. Goodnow. —Student's ed. —New York: G. P. Putnam's Sons, c1893

xxxv, 327 p. ; 22 cm.

本书是对美国比较法的分析,阐释了比较行政法的组织形式。第一部分介绍了行政部门、行政法、三权分立理论、其他权力分配理论、行政机构与其他机构的联系、行政职能在不同地域的不同呈现等内容。第二部分包括三个小标题:第一个为主要行政权力机关,包括美国行政机构综述、其形成的历史过程、主要行政机关的组成形式、法国行政机构的设立、德国行政机关的设立、英国行政机关的设立;第二个为执行委员会,包括美国执行委员会、法国执行委员会、德国执行委员会、英国执行委员会;第三个为核心部门,包括行政机构的组织形式的地域分布、核心部门的管理团队和管理准则、其权力和职责。第三部分介绍了美国乡村等基层政府的形成历史、现在基层政府的管理现状、市级政府的管理现状、当地政府的基本特征、英国的地方政府、法国的地方政府体系等内容。

D91/H875(1910)

Synopses of the Laws of the United States of America, with Instructions for Taking Depositions, the Execution and Acknowledgment of Deeds, Wills, Etc. 1910/ The Hubbell Publishing Company. —Cambridge: H. O. Houghton & Co., c1910

1191 p. ; 22 cm.

  本书介绍了1910年美国各州法令,包括亚拉巴马地方法令、蒙哥马利地方法令、阿拉斯加法令、朱诺法令、亚利桑那法令、菲尼克斯法令、阿肯色法令、小石城法令、加利福尼亚法令、萨克拉门托法令、科罗拉多法令、丹佛法令、康涅狄格法令、哈特福德法令、特拉华法令、多佛法令、哥伦比亚特区法令、佛罗里达法令、塔拉哈西法令、佐治亚法令、亚特兰大法令、夏威夷法令、火奴鲁鲁法令、爱达荷法令、博伊西法令、伊利诺斯法令、斯普林菲尔德法令、印第安纳法令、印第安纳波利斯法令、爱荷华法令、得梅因法令、堪萨斯法令、托皮卡法令、肯塔基法令、法兰克福法令、路易斯安那法令、巴吞鲁日法令、缅因法令、奥古斯塔法令、马里兰法令、安那波利斯法令、马萨诸塞法令、波士顿法令、密歇根法令、兰辛法令、明尼苏达法令、圣保罗法令、密西西比法令等。

D911.05/S651

Cases on Selected Topics in the Law of Municipal Corporations/ Jeremiah Smith. —Cambridge: The Harvard Law Review Publishing Association, c1898

xi, 260 p. ; 23 cm.

  本书介绍了美国市政当局法令的相关案例,包括提出法令、增补法令内容、修订法令和付出法令的程序以及市政财产和花销所受到的法律监督;市政机构债权人的权力概念,宪法如何指导和规范执法行为;针对政府侵权行为政府所应尽的债务;市政当局如何筹集资金来维持整个地区各种活动的有序进行;法律规定政府可负债的限度,预防政府非法筹集资金;持有可转让债权的善意持股人的权力;如何解决不属于法律规定范围内的债务问题等内容。

D914. 04/A316

Notes and Commentaries on Chinese Criminal Law/ Ernest Alabaster. —London：Luzac & Company，c1899

lxxii，675 p. 22 cm.

　　本书介绍了中国刑事法。第一部分介绍了为维持社会公正的政府机关，包括犯罪的判定标准和法庭的程序、惩处的标准及等级、减刑和缓刑的条件、官员获罪的判刑标准等内容。第二部分介绍了社会关系，包括自然血缘关系、男女婚姻关系、其他家庭关系、社会人际关系等内容。第三部分介绍了具体的犯罪分类，包括人身伤害范围内的杀人罪及间接杀人罪、被指控者羞辱他人或攻击他人但未造成死亡、被指控者犯强奸罪、财产伤害范围内的盗窃罪、财产伤害范围内的挪用公款罪、扰乱社会治安罪、损害国家利益的叛国罪、蔑视法庭和法制罪、使用宗教教唆和煽动非法活动、商业犯罪、危害公共道德和健康等内容。

D915.13/A131－2

Modes of Proving the Facts/ Austin Abbott. —2nd ed. —Rochester：The Lawyers' Co-operative Publishing Company，c1901

xxi，653 p. ; 23 cm.

　　本书介绍了如何在案件审理中证明待证事实的真实性，并成为判决的关键证据。第一部分介绍了合同文本、户籍证明、地役权、证据的重要性和呈现的方式、弃权、田产、夫妻关系、已购保险、父母关系、通过申诉想要得到权利等不重要的证据的放弃。第二部分介绍了缺席理由的陈述、委托人的凭证等法庭缺席方面的内容。第三部分介绍了有乙方提出证据并用书面或其他方式呈现的形式，另一方针就对方的证据做出回应，并找到证据中有漏洞的理由，则证据可信度下降等法庭辩论方面的内容。第四部分介绍了寻找合适的代理律师或者符合条件的代理人等内容。第五部分介绍了模糊证据的不可信度，其他细节问题有间接证据、身份验证、目击者等内容。

D915.18－62/C596－2

Handbook of Criminal Procedure/ WM. L. Clark. —2nd ed. —New York：West Publishing Co.，c1895

xi，748 p. ; 23 cm.

　　本书介绍了刑事案件处理的步骤，主要有如下步骤和内容：审判权和审判地点，逮捕嫌疑人或者没收赃物的合法条件（如搜查令或者逮捕令、逮捕的合适时间、逮捕的方式）；逮捕之后疑犯被保释或者认罪的程序；起诉程序启动后，中止诉讼或者撤回起诉,或进入立案审理阶段的步骤;进入审理阶段后,被告可提起上诉,上诉的条件包括上诉的时间、方式、合法程序以及上诉想要得到的结果;审理过程中呈上证据,如经法官和陪审团讨论后判定证据有效,则证据可获得减刑或者缓刑,如判定无效则证据不成立;被告证据被宣布无效后,向被告以及陪审团询问有无异议,被告再被传讯后,罪名成立;审判阶段需要考虑定罪的标准、可减缓的条件、行刑的时间和地点等;判决结果下达后在规定时间内执行决定;呈上法庭的证据需要经过严格的核实和检验;人身保护权法。

D917/E47

The Criminal/ Havelock Ellis. —London: The Walter Scott, 1910

  xxx, 440 p.; 19 cm.

  本书是对犯罪人类学的研究,介绍了以下内容:政治罪犯、激情犯罪者和精神病罪犯犯罪的特征以及这三种罪犯的区别;对犯罪行为以及犯罪心理进行研究的必要性;犯罪人类学这一学科的研究内容,即在生理方面介绍了罪犯的大脑结构、面部特征、毛发的反常现象、身体内脏结构、遗传特征、行为动作的特征、神经构造等,在心理方面介绍了对道德观念的理解、梦境特征、智力发育、虚荣心、情绪不稳定、宗教观念、文身、言语特征、监狱墙上的刻出来的字迹、罪犯的文学艺术水平、罪犯的处事观念等特征的研究;罪犯人类学研究的结果对于教化已经犯下罪行的罪犯和预防的理论指导作用;如何根据研究结果来针对性地采取措施来教化罪犯,对他们进行再教育;罪犯人类学对于社会稳定的意义等。

D927.658/N852

The Ordinances of Hong Kong for 1909/ Noronha & Co. —Hong Kong: Noronha & Co., c1909

  1 v.; 24 cm.

  本书介绍了香港1909年的条例,包括中国的引渡修正案、基督教徒埋葬的地点、公民议事程序(委员会证据)、当地公司的注册、有关养狗的修正案、有关证据的修正案、执行委员会的职责、免除海滩和海床领地、避风港、虹湾海滩的开垦、对修正案的解释、关于盗窃的修正案、人身保险公司、酒精饮料营业许可、地方法官和刑法、关于恶意破坏他人财产的修正案、关于商业购物的修正案、商船修正案、鸦片、秩序和清洁、专利、邮资的非货币化、监狱、保护妇女儿童法、公共健康和建筑、公共服务职责、铁路、等级、娱乐场所、擅自占用房屋和土地、邮票、凿石工岛、供给比例、有轨电车道、寡妇和孤儿赡养费、无线电话、蒸汽锅炉等内容。

D954.59/G795

A Handbook of Greek Constitutional History/ A. H. J. Greenidge. —London: Macmillan and Co., Ltd., c1902

xvii, 276 p.; 19.5 cm.

　　本书介绍了希腊宪法发展的历史,包括希腊历史的宪法部分概况;希腊在君主制、贵族制统治下的政府制定的希腊宪法的早期发展状况;国际法规定的殖民制度;寡头政府的宪法分类;混合宪法的意义和特点;伯罗奔尼撒半岛的联邦制概况;克里特岛的城市状况;斯巴达的阶级情况;民众和土地状况;民主制度,即雅典的社会阶级和社会分布情况;雅典的政治发展——地方执行官和市政委员会的情况;雅典宪法改革的新纪元;雅典民主宪法的工作状况;雅典帝国、雅典联邦、联邦政府的状况;希腊文化和希腊宪法的命运等内容。

D956.11/M113

The English Constitution/ Jesse Macy. —New York: The Macmillan Company, c1906

xxiii, 534 p.; 21 cm.

　　本书介绍了英国宪法。第一部分介绍了英美两国宪法的比较状况;英国的下议院和内阁状况;英国的上议院、皇位、首相、法院、教堂、宪法的来源等内容。第二部分介绍了诺曼时期的力量来源和影响;英国早期宪法和斗争情况;皇家关于委员会的法律;地方宪章;议会授予皇室的权利;议会作为派系的代理和派系削弱了贵族的权利情况;英国民主的早期培养状况;亨利七世和改革情况;宗教矛盾和下议院的发展情况;女王和下议院的关系;早期的斯图尔特王室、国王和议会的斗争情况;君主制的恢复情况;政党的开始;詹姆斯二世的独裁统治情况;英国大革命情况和大革命之后的活动;政党的组成、内阁的起源、女王和内阁的情况;英国的税收情况;分离的内阁统治下的政府、乔治四世时期的内阁、1832年后政党的状况;地方政府和宪法的关系;"宪法"一词的起源、英国的统一等内容。

D970.9/H875

Synopses of the Laws/ The Hubbell Publishing Co. —Washington: The Hubbell Publishing Co., c1911

1202 p.; 22 cm.

　　本书汇集了美国各州的法律条款,包括亚拉巴马州、亚利桑那州、阿肯色州、加利福尼亚州、科罗拉多州、康涅狄格州、特拉华州、佛罗里达州、佐治亚州、爱达荷州、伊利诺伊州、印第安纳州、艾奥瓦州、堪萨斯州、路易斯安那州、缅因州、马萨诸塞州（麻省）、马里兰州、密歇根（密执安）州、明尼苏达州、密西西比州、密苏里州、蒙大拿州、内华达州、新罕布什尔州、新泽西州、新墨西哥州、纽约州、北卡罗来纳州、北达科他州、俄亥俄州、俄克拉荷马州、俄勒冈州、宾夕法尼亚州、罗得岛、南卡罗来纳州、南达科他州、田纳西州、得克萨斯州、犹他州、佛蒙特州、弗吉尼亚州、华盛顿州、西弗吉尼亚州、威斯康星州、怀俄明州等地的法律条款。

D971.2/A131－3

Clerks' and Conveyancers' Assistant: A Collection of Forms of Conveyancing, Contracts, and Legal Proceedings/ Benj. V. Abbott, Austin Abbott. —3rd ed. —New York: Baker, Voorhis and Company, c1911

xi, 1686 p.; 23 cm.

本书介绍了办事员和物业传送员所需了解的各项知识（如宣誓书、职务、学徒、仲裁和奖励、签署协定、拍卖、破产、交换账单、装货单、售卖单、债券、证明书、包租各方、动产抵押、职员和传令员、合同、协定、债务人和债主、契约文书、作废、嫁妆、印度、买卖赃物者、丧失抵押品赎回权、礼物、保证书、防卫和监护、高速公路、夫妻、保险、利润、地主和佃户、租约、贷款书、许可证、婚姻、抵押贷款、加入另一国家国籍、公证人、布告、誓言、合作关系、专利、退休金、律师的权利、反抗、代理人、收据、具保书、发行证书、搜寻、外遇、订阅报纸、信托、授权书）。

D971.2/A567(14)

American Law and Procedure. Vol. XIV, Statutory Construction/ James DeWitt Andrews. —Chicago: La Salle Extension University, c1910

417 p.; 24 cm.

本书介绍了美国的法律和程序，讲述了法令的建立并解读了相关内容，包括法令的建立和解读的必要性、法律可被解析的部分（如标题、序言、文件的执行范围、限制性条款和特例、突发性事件、宣布行为、直接行为、英格兰古代法律、联邦和州及殖民地的法令、公共法令和私人法令、被宣布的法令、法令所肯定和否定的内容、禁止的和允许的法令、预期的和可追溯的法令、纠正的法令、惩罚性法令、废除的法令、行为双方之间直接冲突的后果、制定法律的大致规则、对比法律的理解和制定、行为的意图控制法令的理解部分、描述意图的措辞、限制性条款的效果）。本书还列举了法律用词并解释了词义等内容。

D971.2/B621－8

The Principles of Equity: A Treatise on the System of Justice Administered in Courts of Chancery/ Geo. Tucker Bispham, Sharswood Brinton. —8th ed. —New York: The Banks Law Publishing Co., c1911

clix, 826 p.; 23 cm.

　　本书介绍了法庭的公平原则是如何实现的。引言部分介绍了最高法院的兴起和过程、公平审判的程序、公平的最大化等内容。正文的第一部分介绍了信托法及其起源、对信托法的阐释和自愿申报信托法的程序，委托信托法、权利信托法、隐含的信托法、已婚妇女的信托法的概况，慈善机构的信托情况、信托的权利和义务、抵押、分配等内容。第二部分介绍了诈骗、警告、公平的禁止反言和选举、转换和恢复原状、调停、扣押权等内容。第三部分介绍了法庭具体的执行方法、禁令、保护合法权利的禁令、再次执行、废除和取消等，也介绍了有关账目、租赁、合作账目、债权人账目和管理条例、显示证据、书面形式的缺席许可等内容。

D971.2/B622—8(2)

New Commentaries on the Criminal Law upon a New System of Legal Exposition. Vol. II, The Specific Offences/ Joel Prentiss Bishop. —8th ed. —Chicago: T. H. Flood and Company, c1892

xi, 927 p.; 24 cm.

　　本书对刑法的新论证体系进行了评论，包括纵火罪和其他违法燃烧、人身伤害、使船主或货主遭受损失的欺诈行为、亵渎上帝、行贿、夜盗和其他入室盗窃、律师事务所、普通法律意义上的欺骗罪、反叛、蔑视法庭、造假币和类似有关钱财的犯罪、会议干扰、决斗、盗用公款、笼络陪审员、敲诈勒索、虚假借口、强行进入和非法滞留、强行侵入、伪造书信和亲戚关系、杀人等重罪行为、绑架和非法关押、简单盗窃罪、多人盗窃、诽谤罪、安息日、渎职、恶意损害、残害、阻碍执行法律和政府行动、伪证罪、盗版、越狱、强奸、引起骚乱、抢劫案、溃退、自杀、埋葬、鸡奸、收买和伪证、叛国罪、高利贷、非法集会等内容。

D971.2/C938

Principles of Procedure in Deliberative Bodies/ George Glover Crocker. —New York: G. P. Putnam's Sons, c1889

vi, 167 p.; 15 cm.

　　本书介绍了议事机构的诉讼原则，包括议会法、会议机构、主席、秘书或职员、记录员或审判记录员、法定人数、规定和礼节、从商规定、动机、某一特定动机的优先权、应考虑因素的问题、无限期延期、划分动机或者其他考虑方法、修正、犯罪、结束或限制辩论、搁置、拖延制定时间、重新讨论、重新考虑、延期等内容。

D971.2/F754－4(2)

A Treatise on Federal Practice Civil and Criminal. Vol. II/ Roger Foster. —4th ed. Chicago：Callaghan and Company，c1909

　　xi, 954-1965 p. ; 24 cm.

　　本书介绍了联邦法的民事和刑事部分，包括审问的驳回案例（驳回原告、驳回起诉、驳回司法权、驳回恢复诉讼失败、选举），审问（审问案件的方法、审问决定的规则等），法律问题（法院管理法律问题的权利、管理问题的时间等），在总局诉讼，法令（法令的定义和分类、最终的和在诉讼期间判决的法令等），费用（花费的类型、律师费、税务等），法令和制度的执行，上诉的修正法和相关法律，普通民法的实行，刑法的实行，案件的撤销，海事法的执行，索赔，破产（破产的案例和司法权、破产受民众和商业圈位置的影响、破产法中用到的字词、破产各方、可能破产的公司、合作和未组成社团的关系、破产行为、审判、参考、证据和审查、受托人要具备的品格等）内容。

D971.2/G721－2

Digest of the Published Opinions of the Attorneys-General，and of the Leading Decisions of the Federal Courts, with Reference to International Law, Treaties, and Kindred Subjects/ Government Printing Office. —Washington：Government Printing Office，c1877

　　vii, 290 p. ; 23 cm.

　　本书是关于法律问题的摘要，介绍了有关美国的法律名词及解释。例如：缺席、预付款、广告、机构、法定年龄、阿拉斯加州、外族敌人、外来者、忠诚、外交大使、美国和西班牙声明委员会、美国商会、美国舰队、阿米斯特德、停泊税、职位、拨款、逮捕、财产、避难所、附属国、附属物、（法院或法官的）判决、权衡、欺诈行为、海湾、交战国、交换法令、阻碍、界限、监禁、加利福尼亚、俘房、俘房和奖励、一百周年展览、美国中部地区、证明发票、开证明的官员、公民、公民身份、内战、声明、职员、殖民、委员、补偿、国会、占领、宪法、领事法院、领事官员、代表团开支、代表团在与外国交流方面的开支、走私品、合约、苦力贸易、法庭上的声明、国外法庭、犯罪。

D971.2/H174(1)

American Law and Procedure. Vol. I/ James Parker Hall, James DeWitt Andrews. —Chicago：La Salle Extension University，c1910

　　liv, 378 p. ; 24 cm.

　　本书分为前言、合约、类似的合约和动因四个部分。前言部分介绍了法律的意义、来源和分类、英语法律历史概况、司法先例的使用等内容。合约部分介绍了合约的形成(提供和接受、考虑、海豹突击队的合约、诈骗条例),合约的实行(联合公约和非正统公约、第三方的权利和责任、合约任务的分配、合约的阐释和建立、违反合约的补救方法),合约的免除(合约各方免除合约、非法性、可能性、错误、不恰当的行为)等内容。类似的合约介绍了类似合约义务的本质、免除侵权行为、恢复无合约条件下的利益、回复合约下的利益等内容。动因部分介绍了动因的基本概念,当事人和动因的关系(关系的终止、当事人动因的权利),当事人和第三方的关系,动因和第三方的关系等内容。

D971.2/H172(2)

American Law and Procedure. Vol. II/ James Parker Hall, James DeWitt Andrews. — Chicago: La Salle Extension University, c1910, 1911

xxii, 435 p. ; 24 cm.

本书介绍了民事侵权行为、家庭关系和人际关系。民事侵权行为分为侵犯(主要的侵犯行为、殴打、袭击、监禁、侵犯不动产、侵犯个人财产),侵犯的借口(意外、犯错、同意或不在场、自卫、保护财产、回收财产、保护他人生命、健康和财产、纪律、各类借口、无许可逮捕),转换和追索侵占物诉讼,欺诈,过失,意外的法律责任,污蔑罪,恶意起诉,干扰家庭和生意关系等方面。家庭关系和人际关系分为结婚和离婚,夫妻,已婚妇女合约和财产转移,夫妻间义务,丈夫的账务可记在妻子名下,防备第三者的婚姻权利,父母和子女,对孩子的监管,控制和训练,家长不同的权利和义务,非法收养和监管,婴儿(婴儿时期、婴儿的转让、有关婴儿的机构)等内容。

D971.2/H174(3)

American Law and Procedure. Vol. III/ James Parker Hall, James DeWitt Andrews. — Chicago: La Salle Extension University, c1910, 1911

xv, 429 p. ; 24 cm.

本书介绍了美国的法律和程序、专利法、著作权和商标、土地权、土地主和佃户。第一部分介绍了财产权的本质和个人财产的分类、侵犯个人财产纠正方法、侵占个人财产的所有权、正式加入条约的权利、个人财产转让、滞留权普通法、抵押权、财产寄托等内容。第二部分介绍了专利法的起源和本质、专利物品、专利部门工作的程序、专利的名称等内容。第三部分介绍了著作权,商标等内容。第四部分介绍了土地所有人对周边土地的权利和利润、附属建筑物和许可证、土地使用的个人权利。第五部分介绍了法律关系的建立和本质、租约、条例、继承权、租约和其中利益的转让、租金、法律关系的终结、租赁期土地主的责任和义务等内容。

D971.2/H174(5)

American Law and Procedure. Vol. V/ James Parker Hall. —Chicago：La Salle Extension University，c1911

xvi，442 p. ; 24 cm.

　　本书介绍了不动产法的历史、不动产名额转让、抵押贷款、采矿法、水利法等内容,包括租赁的历史,限制异化的历史,房地产的兴起,名额转让法的变动,经所有人同意的名额转让(财产转让和描述形式、财产和收益创造、名额合同和契约的实行、名额签署、题词),未经所有人同意的名额转让和收购(主动转让、所有者名额收购),收购的源头——添附,不动产抵押贷款,动产的抵押贷款,煤矿的发现和煤矿地点,采矿法的介绍,发现和定位后的程序,1872法令的外侧权利,煤矿地,木材场和采石场的许可及专利。第五部分介绍了灌溉法体系、灌溉的水量、用水权的优先权、转让和废除等内容。

D971.2/H174(6)

American Law and Procedure. Vol. VI/ James Parker Hall. —Chicago：La Salle Extension University，c1911

xx，492 p. ; 24 cm.

　　本书介绍了刑法、刑法程序和个人财产的变卖。第一部分介绍了刑法的根源、犯罪和犯罪的本质、犯罪意图、犯罪行为、犯罪方、司法权等基本原则,伤害个人的犯罪、违反习惯的犯罪、侵犯财产的犯罪、违反公共和平和利益的犯罪、违反公平正义和权威的犯罪等的个别的犯罪等内容。第二部分介绍了逮捕、起诉书、通知、刑事申诉、传唤等的起诉方式,犯罪的特殊程序,审判前的程序,审判,法庭审判的程序,起诉程序审判的后续结果等内容。第三部分介绍了协约的形式、协约的正式手续、协约的主题、条件和保单、名额的转让(买卖双方之间的转让以及与第三方的争执)、协约的执行、未收到货款的卖方的权利、违反协约的行为等内容。

D971.2/H174(7)

American Law and Procedure. Vol. VII/ James Parker Hall. —Chicago：La Salle Extension University，c1911

xvii，451 p. ; 24 cm.

本书介绍了死者的财产、司法公平、信托和受托人。第一部分介绍了对未立遗嘱的继承的一般财产的剩余和移交,继承人的婚姻权利,继承者和下一位亲属的权利的法律程序,遗嘱(遗嘱及其范围、死因赠予、遗嘱的意图、错误、遗嘱的权力、过度的影响、遗言的实行、遗嘱的修正、撤销和无效)的法律程序,财产管理(基本要素、死者的葬礼、管理前的财产、遗嘱认证)法律程序等内容。第二部分介绍了公平的历史和基本特征、转移财产的协定具体执行、财产限制使用协议的具体执行、其他协议的具体执行、对具体执行的辩护、对错误的改革和撤销、对行为不正的改革和撤销、民事侵权行为的禁止令、和平协定、交互诉讼者账单等内容。第三部分介绍了信托的起源和本质、信托的建立、信托各方、受托人的权利和义务等内容。

D971.2/H174(8)

American Law and Procedure. Vol. VIII/ James Parker Hall. —Chicago:La Salle Extension University, c1911

xvi, 410 p. ; 24 cm.

本书介绍了可流通票据法规,担保、保险、银行,银行业务和信托基金。第一部分介绍了票据的流通性、可流通票据的正式要求、票据的开端、票据持有人在适当时候的权利、各方和转让人的责任、票据拒付的陈述和进程、支票等内容。第二部分介绍了担保协定、保证人的责任和责任免除、保证人的救济等内容。第三部分介绍了保险的基本概念(如保险的起源、本质和定义、协定各方和形式、确定的利益、分配人和受益人),保险的代表权,保单,航海保险,损失前适当的条件等政策的特殊要求,弃权声明书,政策损失(如航海保险、火灾保险、人身保险、意外险),恢复和代位追偿权等内容。第四部分介绍了银行业、银行公司的组织形式和权力、国有银行、票据交换所和票据交换所凭证、信托公司等内容。

D971.2/H174(10)

American Law and Procedure. Vol. X/ James Parker Hall. —Chicago:La Salle Extension University, c1910, 1911

xx, 458 p. ; 24 cm.

本书介绍了合作关系、私人企业、公共服务企业和职业。第一部分介绍了合作的本质、合作的建立、合作者的权利和义务、合作的财产、作为第三方的权利和义务、有偿还能力合作的财产划分、无偿还能力而导致的破产和财产分配、有限的合作关系和股份公司等内容。第二部分介绍了公司的本质(公司的定义和历史、个人的公司、多人创立的公司、公司和其他机构、公司存在的考验、公司的类型),

公司的创立(国家创立、启动着创立、公司注册证、社团协议、团体),法人团体,法人权限和义务,公司和国家,特别关系等内容。第三部分介绍了公用设施公司(公共职业的本质、公共服务的义务、公共服务的权利),职业(货物运输和乘客的公共职业)等内容。

D971.2/H174(11)

American Law and Procedure. Vol. XI/ James Parker Hall. —Chicago: La Salle Extension University, c1910, 1911

  xvii, 417 p. ; 24 cm.

  本书介绍了美国法律及其法律程序,包括三个主题。第一个主题为呈交证据,包括证据的法律定义,证据的本质,与证据有关的事物,证据的作证能力——传闻,证据的作证能力——书面材料,证据的作证能力——其他规则,证人的传唤与出庭作证,裁定呈上的证据的真实性,与本案的相关性以及证明事实的有效性等内容。第二个主题为辩护,分为三个部分:第一部分的主题为关于不成文法的辩护,包括有辩护的种类以及作用、辩护的形式与方法、辩护中可能出现的缺陷、申诉延迟;第二部分的主题为股本的辩护;第三部分的主题为法典诉答,包括被告辩护的变化。第三个主题为司法实践,包括审判地与审判权,审判过程的法律依据、法律实践,判决下达前起诉、开庭、陪审团监督,判决下达后执行、修订等内容。

D971.2/H174(12)

American Law and Procedure. Vol. XII/ James Parker Hall. —La Salle Extension University, c1910, 1911

  xx, 408 p. ; 24 cm.

  本书介绍了美国法律及其法律程序。第一部分的主题为法律概念综述,包括美国宪法的本质思想、美国宪法的制定与修订、美国政府部门的细化分类、美国联邦政府以及各州政府的概况,司法制度在加强宪法方面的作用(如宣布某项法律因违宪而无效、限制立法和行政权力的滥用、违宪法律可能导致的后果、为政府决策提供参考意见)。第二部分的主题为宪法赋予的基本权利,包括宪法赋予的基本权利的发展历史和涵盖范围,政治权利(如公民权、选举权),个人人身自由以及宗教信仰自由,被起诉者所拥有的权利,法律面前人人平等,执法部门依法行政,依法征税,土地征用权,法律规范了社会公民的行为等内容。第三部分的主题为联邦政府,包括联邦政府权力的重要性及其执行情况,商业的规范法令,货币和金融的法律法规,联邦权力的涵盖范围,国家间多方面的关系状况,联邦法庭的司法权等内容。

D971.2/H749—12(2)

Commentaries on American Law. Vol. II/ O. W. Holmes. —12th ed. —Boston：Little, Brown and Company, c1896

x, 647 p. ; 24 cm.

本书为《美国法评述》的第二册,包括第四部分和第五部分。在第四部分中,关于个人权利,介绍了个人不受任何人干涉的绝对权力、权利法案对个人权利的保障、外国人和本国国民拥有不同的个人权利等内容;关于婚姻法,介绍了结婚的年龄规定、重婚罪、近亲结婚、不同婚姻形式、跨国婚姻;关于离婚法,介绍了通奸罪、跨国婚姻破裂;关于夫妻关系的条款,介绍了丈夫的财产权、丈夫和妻子各自的婚姻义务、亲子关系的建立和维护、监护人和监护职责的履行等内容;关于婴儿的法律,介绍了婴儿入户籍的年龄、禁止对婴儿施行的行为等内容;关于主仆关系,介绍了被雇佣者的义务、学徒的义务等内容;关于公司的成立与运行,介绍了公司的由来和种类、公司的成立与解散等内容。第五部分介绍了关于个人财产的法律(上半部分),包括绝对财产权的发展历史和进步,个人财产的种类以及本质,得到个人财产的方式(如劳动、通过法律转让得到的个人财产、通过接受遗赠得到的个人财产、金融委托保管、当事人与第三方中介)。

D971.2/H749—12(3)

Commentaries on American Law. Vol. III/ O. W. Holmes, John M. Gould. —12th ed. —Boston：Little, Brown and Company, c1896

viii, 514 p. ; 24 cm.

本书为《美国法评述》的第三册,包括第五部分和第六部分。第五部分介绍了关于个人财产的法律(下半部分)的内容、海洋法的发展历史以及当代海洋法的成就。关于契约法,介绍了契约合伙关系的本质和发展、合伙关系中双方的权利和义务、契约解散的条件、条约可协商的条件等内容;关于海上商船的利益,介绍了相关的海关条例、聘用可出海远航的海员、批准聘用海员资格的机构、海员的权利和义务等内容;关于租船契约,介绍了装载的规定、船只相撞之后的赔付等内容;关于海洋保险的法律,介绍了保险合同的内容、保险赔付条款、海洋事业可申请的政府贷款、人身保险以及消防保险(如保险内容及保险赔付条款)。第六部分介绍了政府救济款等构成不动产、企业资产继承、任期制度的形成过程等内容。

D971.2/H749—14(4)

Commentaries on American Law. Vol. IV/ O. W. Holmes, John M. Gould. —14th ed. —Boston：Little, Brown and Company, c1896 vii, 742 p. ; 24 cm.

本书为《美国法评述》的第四册，讲述了有关不动产的法律，介绍了世袭地产（如有条件的产业继承、基础的或可决定的产业继承），终身地产（如协议下的终身地产、鳏夫产业的租赁、嫁妆），有固定占有限期的不动产（如随存租借权的历史、租约的产生、租约的权利、禁止反言的实行），任意不动产权和经允许可继续占有的不动产，有条件继承的遗产，抵押贷款法（如抵押贷款的内涵、抵押贷款者的权利、丧失抵押品赎回权），余产（如余产的意义、既定的余产、个别的不动产），房地产策划，受益权和信托权（如收益权的历史、次级收益权的转换、信托权的发展和教义），权利，后归财产，地产共同利益，世袭头衔，被归还，没收和实行的头衔，所有权契约等内容。

D971.2/K37—12(1)

Commentaries on American Law. Vol. I/ James Kent. —12th ed. —Boston：Little, Brown and Company, c1896

ccxci, 548 p. ; 24 cm.

本书为《美国法评述》的第一册，包括三个部分。第一部分的主题为对联邦法律的评论，介绍了联邦法律制定的基础和历史背景，和平年代里美国联邦政府负有的权力和义务（如干涉州政府的行政与立法），战争时期美国联邦政府宣战的权力，美国军人在他国成为战俘后引渡回国的法律，交战国的权力（如赔款规定、协调交战国间的关系、私掠巡航），中立国的权力和义务（如中立国领土中立、在交战国之间担当协调的角色），对中立贸易的限制（如封锁、搜查），缔结休战协议以及和平条约的法律条文，与联邦法律相悖的其他法律（如奴隶买卖、个人隐私）。第二部分的主题为对美国政府以及宪法下的司法制度的评论，介绍了美国联盟的历史沿革，美国国会的构成及其运行模式，司法机构对于国会的监督，行政机关即总统的权力、角色与职责，司法部门的构成、运行模式以及职责，最高法庭对于行政部门和立法部门的监督和其运行模式，最高法庭下设的联邦法庭应对刑事案件和民事案件不同的处理方法，美国其他乡镇地方法庭的操作模式和分布，美国政府的并存司法监督，宪法对于各州法律的限制和要求等内容。第三部分的主题为部分州内市政法律法规的来源，介绍了法令颁布的法律、司法决议形成报告的程序、习惯法的主要内容、民法的发展演变等内容。

D971.2/W553(3)

A Digest of the International Law of the United States. Vol. III/ F. Wharton. —Washington：Government Printing Office, 1886

837 p. ; 23 cm.

本书介绍了关于巴拿马海峡的管理与归属的国际法,包括与新几内亚签署的一系列法律条文,与巴拿马海峡周边国家的磋商与谈判等内容。

D971.2－61/M153(20)

Cyclopedia of Law and Procedure. Vol. XX/ William Mack, LL. D. —New York: The American Law Book Company, [etc.], c1906

1494 p. ; 25 cm.

本书为美国法律条文及法律程序的介绍。关于诈骗问题,介绍了债务的法律定义和形成的原因、债务关系中所涉及的可能导致诈骗的因素、诈骗问题出现后债权人能够起诉的对象以及所拥有的权利、诈骗犯可能被判处的刑罚以及对其有权利做出的申诉等内容;关于诈骗问题的法律条例,介绍了对于诈骗的惩处标准、偿还债务的计算标准和日期限制、偿还能力不足时财产抵押条约、判决后的执行程序等内容;关于欺诈性财产转让,介绍了可能被侵犯的财产、判断是否为诈骗的标准、财产让与人的财产状况、诈骗手段的鉴别与了解、对于欺诈财产罪行的惩处等内容;关于赌博,介绍了带有犯罪意图的债务问题、赌博的条件、不正当的赌博交易等内容;关于出庭传票,介绍了被告与原告的权利与义务、出庭传票的司法程序等内容;关于遗产,介绍了当事人生前有效的、遗赠的条件以及法律程序等内容;关于信誉,介绍了交易中的信誉维护问题;关于大陪审团,介绍了陪审团的历史来源、选举陪审团成员的标准等内容;关于地面使用权,介绍了地面使用权的申请程序、地面使用权所涵盖的权利等内容;关于抵押,介绍了可作为抵押物的条件和要求、抵押的法律条款等内容。

D971.2－61/M153(21)

Cyclopedia of Law and Procedure. Vol. XXI/ William Mack, LL. D. —New York: The American Law Book Company, c1906

1743 p. ; 27 cm.

本书为美国法律条文及法律程序的介绍。关于监护人和监护,介绍了监护人的级别划分、成为监护人的资格和条件、司法程序中监护人的地位和作用等内容;关于人身保护法,介绍了制定人身保护法的必要性、人身保护法的修订等内容;关于执照商贩和走街商贩,介绍了对于商贩的管理条例、营业执照的获得以及年限、商贩触犯法律的实例等内容;关于健康,介绍了卫生机构的设立和运行、卫生部门官员的职责与权利等内容;关于节假日,介绍了国家法律关于法定节假日以及放假安排的规定等内容;关于田产,介绍了获得田产的不同途径、田产所有权的转让与买卖等内容；关于凶杀，介绍了凶杀的法律判定标准、不同程度的凶杀类型、对于凶杀案件的裁判等内容；关于医院，介绍了公立医院的职责与运行方式、私立医院的独立运行体系等内容；关于婚姻关系，介绍了男女双方在婚姻中共享的权利与义务、缔结婚姻关系的法律程序、夫妻财产的分配与管理等内容。

D971.2－61/M153(23)

Cyclopedia of Law and Procedure. Vol. XXII/ William Mack, LL.D. —New York：The American Law Book Company, [etc.], c1906

1623 p. ; 25 cm.

  本书为美国法律条文及法律程序的介绍。关于交互诉讼，介绍了依衡平法中对于交互诉讼的解释和运用及其在不同具体法令中的运用和体现等内容；关于刺激性酒精，介绍了有关酒精的专有名词、喝酒与交通事故的关系、关于酒精的各州法令、交通法规的修订与完善、对酒驾以及纵酒犯罪的惩处等内容；关于合资企业，介绍了合资企业的形成条件和发展历史、合资企业的优势与劣势、合资企业的法律法规等内容；关于合资证券公司，介绍了合资证券公司的特点、合资方的权利以及承担的风险、合资契约解除的条件等内容；关于共同租借权，介绍了获得共同租借权的法律程序、合租者的权利与职责、对财产所有者的义务；关于法官，介绍了法官的不同等级、成为法官的资质、选举不同级别法官的法律程序、不同等级的法官所承担的责任等内容；关于判决，介绍了做出判决的法律程序、对于不同犯罪案件的不同判决标准以及判决结果、判决的执行步骤等内容。

D971.2－61/M153(29)

Cyclopedia of Law and Procedure. Vol. XXIX/ William Mack, LL.D. —New York：The American Law Book Company, [etc.], c1908

1696 p. ; 25 cm.

  本书介绍了保险的种类和内容、保险所需费用和赔付条款、保险受益的条约以及受益人的指定、持有保险人所拥有的权利的互惠保险等内容，公民姓名更改的法律步骤、姓名在社会生活中的广泛应用、通过姓名来区分性别的姓名等内容，成为可航行水域的条件、船只在该水域的限制和规定的可航行水域等内容，新闻媒体的社会角色、职责的新闻报纸媒体等内容，由于法律修订而导致的刑事处罚的变更的新处罚等内容，司法人员的职责与义务的司法人员等内容，政府通告发布的法律程序的政府通告等内容，变更的条件、法律程序的约务更替等内容。

D971.2－61/M153(30)

Cyclopedia of Law and Procedure. Vol. XXX/ William Mack, LL.D. —New York：

The American Law Book Company, [etc.], 1908

1644 p.; 25 cm.

  本书介绍了破产管理,包括破产的法律定义、破产后对财产的处置、破产者的权利与义务等内容;盗窃,包括盗窃罪的法律定义、对于盗窃罪的刑事处罚等内容;保证书,包括保证书的格式以及关键内容、财产的没收处理;记录,包括记录的格式和大纲、对记录的保存和管理、使用记录作为呈堂证供或者修补证据使其再次有效等内容;赔偿与反索赔,包括要求赔偿的条件、反索赔的依据等内容;立案以及审判的参考依据,包括成为参考依据的条件、参考依据影响最终结果的程序等内容;政府机构重组,包括重组的依据、需要重组的政府机构、重组的模式等内容;当选政府工作人员,包括任命与选举的程序、公务人员的职责和义务、公务人员享受的待遇与补贴等内容;豁免,包括豁免的条件、豁免的有效性等内容;宗教社会,包括宗教社会的性质、成员组成以及其运行模式等内容;免职,包括被免职的原因、免职后所承担的责任和义务、针对不同人员的不同免职方式等内容;归还产权,包括对财产保护的权利、财产归还的方式和前提等内容;政府报告,包括政府报告公开的重要性、报告需要涵盖的内容等内容;武力夺回扣押的人或事物,包括保释人的程序、申请拿回财物的程序等内容;复审,包括复审的条件、方式等内容;劳动报酬,包括薪资的发放标准、劳动报酬与劳动的关系等内容;暴乱和抢劫案发生时应采取的治安措施和法律措施等内容。

D971.2-61/M153(36)

Cyclopedia of Law and Procedure. Vol. XXXVI/ William Mack, LL. D. —New York: The American Law Book Company, [etc.], c1910

1651 p.; 25 cm.

  本书介绍了航运,包括航运条例、航运地图、航运人员的组织和管理、船只拥有者的权利和义务等内容;签名和奴隶,前者包括有效签名的标准,后者包括奴隶制的历史渊源和合法性、奴隶管理及买卖法令、因反对奴隶制而获罪的案例等内容;司法实践,包括司法体系的作用、司法体制在自然规律前的局限性等内容;美国各州概况,包括政治地位和各州之间的关系、各州政府管理模式以及财政情况等内容;法令,包括法令的制定、颁布和执行等内容;蒸汽,包括关于蒸汽的法律法令、蒸汽公司等内容;条约,包括缔结条约的前提以及条约的有效性、条约的补充和再修订等内容;街道,包括街道的规划与建设、参与建设的公司和政府结构等内容。

D971.2-61/M153(37)

Cyclopedia of Law and Procedure. Vol. XXXVII/ William Mack, LL. D. —New

York：The American Law Book Company，[etc.]，1911

336-1799 p.；26 cm.

  本书介绍了街道和高速公路建设，包括街道的设计草图、严格施工过程、天气对施工的影响等内容；提交争议，包括提交争议的根据、法庭解决争议的法律程序等内容；债权转移，包括该权利的限制、债权转移的方式等内容；申购，包括申购的法律程序、申购的撤回和失效、不合法的申诉行为等内容；自杀，包括自杀的社会影响、不同自杀方式等内容；礼拜日，包括各国关于礼拜日的条例、礼拜日内的行为禁忌以及对不遵守者的惩处等内容；中止执行令状，包括可能被中止执行的条例、中止执行令的执行方式等内容；赋税，包括税务的不同种类、税务的缴纳方式和缴纳规定、纳税人的权利与义务等内容；电报和电话，包括电报和电话各自的优势和劣势、电报和电话在政府工作中的使用等内容。

D971.2－61/M153(38)

Cyclopedia of Law and Procedure. Vol. XXXVIII/ William Mack，LL. D. —New York：The American Law Book Company，[etc.]，1911

2117 p.；26 cm.

  本书介绍了租赁契约，包括租赁契约的组成、法律程序等内容；投标，包括投标的程序、投标的规模以及时间安排等内容；疆域，包括国家边界、关于国家疆域立法的法律法令等内容；剧院与表演，包括剧院演出资格执照、门票出售的资格等内容；失窃保险，包括保险赔付前事实核查、保险赔付等内容；敲诈威胁他人，包括寄出威胁信件、对该类案件的审判等内容；时间的计量，包括时间计量标准的规定、国家日历的日期排列等内容；名誉保险，包括保险合同包含的款项、保险赔付条款等内容；收费公路，包括公路的建设和维修、对于出行车辆的管制和登记等内容；侵权行为，包括侵权行为的定义、针对不同侵权行为的不同处理办法等内容；拖船费，包括拖船费的计算标准、拖船工人可得到的受伤补偿等内容；不公平贸易竞争，包括商标的申请和使用、各种不公平竞争行为等内容；赠品兑换券，包括和订阅者的关系、关于赠品兑换券的使用的条令等内容；叛国罪，包括叛国罪的定义、对于叛国罪的惩处等内容；非法侵入，包括对非法侵入的惩处等内容；追索侵占物诉讼等内容。

D971.205/B366(1)

A Selection of Cases on the Conflict of Laws. Vol. I, Jurisdiction：Remedies/ Joseph Henry Beale. —Cambridge：The Harvard Law Review Publishing Association，c1900 xviii, 496 p. ; 25 cm.

本书介绍了有关法律冲突的一些例子。第一部分的主题为司法权,包括三章。第一章的主题为法律,介绍了立法权力的加强、法律形成的基础以及法律改进的可能性、并行不悖的立法与司法职能、外国法的性质、法律中的礼让原则等内容。第二章的主题为管辖权,介绍了管辖国内事务的权力、税务问题、暂时性存在等内容。第三章的主题为法庭管辖权,介绍了物权管辖权、私人事务管辖权、准对物诉讼管辖权、离婚管辖权等内容。第二部分的主题为法律内容的修订,介绍了行动的权利以及法案修订的步骤。

D971.205/B366(3)

A Selection of Cases on the Conflict of Laws. Vol. III, The Recognition and Enforcement of Rights with a Summary of the Conflict of Laws/ Joseph Henry Beale. —Cambridge: The Harvard Law Review Publishing Association, c1902

xviii, 548 p. ; 25 cm.

本书介绍了权利的认知和执行的内容,包括人际关系,即个人的才能、婚姻、合法性、个人的监护职责、合作关系;财产问题;关于继承的问题;财产的管理,即后代的财产继承问题、监护问题、无力偿付债务问题和接受者手中的财产;判决书,即判决书的本质、判决书的责任、(最高法院已做出最后判决的)已决案件的判决书、关于财产的判决书的效果;责任问题,即刑事上的责任、罪犯的责任和履行合约的责任等内容。

D971.209/L869

Cases of the Conflict of Laws: Selected From Decisions of English and American Courts: American Casebook Series/ Ernest G. Lorenzen. —St. Paul: West Publishing Co., c1909

xxi, 784 p. ; 26 cm.

本书以英美法院的判决为例介绍了法律冲突的案例,并加以评价。第一部分的主题是普通的规定,介绍了普通规定的本质,程序,审判书,永久住处(如户籍的介绍、关于已婚妇女的问题、少数民族问题),能力(如人类的本质、合作)等内容。第二部分的主题是个别规定,介绍了财产(如不动产和可动产),责任(如合同和民事侵权行为),有关家庭的法律(如结婚、离婚、嫡出和收养、婚姻财产),继承(如没立遗嘱的继承、立下遗嘱的继承、遗言的执行权力),外汇管理(如执行者和管理者、监护人、破产公司的官方接管人和信托人)等内容。

D971.21-53/H271(1)

The Federalist: A Commentary on the Constitution of the United States. Vol. I, Being a Collection of Essays/ Alexander Hamilton, James Madison, John Jay. —New York, London: M. Walter Dunne, c1901

xxiv, 427 p. ; 23 cm.

本书介绍了美国的概况、来自外国势力对美国的影响和威胁、来自美国各州矛盾的危险和结果、通过联合评定美国国内的派系和叛乱、美国商业关系和军队的联合情况、税收的联合情况、联合对于政府经济的益处、美国人对拟议宪法的反对情况、现代宪法的不足之处、美国政府维护联合的必要性、限制关于共同防御的立法机构状况、军队和税收的重要性、关于制定政府形式的缺陷、关于形成一个混合政府的审查的维系提案、宪法权利的观点、对相关几个州的权利限制、来自州政府联合的危险性、州和联邦政府的影响、新政府的结构和政府不同部分权利的分布状况、反对通过合约吸引人们而造成政府部门的分离等内容。

D971.21-53/H217(2)

The Federalist: A Commentary on the Constitution of the United States. Vol. II, English Constitution Bagehot/ Alexander Hamilton, James Madison, John Jay. —New York, London: M. Walter Dunne, c1901

xii, 225 p. ; 23 cm.

本书是对联邦制的介绍和评价,介绍了参议院概况、参议院的权利、议会开庭时对参议院权利的弹劾、行政部门、总统大选的方式、行政部门的本质、行政部门的任期、执行者再次当选的条件、行政部门的支持条例、陆军和海军的军令以及行政部门的特赦权、行政部门的任命权和其他权利、司法部门、司法部门的权利、某种常规的和各种各样反对宪法的方式等内容。

D971.23/W843

A Treatise on the American Law of Guardianship of Minors and Persons of Unsound Mind/ J.C. Woerner. —Boston: Little, Brown, and Company, c1897

lvi, 581 p. ; 24 cm.

本书介绍了美国法律关于监护未成年人和精神不健全人的内容,分为简介和正文两个部分。简介部分介绍了美国保护未成年人和精神不健全人的保护措施。正文分为监护未成年人和监护精神不健全人两个部分,介绍了未成年人监护的机构(如家长和孩子之间的合法关系、监护未成年人的几种方式、监护未成年人的职务、监护纽带)、监护的功能(如监护权的本质和程度以及关于受监护人的义务、关于受监护人财产的监护权威、受监护人财产的管理),未成年人不动产的财产转让(如未成年人不动产转卖获得许可证和制度、转卖的执行规则、转卖的结果),监护人的记账(如中间人和定期记账最终账户),鉴定精神失常的过程,对精神不正常人的审判,调查精神失常者,监护精神不健全者,精神不健全者的监护功能等内容。

D971.239.9－62/S745

A Manual of Commercial Law/ Edward W. Spencer. —Indianapolis: Press of Charles E. Hollenbeck, c1898

xiii, 639, 47 p. ; 21 cm.

本书介绍了以下内容:一般法律,即法律的本质、来源和分类;合法权利,即对权利的特殊参考;法律的修改;合同及合同的定义;本质和分类以及合同的表达和隐含意义;审议、协议;签订合同的各方;必须签订的合同;同意的事实;非法的合同;合同的任务;合同的解读;合同的解除;违反合同的修正;取消违反行为方的权利;法律上的矛盾;协商合同、条例的接受;条例的转让、支付的描述;支票、代理、代理的权威、代理关系的效果、终止代理、代理的特殊形式;合作关系、合作资金、联合公司时的合作权利、合作关系及其结果的解除、受限制的合作关系;公司、资金和股票;公司的管理、公司在资金和合约上的权利、股东对债权人的权利;收益的分配、解除和倒闭、个人财产的售卖等。

D971.24/W553－9(1)

A Treatise on Criminal Law. Vol. I/ Francis Wharton. —9th ed. —Philadelphia: Kay & Brother, c1885

xi, 860 p. ; 24 cm.

本书介绍了美国的刑法,分为原则和犯罪两个部分。原则部分介绍了犯罪审判的基础、犯罪的定义和分析、罪犯犯罪的合适度、恶意和意图、过失犯罪、犯罪对象的合适度、犯人和受害者之间的联系、代理和渎职、司法权等内容。犯罪部分介绍了个人侵害、杀人行为、强奸、鸡奸、残害、绑架和诱拐、堕胎、隐瞒私生子的死亡、侵犯、伪造钱币、盗窃、纵火、抢劫、接受赃物、贿赂、恶意损害、非法侵入和非法滞留、诈骗、欺诈破产、反社会罪、伪证、阴谋、非法妨害、博彩、非法售卖酒精饮料、骚乱和非法集会、携带隐藏武器、混合犯罪、玩忽职守、诽谤、越狱和违反监狱条例、重婚和一夫多妻、通奸、乱伦、非法同居、引诱、决斗、反政府、叛国、在公海上的违法行为等内容。

D971.27/P785

Pomeroy's Equity Jurisprudence and Equitable Remedies(Six Volumes); Pomeroy's Equity Jurisprudence(In Four Volumes); A Treatise on Equitable Remedies(In Two Volumes)/ John Norton Pomeroy. —San Francisco: Bancroft-Whitney Company, c1905

lviii, 519 p.; 23 cm.

  本书分为简介和正文两个部分。简介部分介绍了平衡法理学和审判讯的起源、平衡的本质、法律上的公平的关系、平衡的组成部分、分类的原则等内容。正文的第一部分介绍了平衡法理学的本质和程度,包括法理学的法律原则(如基本原则和部门、执行法理学、当代法理学、辅助法理学),政府关于法理学的规定(不适当的合法补救措施、发现法理学来源和时机、防止各类起诉的法理学原则),各个州和联合政府所执行的法理学等内容。正文的第二部分介绍了平衡法理学的最大和普通原则、重要或补救权利的事件,包括平衡的基本原则和最大化(如必须执行的公平原则、寻求公平的人必须执行公平),关于平衡法理学某些特殊的法律原则(如关于惩罚和财产没收、有关选举)等内容。

D99/H181－5

A Treatise on International Law/ William Edward Hall. —5th ed. —Oxford: The Clarendon Press, c1904

xxiv, 764, 8 p.; 22 cm.

  本书介绍了国际法的相关内容。第一部分介绍了国际法的基本原则,包括个人在国际法中的任务,实行法治的各国之间正常关系的普通原则、发生战争的普通原则、持中立态度的普通原则等内容。第二部分介绍了正常关系,包括国家形成的开端、个人的改变和各国的存在、国家的领土权、非领土权、自我防卫、干扰、国家处理国际关系的机构、条约、友好解决争端和反战方法等内容。第三部分介绍了战争关系,包括战时商品、敌人的权利、军事占领、财产的恢复权、交战双方并无敌意的关系、战争的解除等内容。第四部分介绍了中立关系,包括中立态度下战争开始的通告、18世纪法律的成熟对交战和中立各国的影响、法律的存在对交战和中立的各国的影响等内容。

D99/M821(1)

A Digest of International Law. Vol. I/ John Bassett Moore. —Washington: Government Printing Office, c1906

lxxix, 939 p.; 24 cm.

本书介绍了国际法(如国际法的起源和责任、有关土地的部分法律),不同国家国际法的特点和分类(如国家的定义、领土独立、国家的分类、国家和政府、国家的权利和义务),各国对国际法的认知(如普通原则、对新国家的认知、对新政府的认知、对交战状态的认知、由于缺少认知而导致行动失败、认知是可决定的),国家的继续,领土的获得和失去(如改革、国内发展、领土变化的影响),国际管辖权的领土限制等内容。其中,涉及的国家包括西班牙、葡萄牙、德国、哥伦比亚、美国、墨西哥、委内瑞拉、玻利维亚、秘鲁、巴西、智利等。

D99/M821(2)

A Digest of International Law: As Embodied in Diplomatic Discussions, Treaties and Other International Agreements, International Awards, the Decisions of Municipal Courts, and the Writings of Jurists... Vol. II/ John Bassett Moore. — Washington: Government Printing Office, c1906

viii, 1123 p. ; 24 cm.

本书介绍了国家管辖权的法律效果(如领土霸权、司法权、政府行动、立法权、合法修正、警察、婚姻法、治外法权的犯罪、领土的神圣性、海底电缆的修建、国际公司、婚姻),领土管辖权的免除(如外国领土和疆界以外领土的管辖权),公海(如公海的意义、海上自由、宣布强行征用、舰艇的国家化、被起义者控制的舰艇、贩卖奴隶、海盗、个人防御、1812年战争、注册、护照和海上通行证、国内战争、哥伦比亚叛乱、1891年智利改革、巴西海上叛乱)等内容。

D99/M821(3)

A Digest of International Law. Vol. III/ John Bassett Moore. —Washington: Government Printing Office, c1906

vii, 1022 p. ; 24 cm.

本书介绍了大洋间的交流(如美国政策的早期宣布、巴拿马地峡、克雷顿布尔沃条约、美国路线和特权、苏伊士运河、科林斯湾运河、基尔运河),国家化(如国家化的来源、公民主义、国家化、美国的国家化、传统安排、已婚妇女的国籍、父母对孩子归化的影响、归化对于成员不齐的家庭无效、国家化的证据、双重拥护、放逐国外的问题、放逐的方式、声明放弃归化、丢失保护国家的权利、渔民、公司、关注穷人),永久居住地(如国内身份的来源、敌对国家的居住地),护照(如护照的本质和功能、授权发布机构、接受护照的人、申请、拒绝的理由、护照的期限、国际影响、特别的护照、当地证件、战争监管、护照向除本国公民外所有人发放、不论肤色和性别)等内容。

D99/M821(4)

A Digest of International Law. Vol. IV/ John Bassett Moore. —Washington：Government Printing Office, c1906

vii, 806 p. ; 21 cm.

本书介绍了外国人的概念、(根据条约或法令对逃犯等的)引渡、国家间交流等内容。第一部分介绍了外国人的权利和义务、外国人禁止做的事情、对财产的管理、军队服务、放逐、移民控制、驱逐中国人等内容。第二部分介绍了引渡是国家行为、没有条例的引渡、条例、公民、对审判的限制、逃犯、违反政策、要求、命令、程序、证据、人身保护令全集、投降、花费、财产归还、舍弃渔民等内容。第三部分介绍了美国的代理机构、外交任务、任务的开始和终结、外交官的责任和义务、保护权利、司法豁免、政府部门的一致性、理解、美国的部门、工资和开销等内容。

D99/M821(5)

A Digest of International Law：As Embodied in Diplomatic Discussions, Treaties and Other International Agreements, International Awards, the Decisions of Municipal Courts, and the Writings of Jurists... Vol. V/ John Bassett Moore. —Washington：Government Printing Office, c1906

870 p. ; 24 cm.

本书分为三个部分。第一部分为执政官，介绍了执政官的政治角色和头衔；执政官的任命条件和步骤；领事证书的授予和利用；领事官的任用和免职；领事官在遵循国际法的前提下行使的一些特权(如豁免权)；与当地司法机关保持和睦关系，包括对涉及外国人的民事案件和刑事案件的处理方式上进行协商等；领事官的职能和局限性(如外交斡旋、资产管理)；航海业和海员的召集和待遇，包括成为海员的条件、薪资待遇以及海员应尽的义务；领事馆工作人员的薪资以及福利待遇等内容。第二部分为条约，介绍了与别国缔结条约的权力，协商的过程以及其原则，条约得到批准的法律程序，无须提交参议院批准的条约，条约的补充修订，对条约进行最终解释的权力(如互惠条约)，条约废止的条件和法律程序。第三部分为国际惯例和外交关系，介绍了阿根廷、比利时、巴西等国家与美国在不同时期缔结的条约等内容。

D99/M821(7)

A Digest of International Law. Vol. VII/ John Bassett Moore. —Washington：Government Printing Office, c1906

x, 1109 p. ; 24 cm.

本书分为七个部分。第一部分为赔偿,介绍了两国通过友好协商缔结赔偿的条约,并遵照约定执行;两国通过武力等非友好方式来迫使战败国进行赔偿等内容。第二部分为战争,介绍了战争的定义、战争的种类、宣战的权力、战争俘虏的处理、战争伤员的诊治、战争对商业贸易的影响、军事占领、战争结束的标志等内容。第三部分为海上战争,介绍了海岸线战役、海洋矿藏和鱼雷的使用、切断通讯电缆的策略、战争伤员的诊治、对商业的影响、敌军资产和战斗特点等内容。第四部分为获胜国在法庭上分享成果,介绍了法庭、司法裁判、法律学、判决的法律过程、呈上法庭的证据、法律决议生效、战败国向战胜国的赔偿等内容。第五部分为走私,介绍了对于政治中立的贸易的限制、政府政策的走向、对走私的惩处和定罪等内容。第六部分为封锁,介绍了政治封锁和其他形式的封锁、封锁的各种方式、封锁政策的制定和调整等内容。第七部分为中立政策,介绍了中立政策的本质、中立的标准、中立政策下的各项禁令、中立立场的巩固、中立国家的领土不可侵犯等内容。

D99/M821(8)

A Digest of International Law. Vol. VIII/ John Bassett Moore. —Washington: Government Printing Office, c1906

iv, 458 p. ; 24 cm.

本书为前七卷所涉及的国家法条款的附录和勘误表,以英语字母为排列顺序。

D99/W916

Introduction to the Study of International Law: An Aid in Teaching, and in Historical Studies/ Theodore D. Woolsey. —5th ed. —New York: Charles Scribner's Sons, c1879

xvii, 526 p. ; 21 cm.

本书是对国际法研究的简单介绍,包括简介和两个主题部分。简介介绍了国家法的含义、发展过程以及道德原则等内容。第一部分为政治稳定的国家所必需的权利以及其国际义务,介绍了一个主权独立国家所拥有的权力(如不受别国势力干涉内政、领土不容侵犯);国家疆域、海域以及国家财产的占有和使用自由(如对领海的管辖、对国内航运的管辖);与外国建立交往的权力和原则;负责保持外交关系的国家机构(如在别国设领事馆、允许别国在本国设领事馆);在国家间缔结条约或协议的权力,涉及社会和经济等内容。第二部分为国际法在战争时期的应用和调整,介绍了国家拥有进行自卫战争的权力、要求战争赔偿的权力以及缔结和平条约的权力；交战国和中立国之间的外交关系等内容。

D99－62/W746

Handbook of International Law/ George Grafton Wilson. —St. Paul, Minn.: West Publishing Company, c1910

xxi, 623 p.; 23 cm.

　　本书介绍了国际法的相关内容，分为简介和六个主题部分。简介介绍了国际公共法的定义、国际法的发展形成过程、国际法内容的来源以及国际法的效力等内容。第一部分为国际法中的个人，介绍了个人在国际法中的地位以及权利、中立国、政治联盟的成员、交战国等内容。第二部分为国际法赋予国家的权利和义务，介绍了国家之间相互平等、相互独立，各国拥有自卫权、不受别国干涉内政的权利；国家资产和疆域的管理（如领海、领土、领空）；各国均享有司法管辖权等内容。第三部分为国家间交往，介绍了外交关系的开创与维护，领事馆等国家机构的外交职能，与之缔约的国家以及所缔结的条约等内容。第四部分为国家间的分歧，介绍了处理国家间分歧的和平外交途径，以非和平途径解决战争赔款欠款问题等内容。第五部分为战争，介绍了战争的本质和宣战，开战区域以及战争为其带来的影响，战争期间国家的权力和义务，战争期间个人的权力和义务，战时土地占领、战时水域占领，俘获海员的处理，战争规则，军事占领以及建立政权，海难后的被俘人员以及受伤人员的处理，交战国之间的非敌对关系，战争结束后的相关事项等内容。第六部分为与中立国的外交关系，介绍了中立政策的本质、搜救和访问、走私、封锁、不间断海上航行、不中立表现、战胜国的战利品等内容。

D990/L419

The Principles of International Law/ T. J. Lawrence. —Boston: D. C. Heath & Co., c1895

xxi, 745 p.; 21 cm.

　　本书介绍了国际法的原则。第一部分为国际法简介，介绍了国际法的本质和定义、形成和发展沿革、所涵盖的主题、内容来源和分类等内容。第二部分为和平法，介绍了国家所拥有的关于独立的权利和义务、关于财产的权利和义务、关于平等的权利和义务等内容。第三部分为战争法，介绍了战争的本质、敌军战术特点以及俘获敌军、关于被俘军人的战争法、关于被占领土地的战争法、关于被占领海域的战争法、战争中所使用的武器、政府等机构、交战国间非敌意交往、维持和平的方式等内容。第六部分为中立法，介绍了中立政策的本质和发展历史、交战国对中立国应尽的义务、中立国对交战国应尽的义务、封锁、战时走私交易、不中立表现等内容。

D993.7/S893

Consular Cases and Opinions/ Ellery C. Stowell. —Washington, D. C.: John Byrne & Co., c1909

xxxvi, 811 p.; 24 cm.

　　本书通过列表等方式介绍了外交领事所出现过的案例,包括按字母表排列的案例列表,按事件发生先后排列的案例列表,与案例相关的法官列表,大法官下达的判决列表,与领事馆豁免权相关的国际法对于领事机构的限制,按字母表排列的有关领事官的案例,按字母表排列的大法官对有关领事官的案例的判决意见列表,法律分析以及法律协议,有关领事官的联邦法令的索引,美国法令索引,案例以及判决结果纲要等内容。书后附有缩略语列表。

D995/O69

The Rights of War and Peace: Including the Law of Nature and of Nations/ (Translated From the Original Latin of Grotius, with Notes and Ill. From Political and Legal Writers by A. C. Campbell; with an Introduction. by David J. Hill.) —Washington: M. Walter Dunne, c1901

x, 423 p.; 24 cm.

　　本书介绍了和平和战争的权力。第一册介绍了战争和权力、对战争合法性的追问、公开战争和私斗的区别等内容。第二册介绍了个人人身和财产不受侵犯、关于财产问题的案例及审判、关于契约、关于有争议案例等内容。第三册介绍了战争所具有的合法性、国际法所规定的宣战的条件和程序、战时囚犯的权利、正义战争中对待敌军的人道主义等内容。

D995/S647

International Law: As Interpreted During the Russo-Japanese War/ F. E. Smith, N. W. Sibley. —Boston: The Boston Book Co., c1905

xi, 494 p.; 26 cm.

　　本书介绍了国际法。第一部分介绍了俄国、日本、中国和土耳其之间正常的外交关系,包括日俄战争中交战国在中立国领土的战争行为、俄国在红海海域对日本发起海上突袭等内容。第二部分介绍了统领国家管理的法律与战争的关系,包括对外宣战以及宣战公告、情报工作和无线电报在战时的使用、洋中脊的矿藏和战时气球的使用等内容。第三部分介绍了统领国家管理的法律与中立国的关系,包括中立政策的原则和相关禁令、交战国在中立国水域的战争行为、中立国港口对交战国军舰的接待、1756年战争协议、中立国舰队的破坏、关于战时走私的立法、海牙仲裁大会等内容。

D995/T136

Cases on International Law During the Chino-Japanese War/ Sakuye Takahashi. — Cambridge: The University Press, c1899

xxviii, 219 p. ; 23 cm.

本书首先介绍了日本侵略过程中的法律执行精神、中日在海上私人财产不受侵犯方面达成的一致性、建立处理战利品的军事法庭(尤指海上夺得的货物)等内容;其次介绍了关于海上战利品的案例,包括孔盛事件、盖尔人事件、悉尼事件、嘉瑜事件、曹崇福事件、张光志事件、图南事件等内容;最后介绍了混杂的事件,包括中国舰队的妥协、卡梅隆事件、珂克博士要求赔偿所发出的声明、轰炸启东、用来限制日本军队的基于国际法的规定等内容。

E 军事

E0/W132—5

Organization and Tactics/ Arthur L. Wagner. —5th ed. —Kansas City: Hudson-Kimberly Republishing Co. , c1894

xxi, 551 p. ; 22 cm.

本书介绍了军队的战术和战略。第一章介绍了战术和战略的本质、微观和宏观战略、演练与对战策略等内容。第二章介绍了战术和原则,包括战术的布置、战线、军队规制以及军营的组成、军人的纪律等内容。第三章介绍了三种规制的军队的特点,包括步兵营的优势和劣势、持有的武器装备、可进行的军事行动;炮兵营的优势和劣势、炮的种类和威力;装甲兵的优势与劣势、机动枪支等内容。第四章介绍了现代步兵团的历史沿革,包括步兵在中世纪时期的出现、在一系列战争推动下步兵逐渐成为一支规制完整的军队形式等内容。第五章介绍了步兵营在主动攻击和被动防守时的不同表现,包括防守和攻击时步兵的优势和战术、武器装备的选择与使用等内容。第六章介绍了现代装甲兵的历史沿革,包括装甲兵在中世纪时期出现,在一系列战争推动下装甲兵逐渐成为一支规制完整的军队形式等内容。第七章介绍了装甲兵在防守和攻击时的不同表现,包括防守时装甲兵的优势和战术、攻击时装甲兵的优势和战术、武器装备的选择与使用等内容。第八章介绍了现代炮兵的历史沿革,包括炮兵在中世纪时期出现,在一系列战争推动下炮兵逐渐成为一支规制完整的军队形式内容。第九章介绍了炮兵在防守和攻击时的不同表现,包括防守和攻击时炮兵的优势和战术、武器装备的选择与使用等内容。第十章介绍了联合军队的优势与劣势等内容。第十一章介绍了护卫队,包括护卫队的不同规格、护卫的不同对象以及在不同环境下的护卫难度等内容。

E712.3/U58(1911)

Infantry Drill Regulations/ United States Army. —Washington: Government Printing Office, c1911

221 p. ; 15 cm.

本书介绍了步兵演练规定。第一部分为步兵军事演练,介绍了步兵演练中的命令、口号和信号,步兵队伍的整合,步兵小班的整合,步兵连队的纪律和规范,步兵营的纪律和规范,步兵团的纪律和规范,步兵旅的纪律和规范等内容。第二部分为对抗演练,介绍了军队指挥团队的构成和精神、对抗演练前的双方协商、关于使用武器的规定、战略部署、军事出击的策略和类型、军事防守的策略和类型、对抗双方见面后达成协议、军事行动全部撤回以及涉及武器装备的各式规定等内容。第三部分为步兵行军和宿营,介绍了行军的纪律和自卫措施、露营的纪律和卫生等内容。第四部分为军事仪式活动视察,介绍了军事仪式(如游行、护卫时的纪律),视察军队情况的纪律和规定,阅兵的规格和要求等方面。第五部分为体力活,介绍了骑兵、搭帐篷的杂活、吹军号等内容。

E95/F452-2

A Text-Book Field Fortification/ G. J. Fiebeger. —2nd Rev. ed. —New York: John Wiley & Sons, c1909

xiii, 174 p. ; 21 cm.

本书介绍了野战筑城等内容。建造堡垒的技巧以及武器的进步对于野战筑城的影响篇介绍了选取军事要地、建造堡垒的步骤和目的、无烟火药等现代武器带来的影响等内容;堑壕的功用篇介绍了堑壕的不同分类、优势与劣势等内容;军事掩体篇介绍了自然掩体(如石头、木头)以及人工掩体(如军事工事)内容;战争前线所必须制造的障碍物篇介绍了选取建造障碍物的地点、障碍物的种类和威力等内容;军队的不同编制、武器的不同分类篇介绍了横穿敌人阵地时所需的防弹装备。同时,本书介绍了军队武力掩护和要塞部队掩护,守卫建筑、村庄和峡谷等地势状况,野战筑城的战术和战略部署,野战筑城的历史实例,野外军事工事的建造,军队过河的策略和安全措施,军事堡垒的拆除,军队野外露营所需的物资和安全部署等内容。

F 经济

F0/B938

Introduction to the Study of Economics/ Charles Jesse Bullock. —New York：Silver, Burdett and Company，c1897

581 p.；19 cm.

美国经济发展历史的简介篇介绍了西部扩张运动、美国土地占有制、美国人口增长等内容；基础工业的发展篇介绍了皮毛和牛肉贸易、农业、渔业和矿业等内容；机械制造业和交通运输业篇介绍了殖民时期的机械制造业、工业革命和工厂制度、造船业、纺织业、冶铁和炼钢工业等内容；财富的消费篇介绍了人类需要、经济发展产生的供需关系等内容；财富的创造篇介绍了工厂的作用、劳动力和资本的作用等内容；交换理论篇介绍了交换的价值、市场价值等内容；金钱篇介绍了贵金属的价值、政府发行的纸币等内容；金钱和信用卡篇介绍了银行等信用机构的发展、信用卡的优点和缺点等内容；美国金银二本位制的历史沿革、垄断主义篇介绍了垄断主义的本质、现代垄断的弊病等内容；国际贸易篇介绍了国际商业的本质、美国国际贸易的发展等内容；财富的分配篇介绍了社会收入和个人收入、初次分配和二次分配、分配方式的多样化等内容；薪资制度篇介绍了劳动合同的制定、劳动法、工人组织、薪资和劳动之间不对等的关系等内容。本书还介绍了土地国有化和社会化、政府对经济的调控作用，包括公共消费、公共税收、美国税务的政府花销与税收等内容。

F0/E37

An Introduction to Political Economy/ Richard T. Ely. —New York：Hunt & Eaton，c1892

358 p.；20 cm.

本书包括八个部分。第一部分为工业社会的发展历程、特点以及政治经济学的本质，介绍了对政治经济学和社会学最初的认识、社会经济生活、一个国家政治经济生活的特征、国家经济的两个重要因素、国家历史发展而产生的经济、经济文明发展的不同阶段、由商品流通看经济发展的不同阶段、当下经济问题的主要原因、现代国家经济的普遍特征、政治经济学的定义、政治经济学的主要部分经济法、政治经济学在社会生活中的应用等内容。第二部分为生产，介绍了何为生产、经济活动的动机、生产要素及其组织形式等内容。第三部分为商品流通，介绍了何为商品流通、金钱的概念、信用卡以及信用机构、跨国贸易的规定等内容。第四部分为分配，介绍了薪资制度、劳工组织、合作以及分红、社会主义、垄断主义、对于社会问题的认识和评价等内容。本书还介绍了消费、公共财政(如税收、经济学科学的发展演变、经济学研究的建议)等内容。

F0/E37

Elementary Principles of Economics: Together with a Short Sketch of Economic History/ Richard T. Ely and George Ray Wicker. —4th. Rev. ed. —New York: Macmillan, c1911

388 p. ; 19 cm.

  本书介绍了经济学的初级原则。第一册介绍了对经济学本质的最初的评价、经济学的主要分类、现存社会经济秩序中的重要机构等内容。第二册为经济学历史的概述,介绍了工业发展的早期阶段、英国工业发展阶段、美国工业发展阶段等内容。第三册为经济学理论,介绍了供需关系、效用递减法等的消费;生产要素、生产的组织形式的生产;商品价值、垄断主义与垄断价值、信用卡与银行业、国家贸易的商品流通;劳务与薪资、本金与利息、社会主义的分配等内容。第四册为公共财政,介绍了公共花费与税收、美国税务状况等内容。

F0/G348

Progress and Poverty: An Inquiry into the Cause of Industrial Depressions, and of Increase of Want with Increase of Wealth: The Remedy/ Henry George. —New York: Doubleday, Page & Company, c1879

xviii, 568 p. ; 20 cm.

  本书介绍了薪资和资本,即当前薪资理论、薪资的本质含义、薪资与劳动的关系、资本的效用;人口和生存,即马尔萨斯人口论、由事实做出的推断、由类比做出的推断、对马尔萨斯人口论的反驳;分配法则,即分配法则的审视、租赁法、本金和利息、伪资本和收益、利息法、薪资法、前几项法律的内在关联;物质进步和财富分配的关系,即经济中尚存在的问题、人口增长和财富分配的关系、文学艺术发展与财富分配的关系、物质财富带来的高期望;已解决的问题,即经济危机周期性发作的根本原因、财富增长也无法消除的贫困问题、低效率的经济修复措施、有效的经济修复措施;经济修复措施的正义,即私人土地财产的不公正、奴隶制、土地持有人要求赔偿、美国土地资产状况;经济修复政策的施行,即私人土地资产与土地使用、关于土地的权利、税务标准的构成、担保和反对;经济修复政策的影响,即对创造财富的影响、对财产分配的影响、对个人和等级的影响、对社会组织和社会生活带来的变化;人类进步的法则,即现有的人类进步法则、文化的差异、人类进步法则、现代文明如何衰退、衰退背后的真相等内容。

F091.33/S645(2)

An Inquiry into the Nature and Causes of the Wealth of Nations. Vol. II/ Adam Smith. —London：Oxford University Press，c1904

viii，687，8 p.；16 cm.

　　本书收录了《国富论》的第四卷和第五卷，即关于自然和国家财富产生原因的调查。第四卷介绍了政治经济与重商主义。前两章介绍了重商主义原则，包括进口货物存在一定限制等内容。第三章介绍了针对近乎所有种类进口货物的特别限制。一些限制存在不合理性（如银行存款偏离），尤其是阿姆斯特丹案例。第四章和第五章介绍了退税政策、出口奖金如何有利于促进贸易往来。第六章通过对多个国家通商条约的分析阐释了其作用。第七章介绍了建立新殖民地的动机、新殖民地繁荣原因、发现美洲与绕过好望角抵达东印度之航路让欧洲得到的好处。第八章根据以上七章内容对重商主义进行了总结。第九章介绍了重农主义或主张土地的产出是各国收入或财富的唯一或主要来源的政治经济思想体系。第五卷分为三章。第一章为国家或联邦的花费，介绍了国防经费、司法经费、公共设施和公共机构的经费、维护国家形象支出。第二章介绍了社会一般或公共收入的来源（一部分来源于国有投资与国家收入，另一部分来源于税收）。第三章以英国、法国等国家为例，介绍了和平时期和战争时期国债的来源及组成部分。

F091.33/S645

Select Chapters and Passages From the Wealth of Nations of Adam Smith/ Adam Smith. —[S.l. ：s.n.]，c1776

xii，285 p.；18 cm.

　　本书分为五卷。第一卷介绍了劳动分工的产生、改善及原因，金钱的产生与应用，区分了货物名义价格、劳动力价值、市场价值、自然价值和劳动工资、资本利润、土地出租。第二卷介绍了股票的本质、积累、雇佣，包括物品积蓄的分类、资本的累积过程、贷出取息的积蓄、资本的用途等内容。第三卷分为四章。第一章介绍了国家财富增加的自然过程。第二章和第三章介绍了罗马帝国灭亡后欧洲古代国家农业发展的阻碍及灭亡后城镇的兴起和进步。第四章介绍了城镇商业活动如何促进乡村改良。第四卷介绍了政治经济与重商主义，包括进口货物存在一定限制，针对近乎所有种类进口货物的特别限制，退税政策、出口奖金如何有利于促进贸易往来，对多个国家通商条约的分析阐释其作用，建立新殖民地的动机、新殖民地繁荣原因、发现美洲与绕过好望角抵达东印度之航路让欧洲得到的好处，对重商主义的总结，重农主义或主张土地的产出是各国收入或财富的唯一或主要来源的政治经济思想体系等内容。第五卷介绍了国家或联邦的收益，包括关于国家或联邦的花费,即国防经费、司法经费、公共设施和公共机构的经费、维护国家形象支出,源于国有投资与国家收入和来源于税收的社会一般或公共收入,并以英国、法国等国家为例详述了和平和战争时期国债的来源及组成部分等内容。

G 文化、科学、教育、体育

G05/V235

Business and Education/ Frank A. Vanderlip. —New York: Duffield and Company, c1907

562 p. ; 19 cm.

本书系统地介绍了美国20世纪教育与商业发展的情况以及二者之间紧密的联系,内容如下:通过讲述史蒂芬·吉拉德为费城捐款建立学校的事迹,阐释了高等教育对商业、社会发展的重要性;作者建议大学应加强对商业、金融课程的学习;强调了培养身体健康、能力突出、勤恳能干的年轻人对美国商业的发展意义重大;指出职业学校应培养技术人才,从而推动美国商业繁荣发展;阐释了青年商人应多读专业书籍来增加知识,培养能力;讲述了美国原材料、能源丰富、商业繁荣,对欧洲影响巨大,造成了"商业入侵"和美国工业发展前景广阔;指出国家应加强对工人养老金的重视,并进行深入的科学研究;具体描述了19世纪末美国新英格兰对外贸易的迅猛发展及政治、教育等因素对欧洲商业发展的影响,美国货币存在的问题及其解决方案,美国银行业的迅速发展,战时公债对美国金融的影响,美国财政部的主要职责等内容。

G137.122/B972

Studies in Nature and Literature/ John Burroughs. —Boston: Houghton Mifflin Company, c1875

112 p. ; 18 cm.

本书由九篇散文组成,分别为自我剖析、漫步小路之喜悦、老苹果树上的众鸟之家、鸟类求偶记、雪行者、野花之间、圣土、风格与人和启发性。本书阐述了作者对自然和写作的热爱,向人们展示了一种贴近自然、善待自然的生活方式。

G171.2/P316

The New Basis of Civilization/ Simon N. Patten. —New York: The Macmillan Company, c1908

vii, 220 p. ; 19 cm.

本书介绍了资源的基础、遗传的基础、家庭生活的基础、社会阶层的基础、社会意识的基础、娱乐的基础、性格的基础、社会控制的基础、新文明和社会工作。本书试图修正关于贫穷持久性的传统假设,提出了更公平地分配财富有利于社会的健康发展,并认为富足文明的新基础需要新的策略来实施社会变革。

G40/B274

Common Sense in Education and Teaching/ P. A. Barnett. —New York:Longmans, Green, and Co., c1901

327 p.; 19 cm.

本书系统全面地介绍了教育的发展和教师在教育中的角色,包括提出教师没有固定严格的教学程序可遵循,教学方式应因学生而异;纪律体现在学生的性格上,教师和家长需正确引导学生来培养其形成良好的品质;教育的物理基础,即体育运动对塑造学生的心理的积极影响;课程和教学方法、教学程序密切相关;课程和环境对学生不可或缺;教师需掌控课程并做出必要的折中;发音练习的重要性等。本书对阅读课提出了建议,强调了文学和语言学习,拉丁语和希腊语学习,数学和物理、地理、历史的重要性及相应的教学程序,儿童在复杂的环境和权力中成长需注意教育方式的选择,如何培养一名合格的教师等内容。

G423/D261

Our Evolving High School Curriculum/ Calvin Olin Davis. —New York:World Book Company, c1905

ix, 301 p.; 20 cm.

本书系统地梳理了美国高中课程的起源及发展过程。本书分为十章,依次是引言、课程的起源、历史背景、批判和反批判、宗旨和目标、如何确定课程目标、课程的内容、教育价值、行政方面和比较课程数据。本书介绍了教育在人类发展过程中发挥的重要作用;列举了关于高中课程研究的相关话题并提出了研究的科学程序;探讨了课程的起源和两个发展阶段,详细分析了教育的两个方面,即知识和能力;详述了早期课程的发展,包括希腊课程、罗马和中世纪课程、骑士教育、撒拉森和中世纪的大学、文艺复兴和人文主义;探讨了美国早期学校的学术运动和发展,分析了不同时期的课程特征和近代的课程改革;讲述了人们对现行的高中学校课程和教育理论褒贬不一,教育学者对此提出了不同的观点和与高中课程相关的四组问题,提出了学校教育应达到的目标;描述了建立高中课程的五个步骤以及在此过程中面临的难题;将教育价值分为直接价值和间接价值,并列举了教育价值的九种分类;详述了学校的行政官员应该着眼于教育的新概念、教育方法的改变、学科材料的局限性、儿童之间的差异等七个方面的问题来设置课程并付诸实践;从不同时期呈现美国各个高中的课程数据,由此得出美国优秀高中课程设立的共同之处。

G44/J27

Talks to Teachers on Psychology: And to Students on Some of Life's Ideals/ William James. —New York: Henry Holt and Company, c1899

ix, 301 p. ; 21 cm.

本书分为两个部分。第一部分是与教师的对话，包括心理学和教学艺术、意识流、作为行为有机体的儿童、教育和行为、反应的必然性、自然反应及习得反应、自然反应之定义、习惯定律、观念联想、兴趣、注意力、记忆力、观点的获得、统觉和意志。作者创造性地将心理学运用到教育理论和课堂实践中，讲述了教学方法应遵循心理学，分析了心理的功能以及教师的作用，阐释了意识流的定义，揭示了行为是教育的结果，列举了德国和英国不同的教育理念，提出了名言"有反应才有接受""有表达才有印象"，列举了儿童常见的自然反应及其在教育中的作用，分析了习惯的重要性及如何形成好的习惯，描述了两大联想定律——临近定律和相似定律，阐释了联想在教学中的重要地位，讨论了小学教育中出现的儿童兴趣、注意力、记忆力、统觉和意志等内容。第二部分是与学生的对话，包括放松的福音、论人类一定的盲目性和让生命重要的事等内容。

G479/B491

Theories and Facts for Students of Longevity and Health/ Thomas Bersford. —San Francisco: Thomas Bersford, c1908

128 p. ; 19 cm.

本书首先从人类自然衰退和老年人疾病的现象和特征入手，详述了有关产生和防止钙质沉淀的理论以及其他有利于身体健康的理论（如蒸馏水理论、橄榄油理论、梅奇尼可夫理论、居布莱理论、科纳若理论、磷酸理论、酸乳理论、素食主义理论、生食理论、电力理论和促进消化理论），再通过描写人食用盐和糖，饮用茶、咖啡和酒的后果，提出了人们最佳的饮食方式，饮食内容和饮食时间等内容。

G571.2/G721

Bibliography of Education for 1908-1909/ Government Printing Office. —Washington: Government Printing Office, c1909

134 p. ; 23 cm.

本书由美国教育局出版，收录了1908年的教育文献。本书涵盖英语、德语、法语等多语种有关教育概论、历史和说明、教学原则和实践、学校管理、教育的特殊形式、关系及应用和高等院校六大部分的文献,旨在提供可供参考的优秀教育出版物和期刊文章。

G62/G939－3

A Laboratory Guide in Elementary Bacteriology/ William Dodge Frost. —3rd Rev. ed. —New York：The Macmillan Company, c1909

395 p. ; 22 cm.

  本书为一本实验室指南,旨在为细菌学的基础实验提供充分的指导。本书分为两个部分,即一般细菌学和医学细菌学。第一部分介绍了形态学和基本技巧、细菌的生理机能、细菌分类、代表性非病原菌的系统研究、细菌分析和相应的实验等内容。第二部分介绍了致病性需氧菌,致病性厌氧菌,动物接种和组织中的细菌染色、细菌诊断、水乳中致病性细菌检测和相应的实验等内容。

G623.6/Y67

First Book of Botany：Designed to Cultivate the Observing Powers of Children/ Eliza A. Youmans. —New York：D. Appleton and Company, c1878

202 p. ; 19 cm.

  本书为一本儿童植物学读物,介绍了叶子、茎、花序、花朵、根、种子、木本植物、叶芽、根茎、果实的形态和植物的作用,旨在通过让儿童观察植物的每一部分,指导其了解植物的特征并提高观察能力。

G624.6/H631

Elementary Dynamics of Particles and Solids/ W. M. Hicks. —Reprinted From the 3rd ed. —Tokyo：[s. n.], c1898

viii, 401 p. ; 19 cm.

  本书介绍了动力学的基本原则。引言部分介绍了自然科学的三种基本单位:时间、空间、物质以及与之相关的几何学、运动学和动力学学科。第一部分为粒子的直线运动,介绍了物质的直线移动、质量、动力和物体碰撞之间的关系,解释了力和单位的概念,分析了功、能量和功率之间的联系。第二部分为同一平面的受力作用,首先,对速度和加速度进行了比较,分析了作用在一点上的共面力,并进一步阐释了作用在刚体上的两种力——平行力和重心;其次,分析了不同的原理并列举了多种例子,解释了能量、机械和摩擦力的概念和倾斜对物体的影响,分析了物体在抛射作用下加速度的变化以及曲线运动;最后,介绍了简谐运动即单摆。第三部分为刚体的运动,介绍了固体运动的运动学,阐释了动力、能量以及惯性矩，并分析了受力作用下物体的运动。

G633.2/A526

American Government: A Text-Book for Secondary Schools/ Roscoe Lewis Ashley. — New York: The Macmillan Company, c1904

xx, 356 p. ; 19 cm.

  本书介绍了有关美国政府的资料，为中学生了解美国政府提供了有效的参考。引言部分介绍了美国政府的基本特征（如政府的职责和功能、政府人员的选择和任命方式以及政党选举的影响）。第二部分介绍了地方政府的发展历史、功能和职责以及地方财政，分析了州政府的发展历史、职责功能、州宪法、立法机关和司法制度。第三部分介绍了国家政府和宪法的演变历程，详细阐述了美国国会的权力和职责范围，分析了总统的选举方式和宪法赋予其的权力，并讲述了国家的司法系统。

G633.51/R419—2

Outlines of General History for Eastern Students/ V. A. Renouf. —2nd ed. — London: Macmillan and Co., Limited, c1907

xxii, 501 p. ; 22 cm.

  本书介绍了人类历史的发展进程。引言部分介绍了历史和其他学科之间的关系。第一部分介绍了古代各国和各民族的发展脉络和进程、波斯战争和伯里克利时期的概况、希腊国家的互毁和马其顿的菲利普家族对其的征服、希腊文明概况、亚历山大大帝及其继承者的状况、罗马的历史、第一次迦太基战争和迦太基的覆灭状况、罗马帝国的诞生和覆灭等内容。第二部分介绍了日耳曼历史和查理曼大帝之死，概述了中世纪结束前的欧洲历史。第三部分介绍了从发现美洲大陆到法国大革命的世界史及法国大革命之后的现代史。

G633.56/L848(3)

The World for Senior Students. Book III/ Longmans, Green, and Co. —Rev. ed. — London: Longmans, Green, and Co., c1907

viii, 562 p. ; 19 cm.

  本书是为高年级学生编写的"朗文地理系列丛书"的第三册，在前两册的基础上更加详尽地描写了全球的地理特征。本书首先阐释了数理地理学、自然地理学、大洋和大气的概念，然后分别介绍了欧洲、亚洲、非洲、美洲和澳洲的地理概况，图文丰富，内容详尽，条理清晰。

G633. 951/T914(1)

The New Normal Music Course. Book One/ John W. Tufts, H. E. Holt. —Boston: Silver, Burdett and Company, c1910

144 p. ; 20 cm.

本书是为二、三年级学生编写的音乐教材。本书为第一册,涵盖了二、三年级所需的音乐作品。书中简单的练习和歌曲用于激发学生学习音乐的兴趣,从而提高学生解决问题的能力。

G633. 951/T914(2)

The New Normal Music Course. Book Two/ John W. Tufts, H. E. Holt. —Boston: Silver, Burdett and Company, c1911

224 p. ; 20 cm.

本书为音乐教材,涵盖了丰富的音乐作品和练习,难度和趣味性皆有所提高,旨在为学生掌握小调式做准备。

G634. 34/H566

New Composition and Rhetoric for Schools/ Robert Herrick, Lindsay Todd Damon. —Chicago: Scott, Foresman and Company, c1911

508 p. ; 19 cm.

本书介绍了修辞的基本原则和写作练习,写作中词语的用法,遣词和用词量,句子、段落和篇章的结构原理等内容,并区分了四类文章类型,即描写文、记叙文、说明文和议论文。

G634. 653/P977－5

An Elementary Treatise on Conic Sections and Algebraic Geometry/ G. Hale Puckle. —5th ed. —Tokyo: Rairaido, c1896

vi, 379 p. ; 19 cm.

本书介绍了平面上一点的位置、不同形式直线的一次方程式、三角函数方程式、坐标转换、几何应用、简写符号和三线坐标的直线方程、圆形、二次方程的还原、中央圆锥曲线及其参考轴、中央圆锥曲线和共轭直径、抛物线、圆锥曲线的一般特性、简写符号和三线坐标的二次方程等内容。

G642. 3/B512

A College Course in Writing From Models/ Frances Campbell Berkeley. —New

York: Henry Holt and Company, c1910

xiii, 478 p. ; 19 cm.

  本书旨在提高大学一、二年级学生的写作水平。本书由说明文、描写文、记叙文三个部分组成,每一部分都节选了不同名家的散文,内容丰富,事例典型,旨在扩大学生的阅读量,提高大学生的写作能力。

G649.712/W314－2

Fifty Years in Constantinople and Recollections of Robert College/ George Washburn. —2nd ed. —Boston: Houghton Mifflin Company, c1911

xxx, 319 p. ; 22 cm.

  本书介绍了君士坦丁堡五十年间的变化以及罗伯特学院从建立到结束几十载的风雨历程,作者于字里行间中抒发了对土耳其的热爱以及对君士坦丁堡的新发展的希望。

G78/C525(1)

Letters to His Son: On the Fine Art of Becoming a Man of the World and a Gentleman. Vol. I/ Earl of Chesterfield. —New York: M. Walter Dunne, c1901

xi, 408 p. ; 23 cm.

  本书汇集了切斯特菲尔德伯爵写给他的私生子菲利普·斯坦诺普的一百三十多封书信。切斯特菲尔德早期用法语、英语或拉丁语给其子写信,主要在地理、历史和古典文学方面给予指导。切斯费尔德伯爵凭借其毕生丰富的学识乃至处世之道写下了这些书信用以教子,字字句句洋溢着一位父亲对孩子的谆谆教导。

G80－05/F597

Physical Culture Classics. Vol. I/ WM. F. Fleming. —New York: The United School of Physical Culture, c1909

248 p. ; 21 cm.

  本书包括两部分内容:特雷洛尔之肌肉生长理论和麦克费登源于饮食的力量。第一部分介绍了如何通过体育锻炼增强人体各个器官和部位的力量。第二部分介绍了增强体力所需的食物,分析了食物成分,制订了饮食计划,为人们增强体质提出了可供参考的建议。

G80/F597(2)

Physical Culture Classics. Vol. II/ Wm. F. Fleming. —New York: E. R. Dumont,

c1909

256 p. ; 20 cm.

本书系统全面地介绍了如何构建人体的生命力,旨在帮助人们增强体质。作者从生命力入手,通过描述人的消化系统、循环系统和呼吸系统,介绍了有利于健康的饮食和锻炼方法,目的在于使人们养成良好、健康的生活习惯,从而拥有健康的体魄。

G80/M143(8.1)

Physical Culture. Vol. VIII. No. I/ Bernarr Macfadden. —New York: Physical Culture Publishing Company, c1902

196 p. ; 24 cm.

《体育文化》是由美国体育文化的先驱人物麦克费登编辑的杂志。该杂志汇集了众多作者关于体育健康的论著,内容详尽,图文并茂,实用又不失阅读乐趣,为读者强身健体、培养健康的生活方式提供了有效的指导。

G811/D225

Sport in the Highland of Kashmir: Being a Narrative of an Eight Months' Trip in Baltistan and Ladak, and a Lady's Experiences in the Latter Country; Together with Hints for the Guidance of Sportsmen/ Henry Zouch Darrah. —London: Rowland Ward, Limited, c1898

xviii, 506 p. ; 23 cm.

本书是亨利·祖奇·达拉在克什米尔地区进行了八个月的远足旅程后所写的旅行日志,详细地描写了一段时间内作者在克什米尔地区的所见所闻。本书配有当地居民、地形地貌和动物的图片,生动形象地为读者再现了克什米尔地区的风土人情;同时,为来到此地的运动员和冒险家提供了指导。

G811.9/S861

Torch-Bearers of History/ Amelia H. Stirling. —London: T. Nelson and Sons, c1894

174 p. ; 19 cm.

本书通过介绍欧洲各个时期的伟人,系统详细地介绍了欧洲历史发展进程。第一部分讲述了史前时期到西罗马帝国灭亡这一时期的历史人物,主要有荷马、索福克勒斯、苏格拉底、亚历山大大帝、雷古勒斯、尤利乌斯·恺撒、维吉尔和希帕蒂娅。第二部分通过描写亚瑟王、查理曼大帝、罗洛、熙德、理查一世、但丁、罗伯特·布鲁斯、圣女贞德、哥伦布、哥白尼和马丁路德的生平,从多个方面讲述了西罗马帝国灭亡到宗教改革运动时期的历史发展进程。

H 语言、文字

H019/D125

The Principles of Public Speaking: A Practical Text Book for Colleges/ Maynard Lee Daggy. —Madison: Democrat Printing Company, c1909

x, 436 p.; 20 cm.

  本书介绍了演讲的技巧,包括演讲的发展、传递信息的法则和名家演讲赏析。第一部分介绍了关于演讲的几个基本方面,包括演讲这一艺术的产生、定义、组成部分、演讲的风格以及演讲中所用到的句子结构等内容。第二部分介绍了演讲中要向观众传递信息时所要注意的几个方面,包括在这一环节可能出现的几类问题,完成演讲所需的身体素质,演讲的技巧,演讲者个人观点的表达,停顿、语调、重音、音调变化等发音问题,同时,介绍了手势、动作等能够调动情绪的肢体语言。第三部分列举了一些美国名家的演讲(如帕特里克·亨利的《自由还是死亡》、塞缪尔·亚当斯的《请求独立》),以供欣赏学习。

H019/H429(17)

Orations: From Homer to William McKinley. Vol. XVII/ Mayo W. Hazeltine. —New York: P. F. Collier and Son, c1902

ii, 6995-7734 p.; 19 cm.

  本书收录了十一位名人的二十一篇演说,分别是查尔斯·桑诺的《论对堪萨斯的罪行》《论一个国家真正的尊严》,霍勒斯·格里利的《论工会》,威廉·梅克比斯·萨克雷的《论仁爱与幽默》《乔治三世》,马修·辛普森的《我主耶稣复活的布道》,亚历山大·汉密尔顿·斯蒂芬斯的《论国家分裂的弊端》《奠基演说》,亨利·威尔逊的《谈没收财产与解放反叛奴隶的法案》,约翰·马丁的《论爱尔兰的独立》《在都柏林公墓的演说:纪念爱尔兰的烈士》《对百万人的控诉》,亨利·沃德·比奇的《1863年10月16日在利物浦的演说》《林肯之死的影响》《论人类与制度》《谈"旧旗帜"在萨姆特堡的升起》,斯蒂芬·阿诺德·道格拉斯的《谈堪萨斯-内布拉斯加法案》《与墨西哥的战役》《谈林肯与道格拉斯的第一次辩论》,艾伦·格兰博里·瑟曼的《在弗吉尼亚大学的演说》,撒迦利亚·钱德勒的《竞选演说》。

H019/H429(18)

Orations: From Homer to William McKinley. Vol. XVIII/ Mayo W. Hazeltine. —

New York: P. F. Collier and Son, c1902

ii, 7435-7878 p.; 19 cm.

  本书收录了二十三位名人的三十二篇演说,分别是威廉·亨利·贝洛斯德的《威廉·卡伦·布莱恩特的葬礼演说》,约翰·威廉·科伦索的《我主之典范》,塞谬·琼斯·蒂尔登的《谈行政改革》,埃德温·哈贝尔·查宾的《尼哥底母:探寻宗教的人》《霍勒斯·格里利的颂词》,约翰·亚历山大·麦克唐纳的《关于联盟的演说》《加拿大渔业演说有感》,奥托·冯·俾斯麦的《向国家请求发动武装》《反对自由主义》《一个基督教国家的理想》《统一的德国》,安德鲁·格雷格·柯廷的《挥霍人民的遗产》,约翰·宾汉姆的《谈人民群体》,约翰·米切尔的《爱尔兰的法律》《爱尔兰的大业》,亚瑟·彭林·斯坦利的《布道:拿撒勒的耶稣》《我们共同的基督教》,弗雷德里克·威廉·罗伯森的《布道:耶稣的孤独》,克里斯托·纽曼·霍尔德的《布道:基督的胜利》,亨利·劳伦·道斯的《谈印度的政策》,弗雷德里克·道格拉斯的《黑人想要的是什么》《解放的奴隶对林肯竖立的纪念碑致辞》,约翰·杰伊的《解放美国还是奴役美国》,亨利·温特·戴维斯的《谈重建》,约翰·巴塞洛谬·高夫的《关于禁酒的演说》,拉蒙·德·坎波亚莫尔的《反对新闻法的演说》,乔治·休厄尔·鲍特韦尔的《关于美国独立的进展》,威廉·麦斯威尔·埃瓦茨的《美国为这个时代带来了什么》《庆祝的日子》,詹姆斯·安东尼·弗鲁德的《谈苏格兰改革的影响》,塞缪尔·莱纳德·迪尼的《谈国家政策》,本杰明·富兰克林·巴特勒的《战争的特点与影响》的演讲稿。

H02/L673

Specimens of the Forms of Discourse/ E. H. Lewis. —New York: Henry Holt and Company, c1900

  viii, 367 p.; 17 cm.

  本书分为五章,分别为描述、叙述、阐释、争论和批评。在每一章中,作者都选取了一些文学作家,并将其作品中的一段话作为范例,进行分析、比较与点评,从而提出每一种话语应注意的要点。作者选取了艾伦·坡的《兰多的小屋》、亨利·戴维·梭罗的《瓦尔登湖》、威廉·梅克皮斯的《剧场一夜》、乔治·梅瑞狄斯的《发现秘密》、阿尔丰斯·都德的《海豚之死》、托马斯·亨利·赫胥黎的《科学调查的方法》、约翰·菲斯克的《镇民大会》、托马斯·巴宾顿·麦考利的《咖啡屋》等。本书选材广泛,涉及文学、历史、科学等方面,让读者在欣赏作品的同时体会话语的巧妙运用。

H31/H429

The Second Book of Observation, Thought and Expression or Seeing, Thinking,

Knowing, Talking and Writing/ M. W. Hazen. —New York: Silver Burdett and Company, c1899

288 p. ; 19 cm.

本书分为两个部分。第一部分介绍了名词、代词、形容词、副词、介词、动词等词汇的构成和在不同语境中对词汇的选择与区别。第二部分涉及句子与句法，介绍了句子的各组成要素，句子的类型，句子之间的并列、转折、主动与被动等内容，并在如何正确使用句子这一问题上给出了较为全面、详细的介绍。书中，作者将视角转向实际，转向社会，提到如何在实践中正确地运用语言。

H31/S132

Saito's Advance English Lessons/ H. Saito. —[S.l.]: The S.E.G. Press, c1901

1051 p. ; 19 cm.

本书由五个部分组成。第一部分为总述，介绍了动词的分类和动词的各种变形，并根据动词的几种变形进行了具体的讲解。第二部分为助动词，介绍了"shall""will"等助动词的意义与用法。第三部分为语气与时态，介绍了陈述语气、虚拟语气、条件式、可能语气、条件句和"should"与"would"的使用、命令语气等用法。第四部分为不定式、分词和动名词，介绍了不定式做名词和动名词、分词、动名词、从句压缩等五个方面的内容。第五部分为动词的构造，介绍了及物动词与不及物动词、中性词、使役动词、反身代词、非人称动词等内容。

H314/F245

The Grammar School: Speller and Definer/ E. D. Farrell. —New York: The Catholic Publication Society Co., c1889

225 p. ; 19 cm.

本书供教师教学使用，包括发音规则与拼写规则。本书以归纳总结的形式对同类或有共同特点的词汇加以分类、汇总并穿插发音、拼写与听写三个方面的练习，以便学生学习并加深记忆。第一部分为发音，介绍了通过对有共同特点的词汇的划分找出发音规则，分析易出错的发音，找出词语中不发音的字母等内容。第二部分为拼写，介绍了词汇的构成、拼写规则，学习如何通过前缀和后缀构成派生词缀，复数与所有格，缩写与标点符号等内容。第三部分旨在通过同义词以及同一领域中的词汇（如职业、科学领域中的词汇、地理名称、传教士、伟人、普通人的名字、小说名字的归类与划分）帮助学生扩大词汇量。本书配有大量的听写练习，旨在全面发展学生在听、说、读、写方面的能力。

H314/ K16－2

English Grammar for Beginners/ Naibu Kanda. —Rev. ed. —Tokyo：Sanseido，c1904

80 p. ； 19 cm.

  本书是面向英语初学者的语法入门教材,分为话语的构成要素、句子以及话语组成部分的变形。第一部分介绍了名词、代词、形容词、副词、定冠词、动词、连词、介词、感叹词的使用。第二部分介绍了句子的各构成要素,包括谓语动词、单一和完全的主语和述语以及句子的种类。第三部分介绍了关于数量、人称、动词的数量与人称变化、所属格、性别、比较级、时态和语调等内容。本书为修订版,在原版基础上做了一定的改动,删减了第三部分中同位语、目的状语、语气等对于初学者来说过难的内容,并针对每个知识点增加了例句与练习,以供初学者分析理解,从而可以更好地加以运用。

H314/K62(2)

The Mother Tongue. Book II, An Elementary English Grammar/ George Lyman Kittredge. —Rev. ed. —Boston：Ginn and Company，c1908

xxii, 454 p. ； 19 cm.

  本书分为两个部分。第一部分为句子,介绍了句子的主语、谓语等组成要素以及这些组成要素的修饰语、补语、动词的主动与被动、直接与间接宾语、句子的独立成分、状语、简单句、复杂句与并列复杂句、祈使句与命令句、句子的结构等内容。第二部分介绍了各组成要素的分类、变形和作用,包括名词的各种变形;关系代词、指示代词等各类代词;形容词与副词的分类、比较级、最高级;名词、形容词,副词的属性;动词的分词、不定式、时态、语态;连词、介词、感叹词;时间地点状语从句、原因从句、让步从句、目的从句、结果从句等内容。书后附有动词表、动词变化表、大写字母的使用、发音规则、句法等索引以供读者查询。

H314/S648

Longmans' Briefer Grammar/ George J. Smith. —New York：Longmans，Green and Co.，c1903

226 p. ； 20 cm.

  本书分为四个部分。第一部分介绍了词汇的分类(如名词、动词、人称代词、形容词、副词、介词、连词、感叹词)以及句子的分类。第二部分介绍了各种词汇的具体用法(如动词和动词的非谓语形式的语气、分类、时态,名词的单复数、性别和所属格,代词的种类),同时,介绍了句子和话语层面的分析。第三部分剖析了话语中的所有要素,对简单句中的主语、谓语、命令句、陈述句、复杂句中的名词性从句、形容词从句、副词从句、长复合句依次进行了分析。第四部分介绍了语法规则、拼写中的大写和标点符号的使用规则、动词的词性变化规则,并穿插了关于这几个方面的练习,以供初学者加深理解。

H315/B873

Specimens of the Forms of Discourse/ E. H. Lewis. —New York: Henry Holt and Company, c1900

xii, 263 p.; 17 cm.

本书分为三个部分。第一部分介绍了论文的基本概念、论文写作的基本要素,并具体分析了论文的段落、句式、词汇、修辞手法和标点符号的使用。第二部分介绍了论文写作的基本格式。这一部分中,作者首先引用了知名作家或学者的言论,介绍了论文写作的基本要求。随后作者将论文分为五类,分别举例说明了描写性论文、叙述性论文、说明性论文、反思性论文和议论性论文的写作基本格式。根据这些经典例证,读者可以对论文的写作格式有更清晰明确的了解。第三部分介绍了书信写作格式,对收信人和寄信人的地址、日期、称呼、主体内容以及结尾的格式规范进行了详细的说明,并举例介绍了私人信件、商业信函和社交信函的写作格式,便于读者学习。

H315/P361

The Principles of Composition/ Henry G. Pearson. —Boston: D. C. Heath & Co., c1897, 1898

xiv, 151 p.; 19 cm.

本书分为五个部分。第一部分介绍了写作总体原则,包括文章主题与标题的选择、文章的整体性与统一性和重点内容的突出。第二部分介绍了文章段落的写作、段与段之间的统一与承接以及段落主体思想的把握。第三部分介绍了句子与句法,包括句子之间的统一性、一致性以及句中某些词汇对整篇文章主题的表达作用。第四部分介绍了词汇的使用,包括泛指词和特指词的使用。第五部分介绍了文章结尾的写作原则。在介绍每部分内容时,作者都会结合实例进行分析说明,并在每一部分后对该部分内容进行简单的总结和概括,留给读者部分练习,帮助读者学以致用。

H316/D354

Chambers's Twentieth Century Dictionary of the English Language/ Thomas

Davidson. —London：W. & R. Chambers，Limited，c1908

viii，1207 p. ; 21 cm.

  本书是一本英语大辞典,包括前言,对学生使用本辞典的解释说明,专有名词列表,辞典正文,前缀与后缀,地点名词词源列表,专有人名列表,普通人名列表,希腊、雅典等外来语列表以及附录。为便于读者查询,本辞典中的单词均按照字母表顺序排列,包括大量法语词汇等外来词。每个单词后面会给出该单词音标。如果一个单词有不同的拼写形式,作者会依次列出每种形式,第一种列出的是该词语的最常用的拼写形式。作者通常按照日常使用的频度依次列举每个单词的含义,并在其后标出该单词的词源。本辞典释义简洁明了,通俗易懂,编排醒目,使用便捷,信息量大,内容权威,适合英语学习者使用。

H316/L743

A Pocket-Dictionary of the English and German Languages：Giving the Pronunciation According to the Phonetic System of Toussaint Langenscheidt/ Hermann Lindemann. —9th Rev. ed. —Berlin：The Internation News Company，c1911

xliv，563，16 p. ; 16 cm.

  本书是一本英德大词典,包括前言、说明、德语发音符号的说明、专有名词列表、辞典正文录。为便于读者查询,本辞典中的单词均按照字母表顺序排列。每个单词后面会给出该单词音标,指导读者发音。对于相同或相近形式的单词,如果该单词有不同词源,作者会将两个单词分开列出并配有解释说明。具有相同词干的单词,作者会将这类单词编辑在一起,方便读者查看。对于单词含义,作者按照日常使用的频度依次列举。对于同义词或者近义词,作者也会使用不同德语标注出来。本辞典体积较小,携带方便,释义简明准确,通俗易懂,剔除了多余的信息,重点突出。辞典编排醒目,内容权威,适合英语高级学习者使用。

H319.4/D548(4)

Novels and Tales：Reprinted From Household Words. Vol. IV/ Charles Dickens. —Leipzig：Bernhard Tauchnitz，c1857

354 p. ; 16 cm.

  《家常话》是维多利亚时期最风行的杂志。本书从《家常话》中摘录文章。本书是该系列丛书的第四卷,摘录了英国著名小说家威尔基·柯林斯的《死亡的秘密》。这是一个侦探故事,被认为是侦探小说的巅峰之作,充满惊悚、煽情、悬疑、罪行等剧情元素,深受读者欢迎。故事从1829年8月一个案件说起,重点讲述了十五年之后故事的发展,通过卷入案件的几个人的视角来让读者慢慢了解这个案件,包括约瑟夫先生、新来的护士、老朋友等人。整个案件情节跌宕起伏、错综复杂、散而不乱,人物复杂多变、个性突出。

I 文学

I106/W279(11)

Library of the World's Best Literature, Ancient and Modern. Vol. XI/ Charles Dudley Warner. —New York: J. A. Hill & Company, c1896-1902

ix, 4285-4688 p. ; 23 cm.

  本书于1896年初次发行,汇集了古今世界文学之精粹。所选作品时间跨度大,几乎囊括了从古代起至19世纪末世界多国顶尖作家的顶尖作品;内容所涉领域宽广,不仅有文学佳篇,更包含哲学、生物、历史等领域的大师之作,是人类思想进化的一部浓缩历史。整套丛书按照作者姓氏的字母顺序排列。本书第六卷所辑为D姓作家,既包括但丁、都德、笛福、托马斯·德昆西、狄更斯等耳熟能详的作家,也包括美国的达纳父子、荷兰的爱德华·陶威斯·戴克、英国的托马斯·戴克、查尔斯·狄卜丁及法国的东方学家达赫麦斯特迪、沙龙主德芳侯爵夫人、古希腊学者德摩斯提尼、西班牙殖民者卡斯蒂罗、达尔文和笛卡尔等非典型作家的作品。每位作家均有简短介绍,并从其代表作品中截取一二,以供读者赏读,拓展思想之疆域。

I106.9/H313

Hebraic Literature: Translations From the Talmud Midrashim and Kabbala/ Maurice H. Harris. —New York: M. Walter Dunne, c1901

xvi, 395 p. ; 23 cm.

  本书由简介及六篇选文组成。简介围绕"何为塔木德""它对当今犹太人来说是什么"及"它对犹太民族有何意义"三个问题简要梳理了塔木德的诞生史,揭示其作为宗教法及公民法的双重特质。如今,塔木德的法典作用已逐渐被其文学作用所取代,但其在提供精神慰藉、培育民族个性以及考古方面的价值仍为世人所重视。六篇选文中的前三篇为犹太教经典的英文译文,其中《塔木德》是对犹太教律法、条例和传统的总的记录;《米德拉什》是对犹太教圣经的注解和补充;《卡巴拉》分为两部分,其一是对经文中神秘思想的象征性阐释,其二讨论了神学和实用层面的一些谜题。后三篇选文分别是《拉比语录》《谚语和传统》以及《斋戒与庆典》。本书通过经典文本的汇编展示了犹太民族的文化、宗教、历史等多个方面,对于研究希伯来文化大有裨益。

I11/B181

Thirty More Famous Stories Retold/ James Baldwin. —New York：American Book Company，c1905

235 p. ; 19 cm.

  本书是美国黑人作家詹姆斯·鲍德温继《泰西五十轶事》大获好评之后出版的续作。"泰西"即早期对西方世界的称呼,顾名思义,本书内容主要取材于西方家喻户晓的历史故事、名人轶事和民间传说,通过改写和重述赋予老故事新的生命。"三十轶事"中包括"哥伦布与鸡蛋""伽利略与灯""牛顿与苹果""第一台印刷机""古登堡与声音""约翰逊博士和他的父亲""瓦特与茶壶""约翰王与大宪章""特洛伊城的沦陷""迦太基英雄汉尼拔""培根神父与青铜头像""铁面人""不老泉"等。本书语言通俗易懂,适合各个年龄段的人群阅读,尤其受到青少年的欢迎。鲍德温在简介中写道:"(书中)几乎所有的故事都是真实的……每个故事里都有值得学习和铭记的道理。"

I12/R588

Barrack-Room Ballads and Other Verses/ Rudpard Ripling. —Boston, London：The Edinburgh Society，c1899

180 p. ; 21 cm.

  "营房谣"是一部诗歌集,常被用来泛指鲁帕德·吉卜林的诗歌作品。"营房"即军队营房,"谣"则是英国文学中一种可以配乐吟唱的诗歌题材,题目点名其内容主要是关于维多利亚末期的英国军队。《营房谣和其他诗歌》由"歌谣""营房谣""出阵小曲"及"其他诗歌"组成。本书包括二十九首诗,这些诗大多用方言写成,或描摹异域风俗,或表现军旅生活,以豪迈风趣的笔调讴歌了殖民地军队在异国的进军和战役。其中,《最后的殉葬》描写了印度国王之妻扮作舞女,冲破英殖民者阻拦为其夫殉葬的故事;《曼德勒》描写了英国士兵与殖民地姑娘的爱情。此外,吉卜林的几首成名诗(如《刚嘎·丁》《汤米》《丹尼·迪佛》)也出自此集。

I14/H313

The World's Wit and Humor：An Encyclopedia of the Classic Wit and Humor of All Ages and Nations/ Joel Chandler Harris. —New York：The Review of Reviews Company，c1906

xi, 290 p. ; 19 cm.

  本书介绍了美国的各种经典幽默故事,记录了诸多名人的故事。这些名人为詹姆斯·拜亚特·泰勒、埃德蒙·克拉伦斯·斯特曼、查尔斯·F. 布朗、弗兰克・R. 斯托克顿、昌西・M. 迪普、托马斯・伯雷・尔德里奇、菲兹・修・勒德洛、罗伯特・亨利・纽厄尔、威廉・L. 奥尔登、威廉・迪安・豪威尔、玛丽・伊丽莎白・梅普斯・道格、弗朗西斯・霍普金森・史密斯、弗朗西斯・布莱特・哈特、约翰・海・乔治・W. 佩克、梅尔维尔・D. 兰德勒、J. M. 贝利、辛辛纳图斯・海涅・米勒、查尔斯・E. 卡瑞、爱德华・罗兰・西尔。本书语言简单易懂，情节生动，引人入胜。

I14/J58

The Book of the Short Stories/ Alexander Jessup, Henry Seidel Canby. —New York：D. Appleton and Company, c1903

507 p. ; 19 cm.

本书首先对短篇故事这个概念做了大体介绍，并按照时间顺序分别呈现了埃及、希腊等国家的十八篇短篇故事。每篇故事之前，作者会对这个故事做个简单的介绍。十八篇短篇故事为《圣经》中的《路得记》、埃及的《遇难的船员》、阿普列乌斯的《丘比特与普塞克的故事》、薄伽丘的《弗雷德里克・奥尔布莱特和他的猎鹰》、塞万提斯的《自由的爱人》、笛福的《维尔太太的幽灵》、伏尔泰的《雅诺和科林》、华盛顿・欧文的《瑞普・凡・温克》、沃尔特・司各特的《流浪汉威利的故事》、梅里美的《洗劫的堡垒》、巴尔扎克的《格兰德・布拉特契》、霍桑的《胎记》、艾伦・坡的《阿芒提拉多的酒桶》、屠格涅夫的《李尔的草原》、史蒂文森的《马克海姆》、莫泊桑的《胆小鬼》、吉卜林的《牧师不在场》以及《一千零一夜》中的《阿里巴巴和四十大盗》。

I16/P989(O)

Representative Essays/ George Haven Putnam. —New York：G. P. Putnam's Sons, c1908

vi, 395 p. ; 19 cm.

本书介绍了19世纪具有代表性的散文，分别是华盛顿・欧文的《文学的可变性》、查尔斯・兰姆的《有瑕疵的同情》、德・昆西的《对话》、艾默生的《补偿》、阿诺德的《甜蜜和光明》、约翰・莫里的《大众文化》、洛威尔的《外国人的某种谦逊》、卡莱尔的《历史》、弗洛德的《历史学》、弗里曼的《种族和语言》、格莱斯顿的《海外》。这些散文风格迥异，是19世纪名家散文的代表作，展现了英语散文独特的魅力。它们中有的文笔细腻、语言简练、用词精确；有的充满了奇幻色彩，富有神秘主义和浪漫主义色彩；有的幽默风趣，反映了当时社会各阶层人物的人情世态，生动地勾画出一幅幅逼真感人的风俗画卷。

I206/W746

Chinese Literature/ Epiphanius Wilson [et al.]. —Rev. ed. —New York: P. F. Collier, c1900

vii, 302, 149 p. ; 24 cm.

　　本书重点列举了中国古代几部著名文学巨著,展现了中国古代辉煌的文学与文化成就。本书选取了五部文学巨著的部分内容。每部书之前都有简介,有的还有译者对该书的概述。这五部著作为《论语》《孟子》《诗经》《法显传》以及《汉宫秋》。《论语》主要选取了孔子谈论学习、道德、政治等方面的言论。《孟子》主要截取了第一卷梁惠王章句及第五卷滕文公章句。《诗经》包含了《颂》《小雅》《大雅》三个部分。《法显传》记录了法显从中国经陆路到达印度并由海上回国的旅行经历,对所经中亚、印度、南洋约三十个国家的地理、交通、宗教、文化、物产、风俗乃至社会、经济等都有所述及。《汉宫秋》记录了西汉元帝受匈奴威胁,被迫送爱妃王昭君出塞和亲。全剧包括一楔子以及四折剧。

I276/G849

China's Story: In Myth, Legend, Art, and Annals/ William Elliot Griffis. —Boston: Houghton Mifflin Company, c1911

xii, 302 p. ; 19 cm.

　　本书介绍了中国的风土人情,包括中国自远古时期到清朝末年受到西方侵略的历史,涉及中国的政治、经济、文化等方面。本书首先介绍了中国原始社会,对比了中西方文明的起源。其次,介绍了中国的政治环境、封建制度的形成以及中国的王朝变更历史。除此之外,本书介绍了长城的建成、中国辉煌的绘画和文学成就等内容。本书的最后几章记录了中国遭受入侵以及中国人民反抗侵略的历史。

I313.45/H436

Shadowings/ Lafcadio Hearn. —London: Sampson Low, Marston, & Company, c1900

268 p. ; 19 cm.

　　本书是日本著名作家小泉八云的代表作之一。作者以一个西方人的眼光来看待20世纪初期的日本生活,向西方介绍了日本的奇闻逸事,为读者呈现了日本的秀美风光、民情风俗、鬼神传说乃至宗教迷信。但与一般西方人怀着猎奇心理看东方不同的是,作者不是站在高人一等的位置来俯瞰科学技术相对落后于西方的日本生活,而是以赞赏甚至仰慕的眼光,用清新动人的笔墨,向读者转述自己对日本这个远东国家古怪而陌生的印象，讲述日本民俗文化。轻松有趣的内容中蕴涵着作者对一个民族及其文明的考察，并对东西方不同思想理念做出感性的对比和评判。可以说，这是一本西方人写的关于日本的《聊斋志异》，雅俗共赏的内容与笔触，可令不同身份的读者得到不同的体验与启示。本书在国际上反响很大，享有很高的文学地位。

I313.45/S756—4

The Wonderful Flower of Woxindon：An Historical Romance of Time of Queen Elizabeth/ Joseph Spillmann. —4th ed. —London：B. Herder，c1896

vii，494 p. ; 19 cm.

本书以16世纪宗教改革为背景，真实地记录了伊丽莎白女王时期巴宾顿阴谋的故事。彼时当权的伊丽莎白女王坚定地信奉新教，这使得英国很多天主教徒大为不满，安东尼·巴宾顿就是其中之一。他与信仰天主教的苏格兰女王玛丽·斯图亚特勾结，企图用阴谋暗杀英国女王伊丽莎白一世，然后由女王玛丽取而代之。然而，巴宾顿竟把玛丽·斯图亚特的密信给沃辛海的秘书看了，从而暗杀失败。阴谋败露后，玛丽女王和巴宾顿被处死，玛丽·斯图亚特成为英国历史上第一个被送上断头台的女王。本书语言平实、内容生动、感情真挚，表达了作者对无辜卷入巴宾顿阴谋的天主教徒的同情。

I313.73/H436

Kotto：Being Japanese Curios, with Sundry Cobwebs/ Lafcadio Hearn. —New York：The Macmillan Company，c1910

vii，251 p. ; 19 cm.

本书是一部短篇故事集，包括《老故事》《一个女人的日记》《平家蟹》《萤火虫》《露水》《普雷塔》《习俗》《心理学》《病理学》《夜深之时》《库萨-霍巴特》以及《梦的蚀者》。第一章《老故事》选取了《百物语》等日本著名小说中的故事，展现了日本奇特的风俗。第二章《一个女人的日记》讲述了作者收到的一个陌生女人寄来的日记，记录了这个女子艰难的生活经历。第三章至第五章介绍了日本的一些奇特的动物、植物。第六章和第七章介绍了日本的历史文化以及风俗习惯。第八章和第九章介绍了一些作者对心理学、病理学的看法。最后三章作者借景抒情，借物抒怀，抒发了自己的所思所感。

I336.45/S524

The Upheaval in Far Cathay/ Hing Shang. —Shanghai：The Shanghai Mercury,

Limited, c1904

188 p.; 20 cm.

  本书以1898年戊戌变法失败后光绪皇帝被幽禁,戊戌六君子惨遭杀害为背景,讲述了清朝末年一批仁人志士为振兴中国所做的努力。清朝末年,中国外临强敌,内有国贼,动乱不断,局势岌岌可危。为了挽救国家,一大批爱国人士掀起救亡图存之运动。在中央,以翰林大学士为首的官员积极寻求改革。在地方,王培培、古桐、石金等人为拯救国家贡献自己的力量。古桐与石金更是舍小家为大家,为了国家利益与民族复兴抛弃儿女私情,最后双双入狱,好在不久之后二人均被释放。19世纪末的中国经历了一场又一场的变革,中国人民也在逐渐觉醒。作者在文章的最后也表达出美好的心愿,相信觉醒的中国终将迎来更加美好的明天。

I372/K45

The Sufistic Quatrains of Omar Khayyam/ Edward Fitzgerald. —London: M. Walter Dunne, c1901

xxv, 395 p.; 24 cm.

  本书是为波斯诗人奥玛·海亚姆所编辑的一部书,收录了部分奥玛·海亚姆的四行诗以及他人对奥玛·海亚姆的评价。本书分为九个部分,收录了奥玛·海亚姆不同作品集中的部分作品,并由作者翻译成英语。每一部分包括章节介绍、作品欣赏、作者批注以及参考目录等内容。这九个部分为总体介绍,爱德华·菲茨杰拉德对奥玛·海亚姆的四行诗第一版译本,对于爱德华·菲茨杰拉德的译本的分析,爱德华·菲茨杰拉德的第二、三、四译本的不同之处,第四译本中四行诗的比较,E. H. 温菲尔德译本的奥玛·海亚姆四行诗,E. H. 温菲尔德的翻译版本介绍,奥玛·海亚姆四行诗散文版本,尼古拉文本的翻译版本介绍。

I374.072/G437

Ottoman Literature: The Poets and Poetry of Turkey/ E.J.W. Gibb. —New York: M. Walter Dunne, c1901

xvi, 351 p.; 23 cm.

  本书意在整理出一个明晰的土耳其著名诗人诗歌名录,呈现出奥斯曼帝国辉煌的文学成就。第一部分为书籍介绍,介绍了奥斯曼帝国的诗歌发展概况及诗歌基本形式和韵律。第二部分介绍了从阿信·帕夏到子牙·伯格的六十四位诗人,选取了他们的部分作品,并附有他们的作品欣赏和生平简介。第三部分主要是作者对本书的批注。第四部分作者选取并介绍了一首著名的土耳其抒情诗——《苏莱曼王的情歌》。这首诗是土耳其诗歌的代表作,韵律优美,意向生动,情感真挚,清新自然。第五部分呈现了部分阿拉伯和波斯的具有代表性的诗人与诗歌,包括菲尔多西、萨迪等十一位诗人及其代表作。本书内容翔实、材料丰富,是研究奥斯曼诗歌的模本。

I5/M379

Statesman's Year-Book: Statistical and Historical Annual of the States of the Civilized World for the Year 1877/ Frederick Martin. —London: Macmillan and Co., c1877

xlvi, 784 p.; 19 cm.

本书为一本侧重政治和历史的年鉴,是一本有助于读者了解世界各国诸方面的情况的实用的统计性工具书。本书几乎涵盖了欧洲、美洲、非洲、亚洲、大洋洲的各个国家的介绍。书中每个国家的内容均按下列顺序叙述:历史、面积和人口、宪法和政府、国防、国际关系、经济、能源和自然资源、工业和贸易、交通、司法、宗教、教育、社会福利以及外交使节等。各国内容虽详略不同,但体例一致。统计数据、回溯性资料和参考书目比较丰富。在所介绍的一百多个国家中,本书更为侧重美国、英国、加拿大和英联邦成员国以及中国、俄国、日本、法国等大国,众多第三世界国家的资料则甚为简略。

I512.44/T936

Virgin Soil/ Ivan Turgenieff. —New York: Thomas Y. Crowell & Co., c1877

315 p.; 19 cm.

本书是伊凡·屠格涅夫在辍笔十年之后的又一长篇巨著,也是他的最后一部小说。这部小说以民粹主义者"到民间去"运动为背景,以一个理想主义者理想的破灭和他的爱情故事为主线,描述了又一代青年的思想历程。小说的主人公涅日丹诺夫就是这千千万万理想主义者之中的一员。他是某公爵的私生子,幸运的是,他接受过良好的教育。出于生计考虑,涅日丹诺夫受雇于大官僚西皮亚金,担任他儿子的补习教员。在西皮亚金家,涅日丹诺夫遇上了和他抱有同样思想的纯洁的姑娘——西皮亚金的外甥女玛丽安娜。两人怀着对"共同事业"(即发动农民起来进行暴力革命,最终建立乌托邦)浪漫的幻想而私奔。私奔后,两人投入到"到民间去"的运动中。然而现实并非如他们想象中的那般浪漫,涅日丹诺夫开始怀疑自己的能力,进而怀疑"共同事业",最后,他发现自己并不相信"共同事业"。于是他的理想破灭了,并在被捕前开枪自杀。

I513.44/S572

Que Vadis/ Henryk Sienkiewicz. —London：George Routledge and Son，c1904

512 p.；20 cm.

本书介绍了罗马暴君尼禄时期的历史故事。本书被公认是显克维奇的顶峰之作，使作者在国际上声名鹊起。国王尼禄为了欣赏大火，下令焚烧罗马城。事后，他将此嫁祸于基督徒，并大肆搜捕基督徒，把他们押到斗兽场供猛兽啃噬。同时，暴君下令将基督徒黎吉亚公主裸体缚于牛角上，然后令勇士威尔史与牛搏斗。青年将领维尼裘斯飞身进入斗兽场，呼吁市民主持正义，保全公主的生命。在市民的一片鼓噪声中，尼禄不得不答应。但事后，他仍秘密搜捕基督徒彼得。彼得在逃离罗马的途中巧遇基督。他跪在地上问道："主啊！您往何处去？"基督答道："因为你离开我的子民，我现在要到罗马重竖十字架去。"彼得明白基督的启示，遂返回罗马，不几天，他就被暴君钉死在十字架上。临刑前，他预言罗马将大乱，尼罗必诛，基督教必昌。作者把罗马帝国颓废时期的社会描绘得淋漓尽致，把基督教的信仰和道德与征服多神教的情景写得恰如一幅图画，揭示了基督教徒殉道的主题，歌颂了基督徒彼得勇敢、乐观的殉道精神。

I516/C699

Selections From Early German Literature/ Klara Hechtenberg Collitz. —New York：American Book Company，c1910

284 p.；19 cm.

本书囊括了公元 4 至 12 世纪德国文学经典之作。第一部分为德国早期文学巨著——乌尔菲拉译本的《圣经》。第二部分介绍了德国古德语时期的文学作品。该阶段文学主要分为异教徒文学、基督教文学和拉丁文学三类。这些文学内容丰富，语言精练，主题多以宗教为主。第三部分介绍了德国中世纪早期的文学成就。这一阶段的文学多以王室为主题。第四部分介绍了德国中世纪中后期的文学作品，包括史诗、抒情诗和情歌的黄金时代和中后期情歌。12 世纪德文诗歌发展迅速，爱情、荣誉、宗教成为该时期诗歌的主要主题。本书介绍了各个历史阶段的德国文学的特点和背景，旨在帮助广大读者走进德国文学的殿堂，了解德国的文学史。

I516.34/G599F267(O)

Faust：A Dramatic Poem/ Goethe. —Boston：Ticknor and Fields，c1838

320 p.；18 cm.

本书以诗的形式写成，题材取自 16 世纪的关于浮士德博士的民间传说。浮士德满腹经纶,久负盛名,却对长期的生活状态感到迷茫和不满。于是,他在"魔鬼"的引诱之下,与其签订了一份协议,即"魔鬼"将满足浮士德生前的所有要求,但待浮士德死后,会拿走他的灵魂作为交换。得到"魔鬼"的帮助后,浮士德生活得如鱼得水,既收获了甜蜜的爱情,又获得了功名利禄。经历一系列波折后,浮士德终于感受到了理性的力量,并认识到自己的错误。"上天"使用"爱火"将"魔鬼"打败,解救了浮士德,他与"魔鬼"的约定也随之解除。本书反映了欧洲自文艺复兴以来三百年的思想和文化的发展,概括了这一阶段的人类科学技术的主要成就。浮士德一生不懈追求,体现了新兴资产阶级的进取精神和宏伟气魄。

I516.45/H791—6

Simon Dale/ Anthony Hope. —6th ed. —London: Methuen & Co., c1902

357 p.; 19 cm.

本书以第一人称讲述了主人公西蒙·戴尔的故事。本书按照时间的顺序首先介绍了西蒙·戴尔童年和青年的经历;接着,重点讲述了西蒙·戴尔成年的经历。来自乡村的西蒙·戴尔初到城市,见到了少年时的玩伴——美丽的姑娘西戴尔。此时的西戴尔早已飞上枝头变凤凰,不愿再与西蒙相认。伤心欲绝的西蒙决心忘记西戴尔。机缘巧合,西蒙认识了蒙默思亲王及其夫人,并在二人的介绍下进入皇宫,获得了国王的青睐。同时,西蒙找到了自己的爱人——善良的姑娘芭芭拉。最终,在厌倦了城市生活的尔虞我诈和阿谀奉承之后,西蒙决定和妻子一起返回家乡。本书以主人公西蒙·戴尔的经历告诫世人不要过于贪恋名利,快乐幸福的生活才是最重要的。

I545.22/L269

The Iliad of Homer/ Andrew Lang, Walter Leaf, Ernest Myers. —New York: The Macmillan Company, c1905

xviii, 471 p.; 17 cm.

本书是根据古希腊著名诗人荷马的《伊利亚特》改编而成的。《伊利亚特》原是一部二十四卷诗歌,本书将其改编为一本散文,包括书籍简介、诗人生平介绍及评价、书籍正文。《伊利亚特》取材于特洛伊战争的传说,从希腊联军围攻特洛伊九年零十个月后的一场内讧写起,写到赫克托尔的葬礼就结束了。希腊联军中最勇猛的战士阿喀琉斯为了战利品——一个女奴的分配问题,与联军统帅阿伽门农发生了不可调和的争执,在怒不可遏的情况下他退出了战斗。由于阿喀琉斯的退出,阿卡亚人斗志低落,在战场上节节败退。阿喀琉斯的挚友帕特洛克罗斯为了挽回败局,穿上阿喀琉斯的甲胄上阵厮杀,却不幸丧命于特洛伊英雄赫克托耳的投枪之下。好友的死大大地激怒了阿喀琉斯,在一阵疯狂般的痛苦之后,阿喀琉斯重新披挂上阵,为友复仇。愤怒的阿喀琉斯在特洛伊城前杀死了曾经不可战胜的赫克托耳,剥掉了赫克托耳身上的那套沾满血污的铠甲,并且把赫克托耳的尸体拖在战车后面于特洛伊城前来回奔驰,以此来炫耀自己的赫赫威风。史诗最后以阿喀琉斯将赫克托耳的尸体归还给特洛伊国王普里阿摩斯,以及特洛伊人为赫克托耳举行盛大的葬礼而结束。

I546.22/C739(3)

Virgil's Aeneid: Books I-VI, VII, IX and Selections From the Other Books. Vol. III/ David Y. Comstock. —Boston: Allyn and Bacon, c1896

vii, 431 p. ; 19 cm.

《埃涅伊德》是古罗马著名诗人维吉尔的史诗巨著。本书选取了其中的前六卷、第八卷、第九卷以及部分从其他书籍中挑选的相关诗歌,旨在帮助学生更好地了解《埃涅伊德》。本书分为四个部分。第一部分是书籍简介,介绍了作者的生平及评价,《埃涅伊德》的简介、主题、相关评价以及诗歌相关的背景知识介绍(如希腊神话、特洛伊战争)。第二部分是《埃涅伊德》的诗歌正文。《埃涅伊德》是拉丁文学黄金时期的巅峰之作,它风格优美,包含很多文学和历史典故。诗人维吉尔力图探寻苦难和死亡的含义,对人类的痛苦表示了深深的同情。埃涅阿斯的儿子阿斯卡尼俄斯建立了罗马部族,史诗的前六卷仿照《奥德赛》讲述了特洛伊城陷落后埃涅阿斯及其部下四处漂泊的经历。他们为了寻找一块福地,几经波折后终于到达意大利。最后六卷按照《伊利亚特》的模式,讲述了埃涅阿斯在意大利的经历。在《埃涅伊德》的结尾,埃涅阿斯在白刃战中杀死了图尔努斯。第三部分为作者批注。第四部分是相关词汇列表。

I546.44/V493

The House by the Medlar-Tree/ Giovanni Verga. —New York: Harper & Brothers Publishers, c1890

vii, 300 p. ; 18 cm.

本书主人公安东尼是西西里的老渔民,勤劳正直。他幻想凭借勤俭,凭借儿孙们的强壮劳力和一条叫作"上帝保佑"号的旧渔船,挣脱世代贫穷的命运。但是,风暴轻而易举就毁掉了他的渔船,他的儿子也葬身鱼腹,一家人陷入了严重的债务危机。然而不幸并未结束,他的孙子、女婿相继去世,心灰意冷的安东尼用酒精麻痹自己,并因为过失被判入狱。安东尼入狱期间,他的家中也发生了重大的变化。传言安东尼的孙女莉亚与他人有染,流言之下,莉亚被迫离家并当了妓女。

莉亚的妹妹美娜则为姐姐的行为感到羞耻,决定终身不嫁。安东尼的另一个儿子回到家,默默守护着这个破败的家。最后,虽然安东尼被释放,但他在回家后没多久便因病去世。

I561/C477

Obiter Dicta/ Charles Scribner's Sons. —New York:Charles Scribner's Sons, c1885
    232 p. ; 18 cm.

　　本书包括七篇文章。第一篇为《凯莱尔》,介绍了英国维多利亚时期的一些著名作家,并对他们的文风、社会影响等做出评论。第二篇为《布朗宁诗歌所谓的晦涩》,深入剖析了布朗宁先生的诗歌内容与风格。第三篇为《追求真理》,评论了当今世人对待真理的盲目追求的现象。第四篇为《演员》,指出了一个演员应具备的品德与素养,同时,举例说明了演员真实的生活是什么样的。第五篇为《流氓的回忆录》,以一流氓的回忆录为引,讲述了如何写好一本回忆录,如何让它有趣,吸引读者。第六篇为《媒体竞争》,强调了逻辑的重要性。第七篇为《福尔斯塔夫》,对社会上像福尔斯塔夫这样的人——一个凭借种种手段和吹牛皮获得权利和地位,对他人和社会百害而无一利的人做出了一定的评论。

I561/C899(1)

Collection of British Authors:Tauchnitz Edition. Vol. I/ F. Marion Crawford. —Leipzig:Bernhard Tauchnitz, c1900
    247 p. ; 16 cm.

　　本书讲述了吉尔伯特的旅程,他沿着耶稣受难之路前行,一路历经艰险,克服种种困难,抵制各种诱惑,坚持理想,终于来到圣城。一路上他与仆人邓斯坦心怀理想,勇敢地与恶人抗争。经历旅途的艰难险阻后,吉尔伯特终于体会到基督教教义的最高精神。本书意在宣传基督教教义,劝慰人们与人为善,以善功弥补自己的罪恶,努力实现自我救赎,坚持宗教信仰。本书语言精练含蓄,情节紧凑,意义深远。

I561/H145(3775.1)

Collection of British Authors:The Brethren. Vol. I/ H. Rider Haggard. —Leipzig:Bernhard Tauchnitz, c1904
    279 p. ; 16 cm.

　　本书以宣传基督教博爱、仁义等思想为主线,讲述了少年戈德温、伍尔夫和美丽的少女罗莎蒙德三人之间的故事。一次意外之后,他们跟着安德鲁骑士踏上了前往圣地的旅程。一路上,他们历经很多困难艰险,安德鲁骑士也被害身亡。临终之前,他委托两兄弟一定要实现自己未完成的心愿,找到圣戒。最终,戈德温与伍尔夫凭借巨大的勇气和决心,在玛苏达的带领下,来到圣地并见到了国王。可是,国王却抓住罗莎蒙德威胁兄弟二人。幸运的是,在玛苏达的帮助下,他们终于团聚,一起继续实现安德鲁骑士未完成的心愿。

I561/H172

Collection of British Authors: The Woman's Kingdom/ John Halifax. —Leipzig: Bernhard Tauchnitz, c1868

296 p.; 16 cm.

本书讲述了一段动人的爱情故事。爱德娜与莱蒂是一对双生姐妹。与其他少女一样,正值妙龄的两个女孩渴望摆脱贫困,找到属于自己的爱情。机缘巧合,两姐妹遇到了两兄弟威廉和朱利叶斯,并在之后的接触中逐渐擦出爱情的火花。爱德娜与威廉经历一番波折后,有情人终成眷属,步入婚姻的殿堂。莱蒂与朱利叶斯就没有那么顺利了。莱蒂贪慕虚荣,为了金钱与名利,她最终弃朱利叶斯而去,嫁给了范德戴肯先生。可怜的朱利叶斯看破红尘,一个人安静地住在一个小山村里,过着他孤独却平静的生活。本书故事情节曲折,语言通俗易懂,人物形象深刻鲜明;既是一本精彩的爱情小说,也在一定程度上反映了当时社会一些女孩将爱情作为换取名利地位的筹码的现象。

I561.06/B882

English Belles-Lettres: From A. D. 901 to 1834/ Thomas Browne, Roger Ascham, John Arbuthnot. —New York: M. Walter Dunne, c1901

ix, 403 p.; 23 cm.

本书意在展示英国自公元901至1834年间辉煌的文学成就。本书介绍了十位著名作家及他们的重要作品,每篇先介绍该篇作家的生平及成就,再展示其作品。这十部作品分别是阿尔弗雷德大帝的《哲学的慰藉》、罗杰·阿谢姆的《射击爱好者》、乔治·加斯科因的《钢、草、讽刺》、菲利普·锡德尼爵士的《向诗歌致歉》、约翰·塞尔登的《餐桌谈话》、托马斯·布朗的《瓮棺葬》、约翰·阿巴思诺特的《法律的孔,英国佬的历史》、亨利·圣约翰的《沉默的批评》、托马斯·查特顿的《诗歌》、柯勒律治的《传记》。这些作品既有散文又有诗歌,体裁不同,风格迥异。它们或富有哲理,耐人品味;或文风淡雅,清新自然;或充满辛辣讽刺,风趣幽默。

I561.064/S464(1)

British Moralists. Vol. I/ L. A. Selby-Bigge. —Oxford: Clarendon Press, c1897 lxx, 425 p. ; 20 cm.

本书介绍了一些英国著名的伦理学家及他们的著作，包括介绍、正文和附录三个部分。第一部分介绍了英国伦理学中的代表作家、他们的作品特点及指导原则，也介绍了道德、慈善、同情等伦理学概念。第二部分列举了五位著名伦理学家及他们的代表作（沙夫茨伯里的《关于美德的调查》、哈奇森的《关于美德的起源的调查》、巴特勒的《布教》及《美德的本质》、亚当·史密斯的《道德情操论》、边沁的《道德和立法的原则》）。每篇文章均从人类的情感和同情心出发，讨论了善恶、美丑、正义、责任等一系列概念，进而揭示出人类社会赖以维系、和谐发展的秘密。第三部分为附录，主要是一些补充的参考资料。

I561.064/S464(2)

British Moralists. Vol.II/ L.A. Selby-Bigge. —Oxford：Clarendon Press，c1897
　　451 p. ; 20 cm.

本书介绍了十四位著名伦理学家及其作品，分别是萨缪尔·克莱克的《宗教的本质》、贝尔盖的《道德之善的建立1》、理查德·普莱斯的《关于道德的主要问题的回顾》、贝尔盖的《道德之善的建立2》、布朗的《关于性格的散文，第二卷：美德的动机》、约翰·克莱克的《理论与实践中道德的建立》、卡德沃斯的《关于永恒不变的道德的契约》、约翰·盖的《美德的基本原则》、霍布斯的《利维坦》、凯姆斯的《道德和宗教的原则》、洛克的《人类理解论》、曼德维尔的《道德起源论》、佩利的《论道德与政治哲学的原则》、沃拉斯顿的《自然宗教划定》。本书的最后附有索引表，简单介绍了作家生平以及文章出现的重要概念，便于读者理解本书。

I561.072/O75

A Handbook of the Works of Robert Browning/ Sutherland Orr. —London：George
　　Bell and Sons，c1899
　　viii, 420 p. ; 18 cm.

本书是作者为英国著名诗人罗伯特·布朗宁所编写的一部作品集，意在帮助读者更深入地了解布朗宁诗歌的特点及其影响。第一部分介绍了布朗宁诗歌的风格与特点。同时，布朗宁是一位玄学派诗人，将人物的心理描写得细致入微。第二部分分析了三首布朗宁早期的代表作：《波林》《帕拉塞尔苏斯》和《索尔德罗》。这三首诗深入剖析了人物的内心世界，反映了人物的性格。第三部分分析了布朗宁的一些戏剧独白诗，包括他的代表作《环与书》以及部分布朗宁从希腊语翻译而来的诗歌。第四部分是布朗宁的分类组诗歌，分为论证类、说教类、批评类、爱情类、历史类、浪漫类、幽默讽刺类及描写类。第五部分介绍了一些布朗宁的未分类诗歌,这些诗歌是一些不出名的小诗,内容简单,读起来朗朗上口。最后一部分分析了布朗宁的《戏剧抒情诗》《滑稽诗》《佛雷斯塔的幻想》以及一些补充诗歌。

I561.072/S649

Macaulay's Essay on Milton/ Herbert Augustine Smith. —Boston: Ginn and Company, c1898
xxii, 82 p. ; 17 cm.

  本书首先介绍了英国维多利亚时期早期辉格派历史学家、政治家麦考利的生平,随后介绍了麦考利为英国著名诗人约翰·弥尔顿所撰写的这篇散文。该散文介绍了弥尔顿的生平,并对其文学成就与影响做出了一定的评价。弥尔顿是英国文学史上最伟大的六大诗人之一,是清教徒文学的代表,他的一生都在为资产阶级民主运动而奋斗。作为英国文艺复兴时期的"巨人",其思想受到了文艺复兴和宗教改革的双重影响。他既是一个虔诚的基督徒,又拥有渊博的古典人文主义思想,展现了一个具有个人主义倾向的基督教人文主义者的典型形象。该篇散文文字朴实,对弥尔顿的介绍比较翔实且评价客观。书后附有弥尔顿的生平简介及文章注解。

I561.073/D328

Elizabethan Drama. Vol. II/ Thomas Dekker. —New York: P. F. Collier, c1910
469-943 p. ; 20 cm.

  本书选取了伊丽莎白时期戏剧的经典之作,展现了该时期戏剧的特点。伊丽莎白时期是戏剧发展的黄金时期,涌现了大批优秀戏剧家和作品。这些戏剧遵循古典主义原则,具有强烈的道德倾向。它们在政治上拥护王权,维护国家统一,具有鲜明的政治倾向;在艺术创作上提倡师法古人,模仿古典。这些戏剧的创作手法多样,情节生动曲折、引人入胜,人物对白精彩纷呈、饱含深情。本书介绍了五部伊丽莎白时期的著名戏剧,分别是托马斯·德克的《鞋匠的假期》、本·琼森的《炼金师》、弗朗西斯·薄蒙特和约翰·弗莱彻的《菲拉斯特》、约翰·韦伯斯特的《马尔菲公爵夫人》、菲利普·马辛格的《偿还旧债的新方法》。

I561.073/S527

Julius Caesar/ William Shakespeare. —Boston: Ginn and Company, c1908
lxi, 174 p. ; 17 cm.

  本书是一部重要历史剧,分为两个部分。第一部分是内容简介,介绍了戏剧创作的背景、出版日期、早期版本介绍、戏剧标题确立、戏剧发展过程、戏剧中所涉及的时间与地点,并分析了该戏剧的语言和写作特点。第二部分为戏剧正文,故事取材于《勃鲁托斯英雄传》,讲述了公元前44年恺撒遇刺的前后事件,铺陈为英雄坠落的悲剧。足智多谋、骁勇善战的将军裘力斯·恺撒虽战功彪炳,却三度拒绝人民给他的王冠,不求任何名位。但可怕的阴谋正在进行着,一群嫉妒的叛徒鼓动人民发动暴动,进而谋杀恺撒。剧中刺杀恺撒的勃鲁托斯是本部戏剧中的另一个重要人物。他深得恺撒的信任,为人正直,得到了罗马市民的敬仰。可是他却因为所谓的正义参与了暗杀恺撒的阴谋。因为这样,他一直痛苦到死,可是他仍认为刺杀恺撒是为了正义,为了罗马。剧中对政治阴谋以及群众被轻易操弄的描绘刻画得细致入微,似乎是专为人们书写的政治斗争寓言。这部戏剧是所有莎士比亚戏剧中对群众的暗讽最为有力的一部,留给读者许多思考。

I561.076/A757

Essays Literary Critical/ Matthew Arnold. —London: J. M. Dent & Sons Ltd., c1906

xv 380 p. ; 18 cm.

本书是马修·阿诺德的一部文学评论集。阿诺德是19世纪英国人文主义文学批评的巨擘,他的文学批评思想是对富有英国特色的人文主义文学批评传统的有力挑战。本书包括十二篇文章,分别是《当代文学批评的功能》《学院派文学的影响》《莫里斯·盖琳》《尤金妮·盖琳》《海因里希·海涅》《异教徒与基督教徒的宗教情感》《茹拜或者法国的柯勒律治》《关于斯宾诺莎的评论》《马可·奥里利乌斯》《评论荷马史诗译本》《纽曼的回复》以及《关于评论荷马史诗上译本最后的话》。这些文章观点新颖,评价客观,语言流畅,层次分明,论据翔实,从文学、文化和社会三个方面对作家和作品进行了深入的探讨,深受读者喜爱。

I561.1/D545

Household Words/ Charles Dickens. —Leipzig: Dernhard Tauchnitz, c1853

lxxviii, 290 p. ; 16 cm.

本书为查尔斯·狄更斯在19世纪50年代所创办的第一本周刊,收录了狄更斯本人和其他一些作家的小说。通过这本杂志,狄更斯将自己对社会议题的看法展现给整个英格兰的中产阶级家庭。该杂志收录的文章多具有现实主义文学的特征,能够深刻反映社会现实,批判社会现实,体现人文主义思想。以写实笔法揭露了社会上层和资产阶级的虚伪、贪婪、卑琐、凶残,对下层社会,特别是妇女、儿童和老人的悲惨处境满怀激愤和深切的同情,并以严肃、慎重的态度描写了开始觉醒的劳苦大众的抗争。与此同时,他还以理想主义和浪漫主义的豪情讴歌人性中的真、善、美,憧憬更合理的社会和更美好的人生。本书第一部分收录了狄更斯1852年圣诞节期间的作品(《孩子的故事》《客人的故事》《母亲的故事》等共十篇)。第二部分收录了《死亡交易》《云中的婚礼》《鬼魂的宴会》《写给英国儿童的历史》《南美洲的圣诞节》等共三十七篇作品。

I561.1/S527(2)

Shakespear's Historical Plays, Poems & Sonnets. Vol. II/ Shakespeare. —London:J. M. Dent & Sons Ltd. , c1906

887 p. ; 18 cm.

本书收录了莎士比亚的以下作品:《约翰王的一生》《理查德二世的悲剧》《亨利四世第一部分》《亨利四世第二部分》《亨利五世》《亨利六世第一部》《亨利六世第二部》《理查德三世》《亨利八世》《维纳斯与阿多尼斯》《露易丝受辱记》《十四行诗》《爱人的抱怨》《热情的朝圣者》《凤凰和乌龟》《词汇表》。莎士比亚的历史剧反映了英国12至15世纪三百年间的历史事实,揭露了暴君的罪恶,也歌颂了人文主义的理想君主的英明政治,批判了篡权者的阴谋活动。他的诗歌和《十四行诗》是对爱、生殖、死亡和时间的本性等方面的深刻思索。其诗作的结构技巧和语言技巧都很高,几乎每首诗都有独立的审美价值。

I561.11/B996

The Poems and Dramas of Lord Byron/ Lord Byron. —Chicago:Belford-Clarke Co. , c1891

xi, 800 p. ; 22 cm.

本书将拜伦的诗歌与戏剧编辑整理成册,呈现了拜伦诗歌与戏剧的最为突出的特点。第一部分是拜伦短篇诗歌集《懒散的时光》。这些诗歌多继承了早期浪漫主义诗歌的特点,文风清新自然。第二部分是拜伦的即兴短诗。第三部分是《希伯来歌曲》。这部分诗歌大部分取材于《圣经》,是拜伦借鉴古代题材为现实服务的成功典范。第四部分主要是为拿破仑所写的诗歌。第五部分是为赛扎所写的诗歌。第六部分是拜伦部分描写国内的诗歌。第七部分是拜伦讽刺诗,深刻揭露了社会现实。第八部分是拜伦的代表作《恰尔德·哈落尔德游记》。本诗主要通过恰尔德和诗人自己的浪漫抒情,表现了对拿破仑的侵略等各种暴政的愤怒;对莱茵河、阿尔卑斯山以及意大利建筑和雕刻美的喜爱和欣赏。第九部分是拜伦的小故事。第十部分是《塔索挽歌》。第十一部分是《但丁的预言》。第十二部分是《摩尔甘特意大利调》。第十三部分是《弗朗西斯卡的里米尼》。这些均是拜伦的诗歌集,语言生动,音韵和谐。第十四部分包括九部拜伦的戏剧诗,其中最出名的是《唐璜》。

I561.11/S527(8)

The Complete Works of William Shakespeare. Vol. VIII/ William Shakespeare. —London：Oxford University Press，c1911

487 p.；15 cm.

  本书选取了五篇莎士比亚戏剧。第一篇为《雅典的泰门》。这是威廉·莎士比亚的最后一部悲剧,讲述了雅典贵族泰门生性豪爽、乐善好施,于是许多人乘机前来骗取钱财,后来导致其倾家荡产,"朋友们"纷纷离他而去,最后在绝望中孤独死去的故事。第二篇为《恺撒大帝》。这部作品描写了勃鲁托斯因执着于共和主义理想,参与了杀害恺撒的阴谋,造成国家与个人的悲剧。第三篇为《麦克白》。这是莎士比亚的四大悲剧之一,讲述了野心勃勃的麦克白在夫人的怂恿下谋杀邓肯,做了国王。为掩人耳目和防止他人夺位,他一步步害死许多无辜的人,最终自食恶果的故事。第四篇为《哈姆莱特》。这是莎士比亚最著名的悲剧,讲述了叔叔克劳狄斯谋害了哈姆雷特的父亲,篡取了王位,并娶了国王的遗孀乔特鲁德,哈姆雷特王子因此为父王向叔叔复仇的故事。第五篇为《李尔王》。这篇讲述了年事已高的国王李尔王退位后,被大女儿和二女儿赶到荒郊野外,成为法兰西皇后的三女儿率军救父,却被杀死,李尔王伤心地死在她身旁的故事。

I561.2/A392(1)

The Poems of Alfred, Lord Tennyson. Volume：I(1830-1856)/ Lord Tennyson Alfred. —London：J. M. Dent & Sons Ltd.，c1906

xx, 467 p.；18 cm.

  本书是英国著名"桂冠诗人"阿尔弗雷德·丁尼生的诗歌集。丁尼生是英国维多利亚时期最受欢迎及最具特色的诗人。他的诗歌准确地反映了那个时期占主导地位的看法及兴趣,是任何时期的英国诗人都无法比拟的。本书分为四个部分,包括丁尼生的一百四十首诗歌。第一部分列举了丁尼生早期(1829 至 1852年)创作的部分诗歌(如他的早期十四行诗,《廷巴克图》)。第二部分为 1830 年出版的短诗和主要抒情诗(如《克拉丽贝尔》《莉莲》《伊莎贝拉》)。这部分诗歌非常精彩,对英国景色、自然风光和天籁的描写十分出色,创作技能几乎是完美无瑕。第三部分为丁尼生 1833 年出版的诗歌。他的诗歌诗路广、诗艺精,在音韵方面几乎无人能及。第四部分为丁尼生的田园诗集,其音韵抑扬顿挫、委婉动听,诗歌中描写的景色优美。

I561.2/O47

The Ways of Life: Two Stories/ Oliphant. —London: Smith, Elder & Co., c1897

330 p.; 20 cm.

  本书讲述了两个故事,体现了两种不同的生存之道。首先,讲述了桑福德先生的故事。他是一个年近六十岁的老人,事业成功,身体健康。他的妻子是他生活中的好伴侣,事业上的好帮手。桑福德先生的生活看似十分幸福美满,但他因为得罪了一个商人,从此事业一败涂地,被迫搬家。过分乐观的桑福德先生最终因病去世,往日的辉煌一去不复返。其次,讲述了罗伯特·戴利先生的故事。他原本十分成功且家庭幸福,但不幸同样降临在戴利先生的身上,因为被骗,戴利先生破产了,并在悲痛之中去世。本书意在告诫读者要以平常心对待生活,踏踏实实,认认真真。

I561.2/P825

The Select Poetical Works of Alexander Pope/ Alexander Pope. —Leipzig: Bernhard Tauchnitz, c1848

305 p.; 16 cm.

  本书选取了部分亚历山大·蒲柏的著名代表性诗歌。首先,介绍了蒲柏的生平。蒲柏是18世纪英国最伟大的诗人,杰出的启蒙主义者。本书包括二十二篇诗歌(如《合唱曲》《为纪念一位不幸的女人的挽歌》《一月和五月》《人论》《道德论》)。蒲柏的诗歌多用"英雄双韵体"写成。他的许多词句写得工整、精练,富有哲理性,遵循着古典主义的原则。有些诗行几乎成为格言。其中,讽刺长诗《鬈发遇劫记》是蒲柏的代表作,被世人称为"英雄滑稽诗"。这部作品对英国上流社会的无聊生活提出了温和的批评,通篇匀称精致,体现了蒲柏的创作思想。另一篇《批评论》也是蒲柏的重要代表作。在诗中,蒲柏提出只有自然才是值得研究和描写的对象,诗人不能离开自然。

I561.2/S545(2)

The Poetical Works of Percy Bysshe Shelley. Vol. II, Plays, Translations & Longer Poems/ Percy Bysshe Shelley. —London: J. M. Dent & Sons Ltd., c1907

viii, 439 p.; 18 cm.

  珀西·比希·雪莱是英国著名浪漫主义诗人,被认为是历史上最出色的英语诗人之一。本书收录了雪莱的二十九部诗歌作品。第一部分为长篇叙事诗《伊斯兰的反叛》,塑造了革命者莱昂和茜丝娜的形象。他们领导民众,推翻暴君,但暴君卷土重来,杀害了这对情侣。长诗写于法国革命遭受挫败之后,雪莱以蛇与鹰的搏斗喻指善与恶、光明与黑暗的斗争,旨在鼓吹革命必将胜利,唤起人民对人类解放的信念。第二部分为雪莱的戏剧诗,包括《解放的普罗米修》《曾锡传》等。他的诗歌创作充满了革命的精神,表达了反对专制暴政,歌颂反抗斗争,展望自由幸福社会的政治理想。第三部分为雪莱翻译的诗歌,包括对希腊诗人摩斯科斯、荷马、维吉尔等人诗歌作品的翻译。

I561.23/C496(2)

The Complete Works of Geoffrey Chaucer. Vol. II/ Thomas R. Lounsbury. —New York: Thomas Y. Crowell & Co. Publishers, c1900

465-877 p. ; 23 cm.

本书呈现了部分乔叟的代表诗作。乔叟是"英国文学之父",被公认为中世纪最伟大的英国诗人,在促进中世纪英语白话方面起着举足轻重的作用。乔叟的作品语言幽默、生动活泼,充分体现了他作为一个中世纪作家的时代特性,充满了对梦幻和书籍的倚重。他从其他作家的作品中取己所需,以卓绝的叙述技巧进行再创作,使其作品成为不朽的篇章。第一部分为乔叟的代表作《坎特伯雷故事集》,包括序言、《骑士的故事》《磨坊主的故事》等内容。《坎特伯雷故事集》描写了朝圣者一行三十人会聚在泰巴旅店,准备前往坎特伯雷朝拜圣托马斯。店主爱热闹,自告奋勇为他们担任向导,并提议在往返圣地的途中每人讲两个故事,以解旅途中的寂寥,众人接受了店主的建议,于次日一同踏上朝圣之途,并开始讲故事。每个故事为一篇文章。本书随后的作品分别是《律师的故事》《医生的故事》《巴斯夫人》《书记员的故事》《乡绅的故事》《第二个尼姑的故事》《被抓住的奴隶》《牧师的故事》。

I561.24/B885(1)

Pauline, Paracelsus, Sordello, etc. Volume I. / Robert Browning. —Boston: Houghton, Mifflin and Company, c1890

412, 25 p. ; 20 cm.

本书收录了六篇罗伯特·布朗宁的诗歌及戏剧。布朗宁与丁尼生齐名,是维多利亚时期的诗人。他以精细入微的心理探索而独步诗坛,对英美20世纪诗歌产生了重要的影响。本书第一篇为《波琳:一部忏悔录的片段》,是诗人1833年匿名发表自传性质的长诗。第二篇为《巴拉塞尔斯》,是布朗宁的代表诗剧。第三篇为《斯特拉福德:一部悲剧》,讲述了斯特拉福德的悲剧故事,十分感人。第四篇为《索尔德罗》,是布朗宁的一首抒情诗,语言优美。第五篇为《比芭走过了:一部戏剧》,是一首戏剧诗,讲述了一个意大利女织工的爱与恨。第六篇为《维克托王和查尔斯王:一部悲剧》,是布朗宁在1839年为威廉·麦克雷迪创作的一部戏剧。

I561. 24/B885

The Complete Poetical Works of Robert Browning/ Robert Browning. —Boston:
Houghton, Mifflin and Company, c1890
394 p. ; 20 cm.

本书选取了部分罗伯特·布朗宁的经典诗歌之作(如《波琳:一部忏悔录的片段》《巴拉塞尔斯》《斯特拉福德:一部悲剧》《索尔德罗》《国王维克托和国王查尔斯:一部悲剧》),意在全面展示布朗宁的诗歌特点与文学成就。其中,《波琳:一部忏悔录的片段》是布朗宁最早发表的诗歌集,具有一定的自传性质,诗风受雪莱的影响较大。彼时,布朗宁的诗歌创作技巧尚未成熟,但其仍表现出深邃的思想。《戏剧抒情诗》是布朗宁的代表性作品。在此诗集中,诗人创造了别具一格的、以心理分析为主旨的戏剧独白诗。叙事长诗《环与书》是布朗宁后期最重要的作品,表现了他对正义的信念。布朗宁通过人物独白展示了案件审理过程,从不同立场、角度叙述了对案件的看法,并描写了发言人不同的性格。

I561. 24/B885C554

Christmas-Eve and Easter Day; Men and Women: In a Balcony/ Robert Browning. —
Boston and New York: Houghton, Mifflin and Company, c1890
444 p. ; 20 cm.

本书收录了七篇罗伯特·布朗宁的作品。第一篇为《圣诞前夜和复活节》,描写了作者在圣诞节前夜与复活节在街上的所见、所闻、所感。第二篇为《男男女女》,标志着布朗宁"戏剧独白"方式的成熟。诗歌以意大利为背景,题材多样,诗体多姿。第三篇为《在阳台上》,对人物心理的描写细致入微。第四篇为《剧中人物》。剧中,作者让众多人物向读者披露自己的内心、人生的经验和生活的主张,劝告世人乐观、振作。第五篇为《巴拉斯顿的冒险》。本诗的描写形象生动,展现了生活的真、善、美。第六篇为《欧汉斯特·塞弯格的王子》,是布朗宁1871年发表的诗作。世人对此诗的评价不高,该诗发表很久之后才被编纂成册。第七篇为《菲芬在集市上》。

I561. 24/D414

The Poems of Matthew Arnold: 1840-1866/ [J. M. Dent & Sons Ltd.] —London:
J. M. Dent & Sons Ltd., c1908
367 p. ; 17 cm.

本书为马修·阿诺德的诗歌作品集。马修·阿诺德是英国的著名诗人、评论家。他主张诗要反映时代的要求,要有追求道德和智力"解放"的精神。其诗歌和评论对时弊很敏感,并能做出理性的评判。第一部分为阿诺德早期创作的诗歌(如《阿拉里克在罗马》《克伦威尔》)。第二部分为抒情诗。其中,最著名的是《迷途浪子》,这是他发表的第一部诗集,语言优美,寄情于景。第三部分为叙述诗(如《布哈拉生病的国王》)。每一首诗对环境、人物均刻画得细腻、精彩。第四部分为悼亡诗,情感真挚,感人至深。第五部分为戏剧诗,语言通俗,富有哲理。

I561.24/D414P161

Palgrave's Golden Treasury/ [J. M. Dent & Sons Ltd.] —London: J. M. Dent & Sons Ltd., c1906

334 p.; 17 cm.

本书收录了众多第一次世界大战前英国文学的诗歌经典之作。第一部分包括六十一首诗歌,多描写美丽的自然,歌颂真挚美好的感情。该部分收录了威廉·莎士比亚、马洛等人的作品。莎士比亚的诗毫不拘谨,自由奔放,其诗歌的语言富于想象且感情充沛。第二部分包括五十五首诗歌。诗歌主题涉及自然、宗教等。该部分收录了约翰·弥尔顿、本·琼森等人的作品。弥尔顿的作品多表现出人的奋争和救赎,触及人类心灵,是诗人对人类最深层的道德、精神和信仰的探索。第三部分包括四十九首诗歌。诗歌的形式包括颂歌、挽歌等,多为描写人物的诗歌。该部分收录了罗伯特·彭斯等人的作品。彭斯的作品以虔诚的感情歌颂大自然及乡村生活,以入木三分的犀利言辞讽刺了教会及日常生活中人们的虚伪。第四部分包括一百二十三首诗歌。诗歌形式多样,内容繁多。该部分收录了华兹华斯、济慈等人的作品。华兹华斯以其纯朴清新的语言描写了大自然中的景物、人物以及人们的生活,抒发了其感受和沉思,一扫古典主义雅致雕饰的诗风。

I561.24/H387

The Poetical Works of Frances Ridley Havergal/ Frances Ridley Havergal. —New York: E. P. Dutton & Company, c1893

352 p.; 22 cm.

本书收录了弗朗西斯·里德利·海弗格尔的众多诗歌作品。海弗格尔在其诗歌中表达了对宗教的赞美之情,为全书营造了一种神圣高雅的氛围。本书包括她的早期诗作、儿童诗歌、歌曲、赞美诗、基督教诗歌、新年诗歌、复活节和弦、生日歌、十四行诗、纪念诗和她的一些晚期诗歌。本书名目清晰、内容翔实,列举了海弗格尔的各种形式和各个时期的诗歌作品,充分呈现了海弗格尔的诗歌风格与写作特点。

I561.44/H791C732(O)

Comedies of Courtship/ Anthony Hope. —London：Ward，Lock & Co.，Limited，c1901

346 p.；18 cm.

安东尼·霍普为英国著名的小说家、戏剧家。本书收录了其六篇短篇小说，分别是《困惑的浪漫》《爱的女郎》《苹果园里的哲学家》《牧师普尔顿》《一本三卷的小说》《杜克·的奥多那图的法令》。这六篇小说均为浪漫爱情小说，以男女间的爱情故事为主线，讲述了不同社会阶层、不同职业、不同性格男女间的感情纠葛。小说语言平实易懂，情节跌宕起伏，人物性格鲜明。书中女子或是渴望爱情却不敢表露，或是对于感情犹豫不定；书中男子或是虚伪狡诈，玩弄感情，或是醉心事业，忽视感情。由于不同人物的地位和性格特点不同，每篇小说的结局亦不相同，有的遗憾错过，有的有情人终成眷属。本书通过对各种爱情故事的叙述，反映了当时的社会风貌，表达了作者对真挚爱情的渴望。

I561.44/H791D665

Dolly Dialogues/ Anthony Hope. —London：Victoria House, c1899

144 p.；18 cm.

本书叙述了卡特先生和多利的感情纠葛。书中故事主要以对话的形式展开，形式设计巧妙，令人耳目一新。卡特先生一直倾心于多利，无奈多利钟情于米克勒姆伯爵，并与之结婚。尽管多利已嫁为人妻，两人仍然联系密切，并产生一段剪不断理还乱的感情纠葛。与此同时，作为好友的希拉里夫人积极为卡特先生安排相亲对象，帮他走出失恋阴影，但卡特先生都想方设法拒绝了。卡特先生与多利的暧昧关系引起了多利丈夫（米克勒姆伯爵）的不悦和怀疑。经历一系列事件后，卡特先生逐渐冷静，梳理了他与多利的感情纠葛，最终决定放弃这段关系。小说沿用了霍普一贯的爱情主题，通过两人暧昧不清的关系表达了对社会上混乱男女关系的讽刺。

I561.44/H791H435

The Heart of Princess Osra/ Anthony Hope. —London：Longmans, Green, and Co., c1900

336 p.；18 cm.

本书是一部短篇爱情小说，也是一部冒险小说。故事发生在18世纪30年代一个叫卢里塔尼亚的国家,讲述了美丽单纯的公主奥斯朗与她的众多追求者间的爱情故事。本书分为九章,每章讲述了公主与一个追求者间的小故事。这些故事既相互独立,又有一定的联系。奥斯朗公主心地善良,却因为自己是个黑人女子,对自己的美貌没有自信。她内心敏感脆弱,憧憬甜蜜浪漫的爱情,渴望找到真心爱她的男人,却又因为自己的不自信不敢轻易接受追求者的爱意,在一次次的犹豫中与爱人失之交臂。在经历了无数次的感情失败后,当奥斯朗公主已准备终身不嫁时,她终于遇到了自己的真命天子——梅腾海姆大公爵,并与之结为连理,从此过上了幸福的生活。奥斯朗公主的爱情故事为当今社会的年轻姑娘寻找真爱提供了良好的借鉴,告诫她们不要沉迷于理想化的罗曼蒂克爱情中,要踏实、现实。

I561.44/I21

Idols in the Heart: A Tale/ A. L. O. E. —London: T. Nelson and Sons, c1891
  iv, 270 p. ; 19 cm.

  本书讲述了一个年轻女子克莱曼斯如何与她的继子女相处并逐渐成为他们心中偶像的故事。克莱曼斯年轻貌美、温柔贤惠。但是,她的丈夫埃芬汉的三个孩子并不喜欢这个取代他们死去母亲的位置的女人。年轻的克莱曼斯初到埃芬汉家便受到三个孩子的排斥,再加上邻居塞丽娜在一旁煽风点火,克莱曼斯与孩子们的关系更加紧张。赛琳娜是个表面善良热心,内心阴险邪恶的人。她一直觊觎埃芬汉夫人的位置,因年轻的克莱曼斯嫁给了埃芬汉,便对克莱曼斯怀恨在心,处处刁难。然而,克莱曼斯凭着她的真诚善良以及对孩子无微不至的关怀与照顾,逐渐赢得了孩子们的心,被孩子们接纳。当一切似乎都朝着圆满的方向发展时,一件突如其来的意外打破埃芬汉一家的平静——埃芬汉的公司破产了,并且他携款潜逃了。克莱曼斯和三个孩子从原本锦衣玉食的生活一下子跌入谷底。此时,坚强的克莱曼斯果断挑起了家庭的重任,带领孩子们渡过困境,并耐心等待丈夫的归来。最终,功夫不负有心人,埃芬汉回到家人的身边。虽然埃芬汉一家失去了以前的财富,但一家人在乡下过着愉快的生活。本书大力歌颂了人性的真善美,倡导人们要善良真诚、坚强勇敢。

I561.44/J27(O)

The Ambassadors/ Henry James. —New York: Happer & Brothers Publishers, c1903
  432 p. ; 21 cm.

  本书以主人公兰贝特·斯特雷瑟的视角,讲述了他从美国来到欧洲大陆之旅，并沉迷于巴黎金迷纸醉的生活的故事，表现了美国简单生活与欧洲奢靡生活间的冲突。斯特雷瑟受其富有的未婚妻——纽塞姆之命，前往巴黎将她的儿子查得接回美国。斯特雷瑟年近中旬，却生活平庸，从未尽情享受过生活。当他来到巴黎，很快就被巴黎灯红酒绿的生活吸引，沉醉其中不能自拔。他放弃了游说查得回国的初衷，觉得查得在巴黎可以拥有更好的生活。同时，他自己陷入了和维奥莱暧昧不清的混乱关系之中。斯特雷瑟的美梦很快就被打破了。纽塞姆派她的女儿萨拉前往巴黎将查得接回。与斯特雷瑟不同，繁华的巴黎对萨拉毫无吸引力，她很快就将查得劝回。而此时的斯特雷瑟也逐渐发现自己对巴黎的生活已不再充满激情。最终，斯特雷瑟拒绝了维奥莱的求婚，回到美国。

I561.44/J55(O)

Three Men in a Boat：To Say Nothing of the Dog/ Jerome K. Jerome. —London：J. W. Arrowsmith Ltd., c1889

248 p.；20 cm.

　　本书讲述了三个绅士和一条恶狗在泰晤士河度假的经历。本书从杰罗姆的角度叙述了其与另外两个伦敦年轻人（乔治、哈里斯）和一只可爱的猎狐犬（蒙莫朗西）泛舟泰晤士河上的各种奇妙的故事。作者从介绍风景名胜变成幽默地讲述各种奇闻轶事（如钓鱼或泛舟时遇到的困难、介绍一个奇怪的预测天气的晴雨表、在学习苏格兰风琴时遇到的困难）。本书塑造了大量鲜明的人物形象，尤其是主角乔治。他们并不完美，却是有血有肉的真实形象。路途中，他们有人掉进水里，有人把东西弄丢，他们相互吵架，又笑着和好……他们个个有远大的抱负，热情也很高，可是到了早上谁也起不来。他们都想当伟大的探险家，可事实上，只要一下雨，他们还是愿意待在暖和的火炉边，坐在舒适的椅子里。正是这些真实而鲜活的形象令读者印象深刻，喜爱有加。作者幽默的笔触让本书成为不朽的经典之作。

I561.44/K57S684

Soldiers Three：A Collection of Stories/ Rudyard Kipling. —London：Sampson Low, Marston, Searle & Rivington, c1890

1 v.；22 cm.

　　本书是一部冒险小说故事集，包括三个部分。第一部分是《三个士兵》。这部分共包括七个小故事，主要讲述了三个士兵泰伦斯·穆尔范尼、斯坦利·奥尔瑟利和约翰·利罗伊德的生活和冒险经历。第二部分是《盖茨比的故事》。这部分共包括八个小故事。这些故事均以戏剧的形式写作，作者给这部分拟定的副标题为"一个没有情节的故事",最后还包括一首四节小诗。第三部分是《在黑色与白色之间》,以一个白人仆人卡迪尔·巴克斯的角度叙述了其黑人主人萨赫比如何努力学习,成为一个普通人的经历。本书故事风格清新自然,展示了印度的风土人情,描述了英国士兵进入中东地区,一面抱怨自己的上司,表现得像个傻瓜一样,一面又不得不直面残酷的战争的生活经历。

I561.44/K57S775

Stalky & Co. / Rudyard Kipling. —Leipzig: Bernhard Tauchnitz, c1899
288 p. ; 15 cm.

本书是一部著名的儿童小说,被认为是作者童年生活的写照。故事发生在一所英国寄宿制学校,书中并未明确指出该学校的名称,只是称它为"学校"。很多人认为这所学校是以吉卜林曾经就读过的德文郡的联合服务学院为原型的,因为吉卜林在联合服务学院的经历为小说提供了大量的素材。小说主人公"甲虫"则被认为是吉卜林。故事讲述了一群青春期少年在学校的生活。"甲虫"、斯托基和特克是校园三巨头,他们抽烟、迟到,与宿舍舍监、警佐斗智斗勇,聪明的斯托基总是凭借自己的小聪明成功地对付舍监和警佐。他们的智斗故事惊险刺激、生动有趣,深深吸引着读者。本书虽为一部儿童小说,却包含一些暴力、恐吓等因素,使得该小说不只是一本单纯的儿童读物,还引发了读者对一些更深层的社会问题的思考。

I561.44/L477

Annis Warleigh's Fortunes/ Holme Lee. —London: Smith, Elder & Co., 15, Waterloo Place, c1873
436 p. ; 18 cm.

本书讲述了安妮丝·华雷跌宕起伏的一生。第一部分为《先辈》,讲述了安妮丝的祖父威廉·华雷和他的情人瑞秋间的爱恨情仇,以及他的孩子们——劳伦斯、凯瑟琳、奥利弗的生活。瑞秋虽是威廉的情人,却尽心尽力地照顾他的孩子们。威廉死后,瑞秋离开了华雷家,开始了她新的生活。威廉的孩子们也各自继续自己的生活。劳伦斯·华雷,安妮丝的父亲则继续住在父亲的旧房子里。第二部分为《劳伦斯先生的孩子》,讲述了安妮丝的童年生活。安妮丝的母亲因难产去世,所以安妮丝一直和父亲生活在一起。然而,安妮丝的叔叔——奥利弗因为嫉妒哥哥占据父亲的财产,想要拐骗安妮丝。最后,安妮丝被父亲送走,历经艰辛,最终定居在萨拉·格朗德吉夫人的家里。第三部分为《在一群善良的人中》,讲述了安妮丝来到新的家中的生活。此时的她已改名为爱丽丝。由于格朗德吉夫人不是爱丽丝的生母,几次险些失去爱丽丝,最终在瑞秋的帮助下,格朗德吉夫人成功地守护了爱丽丝。第四部分为《寻找》,讲述了爱丽丝寻找自己爱人的故事。爱丽丝与辛克莱历经重重困难最终发现彼此的真心。第五部分为《建立》,讲述了爱丽丝与辛克莱虽两情相悦,但是他们的爱情受到了身边亲戚和朋友的阻挠。可是两人始终相互信任、相互鼓励,最终有情人终成眷属,步入了婚姻的殿堂。

I561.44/M362

Masterman Ready/ Captain Marryat. —New York:A. L. Burt Company, c1898 xi, 446 p. ; 19 cm.

本书是一部海洋探险小说,主人公马斯特曼·瑞迪驾驶着大船"太平洋"号在大西洋上探险。10月18日,航行于大西洋上的"太平洋"号突遇大风,瑞迪和船长一面积极地迎战风浪,一面细心地安抚船员和游客。经过一场与暴风雨的搏斗,最终,瑞迪、船长和另外两名船员流落荒岛。本书叙述了他们在荒岛上自力更生、努力生存的经历,介绍了大量的科学知识。这既是一本有趣的冒险小说,也是虔诚的宗教小说。

I561.44/M719

Blanche:A Story for Girls/ Molesworth. —London:W. & R. Chambers, 1894 372 p. ; 19 cm.

本书讲述了年轻女孩布兰奇一家从法国重回英国的新生活。布兰奇是个热情、勇敢的女孩。她的母亲德文特夫人年轻时随布兰奇的父亲离开英国来到了法国。布兰奇的父亲英年早逝,留下了德文特夫人和两个女儿(布兰奇和斯塔斯)艰难地生活。然而祸不单行,失去丈夫的德文特夫人意外得知自己并非父亲亲生。从此,回到英国成了德文特夫人遥不可及的梦想。年幼的布兰奇暗暗下定决心一定要为母亲实现心愿。历经千辛,母女三人终于再次踏上英国大陆。故地重游,德文特夫人对一切既熟悉又陌生,既高兴又难过。就这样,三人在英国认识新的朋友,开始新的生活。经历一系列跌宕起伏的事件后,德文特夫人逐渐从过去的生活阴影中走出,适应新的生活。布兰奇和斯塔斯也逐渐开始了自己的新生活。

I561.44/R155

Neither Storehouse nor Barn/ Allen Raine. —London:Hutchinson & Co., c1908 316 p. ; 19 cm.

本书讲述了少女奥尔文离开家乡前往西部的旅途生活与见闻。本书开篇描写了奥尔文离开家乡,前往西部地区,回忆起种种过往,心情低落。面对即将开始的新生活,她感到紧张害怕。告别朋友与家人后,奥尔文和朋友踏上了旅途。一路上,她与朋友盖尔谈天说地,听着动听的音乐,品尝美味的食物,欣赏壮丽山河,遇到形形色色的人物,经历各种各样奇妙的故事。两人的感情也在旅途中逐渐升温。途中,他们借宿在慈祥和蔼的老妇人塞巴的家中,沉醉于如"失乐园"般美好的自然中。后来,他们来到了奥尔文的姑妈琼斯夫人的家中。琼斯夫人的女儿暗暗爱上了盖尔,于是,她暗地里造谣陷害奥尔文,给奥尔文造成极大困扰,令其最终卧病在床。同时,奥尔文与盖尔的关系岌岌可危,心身俱疲的奥尔文偷偷离开了。经历一番波折后,奥尔文与盖尔有情人终成眷属,一起回到了幸福的"失乐园"。

I561.44/R285

The Cloister and the Hearth/ Charles Reade. —London: J. M. Dent & Sons Ltd., c1906

iv, 174 p. ; 19 cm.

本书是一部关于荷兰人文主义者伊拉斯谟的父母杰勒德和玛格丽特的历史浪漫剧。小说以15世纪的荷兰为背景,讲述了皮革商之子杰勒德与年轻女子玛格丽特之间感人的爱情故事。杰勒德与玛格丽特一见钟情,相识相爱,但两人的感情受到多方阻挠。邪恶的市长与杰勒德的两个游手好闲的哥哥相互勾结,陷害杰勒德,并将他投入监狱。经玛格丽特与父亲的多方营救,杰勒德最终逃出监狱,逃往罗马。善良的玛格丽特则在荷兰等待杰勒德的归来,并诞下了两人爱情的结晶。来到罗马的杰勒德在得到玛格丽特去世的消息后悲痛欲绝,最终选择成为一名修士。后来,在回荷兰布道时,杰勒德意外地发现玛格丽特还活着。为了不违背自己的信仰,杰勒德选择隐居山林。玛格丽特带着儿子找到杰勒德的隐居之所,苦苦劝说,终将杰勒德劝回。几年后,两人的儿子已经长大,被送往学校学习。不久,学校爆发了大规模的瘟疫。为了保障儿子的安全,玛格丽特火速赶往学校将儿子接出,自己却不幸感染瘟疫,最终离世。面对妻子的离去,杰勒德郁郁寡欢,几周后也随之而去。

I561.44/R956

John Ruskin's "Unto this Last" and Poems/ John Ruskin. —[S. l.]: The Hokuseido Press, c1900

173 p. ; 19 cm.

本书是约翰·罗斯金的散文及诗歌集,收录的四篇散文均在《康熙尔杂志》上得以发表,后整理成书。在这四篇散文中,约翰·罗斯金从一个人文主义经济学者的角度提出了对经济的一些观点与看法,建议政府介入社会经济生活,维护社会公平正义,培养大批有知识、有道德的年轻人,解决人们的就业问题,提高人们的生活水平。第一篇《荣誉的根源》深入剖析了身居高位者应该履行的责任与义务。第二篇《静脉的财富》挖掘了社会财富的根源。第三篇《这公平的土地》探讨了社会财富的分配问题。第四篇《从价》讨论了公平的问题。本书还介绍了约翰·罗斯金的四首诗歌。这四首诗歌表达了作者为促进社会公平,解决社会经济问题所做的努力。诗歌抑扬顿挫,读来朗朗上口,语言简单,却饱含深厚的哲理。

I561.44/S431(B)

Ivanhoe: A Romance/ Walter Scott. —Leipzig: Bernhard Tauchnitz, c1845
567 p. ; 16 cm.

本书是英国作家沃尔特·司各特最为重要的代表作之一,也是他描写中世纪生活的历史小说中最优秀的一部。本书生动地再现了中世纪英国社会生活的画面。故事发生在12世纪末英国国王"狮心王"理查一世被囚于国外前后。庄园主之子艾凡赫爱上了美丽的撒克逊王子后裔罗文娜,却因为遭到父亲的反对被赶出家门。第二天早晨,艾凡赫不辞而别,至邻近的镇子参加比武大赛。赢得比赛的艾凡赫因为身受重伤昏迷不醒,被犹太人艾萨克和女儿蕊贝卡带回家疗伤。途中,他们遇到布里恩、德布拉西和雷金纳德,并被他们抓了起来。布里恩想霸占蕊贝卡,德布拉西想占有罗文娜,雷金纳德则觊觎艾萨克的财产,受伤的艾凡赫被老太婆乌尔莉佳照管。但是,他们的奸计并未得逞。"狮心王"理查及他的兄弟们及时赶来,救走了艾凡赫,但蕊贝卡被布里恩带走。他诬告蕊贝卡是女巫,要将她烧死,除非有一个骑士愿意为他战胜布里恩。勇敢的艾凡赫挺身而出,战胜了布里恩,救出了蕊贝卡。在"狮心王"理查的帮助下,艾凡赫最终和罗文娜喜结良缘,艾萨克和蕊贝卡去了格兰纳达,希望能在异国他乡找到更大的幸福。

I561.44/S431K33

Kenilworth/ Walter Scott. —Copy. ed. —Leipzig: Bernhard Tauchnitz, c1845
xiv, 497 p. ; 16 cm.

本书是沃尔特·司各特的长篇巨著。作为一个苏格兰人,作者在书中努力以客观公正的语言真实地再现伊丽莎白女王卓越的领导力与政治抱负。本书介绍了莱斯特伯爵为了自己的野心抛弃结发妻子,投入伊丽莎白女王怀抱,最终自食恶果的故事。莱斯特伯爵英俊潇洒、年轻有为,深受伊丽莎白女王的赏识。更有传言,伊丽莎白女王有意与他结婚。为了获得伊丽莎白女王的青睐,他派人将自己的妻子艾米·罗布萨特监禁于安东尼·福斯特的家中,并由理查德·瓦尼监管。理查德·瓦尼内心险恶,他有着更大的野心。为了实现自己的野心,莱斯特伯爵对妻子百般折磨,并与福斯特设计谋杀了她,并将其伪装成失足从楼梯摔下,意外身亡。为了掩人耳目,莱斯特伯爵更是在众人面前表现得悲痛欲绝,提议将这位德艺双馨的夫人葬于圣玛丽大教堂。可是,天下没有不透风的墙,莱斯特伯爵的恶行还是被伊丽莎白女王知道了。他剥夺了莱斯特伯爵的一切,将他监禁在其妻子死亡的房子里,孤独地度过余生。眼见自己的计划败露,又气又恨的瓦尼在家中吞药自杀;饱受良心折磨的福斯特也因病离世。本书通过莱斯特伯爵的故事告诫读者要为人诚实,切勿因眼前的蝇头小利而抛弃做人的基本准则,否则将得不偿失。

I561.44/T363C363

Catherine: A Story/ W. M. Thackeray. —Leipzig: Bernhard Tauchnitz, c1870
viii, 294 p. ; 16 cm.

本书是英国维多利亚时期著名小说家 W. M. 萨克雷的第一部完整的未经删节的小说。小说取材于 18 世纪的英国社会,具有独特的艺术特色,萨克雷以其现实感极强的笔触将英国社会生活描写得真实、生动、自然。这部小说主要围绕越狱犯和小偷展开。小说主人公凯瑟琳又叫作海斯夫人。作为一名活跃在 18 世纪的罪犯,她最终因为谋杀自己的丈夫被判处火刑。然而,在书中,萨克雷对主人公凯瑟琳的描绘一反常态,她不是一个穷凶极恶的罪犯,只是一个仁慈卑劣的女人,萨克雷并未像书中的审判者那样对凯瑟琳恨之入骨,反而表现出对主人公极大的同期与悲悯。当面对法官及其爪牙明目张胆的威胁与勒索时,凯瑟琳夫人表现出了极大的勇气,令人钦佩。当面临家庭的困境时,她毅然决然的胆色也展现出其性格中刚毅果敢的一面。除此之外,本书语言幽默风趣,具有独特的讽刺口吻,场景描写真实,将主人公凯瑟琳内心世界的微妙变化以及她逐步走向犯罪的过程淋漓尽致地刻画了出来。

I561.44/T363N541

The New Comes: Memirs of a Most Respectable Family/ W. M. Thackeray. —
Leipzig: Bernhard Tauchnitz, c1855
329 p. ; 16 cm.

本书首先讲述了纽康姆家族,经过打拼,家族的第二代逐渐发展成为颇负盛名的银行家,第三代成为商业精英。随后本书围绕上校托马斯·纽康姆及其儿子克莱福·纽康姆展开了叙述。托马斯·纽康姆德高望重,声名远播,受人景仰。可是,他的儿子却极其势利且品格低劣。克莱福一直努力学习绘画,渴望成为一名画家,但他的梦想遭到了家人及朋友的一致反对。纽康姆上校年轻时曾出访印度,在印度度过十几年后回到英国。而克莱福也在英国遇见了他的表妹艾瑟尔,并对她一见倾心。后来,上校纽康姆再次回到印度,克莱福则在欧洲游学。在此期间,他对艾瑟尔的感情经历了一番大起大落,最终他以卑劣的手段得到了表妹。贯穿本书始终的一大主题就是以金钱为纽带的婚姻关系。同时,本书第一次提出了"资本主义"这一概念。

I561.44/T468

Griffith John: The Story of Fifty Years in China/ R. Wardlaw Thompson. — London: The Religious Tract Society, c1907

xvi, 544 p. ; 22 cm.

本书介绍了英国伦敦会著名的来华传教士杨格非在中国生活的五十年的生活。第一章介绍了杨格非尚未来华前的生活。他八岁时便进入教堂工作,并进入布雷肯基督学校学习。第二篇介绍了杨格非在朋友的鼓励下来到中国。接下来的几章介绍了杨格非在中国的所见所闻,即初到上海结识新的朋友,学习中国语言,在汉口、武昌等地的生活经历,向中国百姓传播基督教文化并成为到达该地最早的传教士之一,到四川、陕西、湖南等省传教,建立学校和许多传教据点,参与翻译《圣经》等内容。最终,因为身体原因,杨格非不得不离开中国,返回英国。

I561.44/U65

Secrets of the Courts of Europe: The Confidences of an Ex-Ambassador/ Allen Upward. —London: Methuen & Co., c1897

382 p. ; 18 cm.

本书以"我"与一位前大使的谈话为主线,借前大使之口讲述了许多欧洲王室不为人知的秘密,揭露了欧洲王族的虚伪与狡诈。本书包括以下内容:《一个偷来的国王》《女王的荣耀》《土耳其王室的秘密》《俾斯麦王朝的衰败》《西特伦王子》《黄家共济会》《爱丽舍宫的丑闻》《冬宫的鬼魂》《梵蒂冈的坟墓》《白线》《背信弃义的迪斯雷利先生》以及《女大使》。

I561.44/W453

Her Ladyship's Elephant/ David Dwight Wells. —London: William Heinemann, c1905

viii, 258 p. ; 19 cm.

本书讲述了两对新婚夫妇(斯卡斯戴尔与弗农、埃林福德与玛里恩)和一头大象的故事。他们四个人在火车站相遇,因为种种原因,两对新婚夫妇错过了彼此的爱人。斯卡斯戴尔和玛里恩在火车上,弗农却和埃林福德错过了火车,上了另一辆车。两对夫妻立即返回找寻对方,却在路上遇到了一头大象,错误地引导了他们的方向,使得他们越离越远。两对阴差阳错的夫妇,就这样在寻找爱人的路上爱上了彼此。本书语言幽默,情节生动,对人物形象描摹得细致入微。同时,两对夫妇的婚姻反映了当时社会把婚姻与财富、社会地位等同,讽刺了这种"媒妁之言,父母之命"的婚姻的荒诞。

I561.44/Z29

The Mantle of Elijah/ I. Zangwill. —London:William Heinemann, c1900
viii, 424 p. ; 19 cm.

本书分为两册,讲述了政治家们如何将一场"殖民地战争"卖给他的人民,细致地刻画了一大批参与此事的人物、言行、举止和心理活动。本书涉及美国对伊拉克的战争,作者称这次战争是美国的"布尔战争"。当伊拉克如刀俎上的鱼肉任凭宰割时,命运之轮却在悄悄地改变方向。不同于赞格威尔之前的作品,本书不仅着眼于单个犹太人的日常生活,更为关注国家民族的命运。

I561.45/A159

The Surgeon's Log:Impressions of the Far East/ Johnston Abraham. —London:Chapman and Hall, Ltd. , c1911
xiii, 302 p. ; 19 cm.

本书以第一人称讲述了"我"和"我"的朋友随船队前往远东地区的经历。本书由真实的故事改编而成。故事由一艘从利物浦开往远东的船说起。"我"和"我"的朋友(一名病理学医生)都渴望坐船去远东旅行。多方打听,我俩最终在利物浦登上开往远东的客船。一路上,我们随船队经过印度洋,在苏伊士运河上第一次欣赏到静谧和谐的夜空,第一次看到美丽富饶的中国。接着我们来到了槟城,看到了广袤的草原,感受远东地区的风土人情。随后,我们又前往日本,游览了神户、横滨和东京等地,了解日本人民的生活习俗。告别日本后,我们前往印尼的爪哇岛。在泗水,我们看到大批中国商人来此经商,还看到印尼穷苦的百姓为了生计日夜奔波,令人心痛不已。在望加锡,我们认识了一些荷兰的朋友,见证了一段凄美的爱情故事。最终,带着一路的回忆,我们回到了欧洲。作者也介绍了东印度公司以及中国和新加坡等地的局势。

I561.45/A222

Billicks/ A. St. John Adcock. —London:Stanley Paul & Co. , c1909

155 p. ; 19 cm.

  本书以比利克斯的个人生活经历为主线,介绍了他与朋友的生活。首先,介绍了比利克斯是谁,接着介绍了他的教育背景、生活环境、婚姻家庭等内容。然后,在比利克斯与朋友的聊天中表达出他对人权、社会公平、奖惩制度等社会问题的看法,以及对哲学、诗歌、艺术等的独到见解。比利克斯并没有多么渊博的知识,所以他的许多看法与见解读来让人哭笑不得。本书故事情节均以人物对话组成,口语表达较多,语言幽默风趣,读来朗朗上口,具有浓厚的生活气息。

I561.45/A625

A Fallen Idol/ F. Anstey. —London:Smith, Elder, & Co., c1902
  334 p. ; 18 cm.

  本书是一部中篇小说,语言生动,情节离奇。在古老的月亮村屹立着一座古老的神庙。隔一段时间,神庙就会选出一个人成为众人顶礼膜拜的偶像。然而有一次人们选出的偶像利欲熏心,为了一己之私欲做出苟且之事。从此,人们不再挑选任何人成为神庙的偶像,这成为一个传说。很多年后,年轻的画家钱皮恩遇到了美丽的姑娘西伯尔,对她一见倾心。随后,他俩来到神庙并遭遇了一系列的灵异事件。危急关头,钱皮恩为了救西伯尔险些丧命。钱皮恩认为他与西伯尔遭遇的这些奇异事件是因为西伯尔受到魔鬼的纠缠,这令西伯尔十分不解。最后,西伯尔拒绝了钱皮恩。为了证明自己的推断,钱皮恩深入神庙探求其中的奥秘,最终揭开这一系列诡异事件的始末,而他自己也因此丧命。

I561.45/A625

The Giant's Robe/ F. Anstey. —London:Smith, Elder, & Co., c1900
  384 p. ; 19 cm.

  本书在出版之际饱受争议,但随着时间的流逝,其巨大的艺术价值逐渐被世人认可。本书深入剖析了人性的弱点,表现出人性的软弱与自私;讲述了一个德国学生马克,无意间在学校图书馆发现了一本古老的自然科学书籍手稿。这本手稿由一位去世已久、被人遗忘的老作家所写。出于自己的私心,马克将此手稿以自己的名义出版,结果大获成功。从此,马克在文坛声名鹊起,越来越多的作品受人关注。然而成名之后,他的这段不光彩的过去也被人发现。正当马克的事业受到巨大打击时,他的爱人也离他而去。经历了一段人生低谷,马克终于意识到自己的错误,以自己的真心描写了身边真实的故事,抒发了真实的情感。最终,马克重新收获了事业的成功和甜蜜的爱情,虽然他的内心仍然饱受折磨。

I561.45/B268

A Prince of Good Fellows/ Robert Barr. —New York: McClure, Phillips & Co., c1902

x, 340 p. ; 19 cm.

本书讲述了苏格兰国王詹姆士五世和他的朋友们的故事。本书分为十一章,每章都讲述了詹姆士五世和他的一个朋友或一群朋友的故事。这十一个故事分别是《国王的调停》《国王的晚餐》《国王的约会》《国王的调查》《国王的黄金》《国王的乞讨》《国王的来访》《国王的探索》《国王的饮料》《国王的航行》以及《国王的婚礼》。每一个故事,国王都会得到不同的感悟。从朋友补鞋匠弗莱明的身上,他学会了要敢于表达自己认为正确的想法,哪怕付出生命也在所不惜。与两个美丽的姑娘凯瑟琳和伊莎贝尔的意外相遇,使他第一次体会到亲情的伟大和爱情的美好。本书语言简单朴实,故事情节多以人物对话展开,环境描写细致入微。

I561.45/B275(2)

The Little Minister. Vol II/ J. M. Barrie. —New York: H. M. Caldwell Company, c1898

326 p. ; 18 cm.

本书是《小大臣》的第二卷,从第二十章开始直至结尾。本书讲述了一段感人的爱情故事。故事发生在1840年苏格兰的一个偏远小镇,年轻的苏格兰牧师加文被任命为基里缪儿镇一个小教堂的小大臣。在一个山洞里,他遇到了美丽神秘的吉卜赛女孩芭比,并深深爱上了她。随着与芭比接触的不断深入,加文发现了芭比的真实身份。原来,芭比是一个贵族夫人,为了保护村里的百姓不受侵害,同时,安全转移苏格兰起义的织工,她将自己装扮成一个吉卜赛姑娘。加文与芭比虽彼此相爱,但两人的结合要克服重重阻挠。本书主要讲述了两人相爱后经历的重重困难。他们要守住芭比的身份之谜,要克服村民们对芭比的害怕,最重要的是,要获得加文母亲玛格利特的支持。经历一番波折,有情人终成眷属,他们过上了幸福美满的生活。本书反映了当时苏格兰阶级矛盾尖锐、阶级差异显著等社会问题。

I561.45/B798(2)

Henry Dunbar: The Story of an Outcast. Vol. II/ M. E. Braddon. —Leipzig: Bernhard Tauchnitz, c1864

314 p. ; 16 cm.

本书讲述了亨利回到伦敦后的生活。此时的亨利已经是位体面的银行家。

亨利一回来便去拜访了巴尔德巴先生,那个曾经对他十分不友好的合作伙伴。此时的巴尔德巴先生再也不趾高气扬,而是恭敬有加。另外,玛格丽特小姐屡次求见亨利,因为她听闻是亨利害死了她的父亲。在出纳员克莱门特的帮助下,玛格丽特终于见到了亨利,但亨利否认自己杀害了玛格丽特的父亲。亨利此次回来是为了购买一批钻石,所以回到伦敦没多久他就开始工作了。然而,亨利、玛格丽特、克莱门特等人都不知不觉地卷入了一场阴谋之中。当一切真相大白时,玛格丽特发现父亲只是诈死。最终,诈死的父亲杀害了亨利。得知真相的玛格丽特悲痛万分。痛定思痛后,她决定忘记过去,与克莱门特离开伦敦,在一个偏远的山村过着平静的生活。

I561.45/B798W982

Wyllard's Weird. Vol. I/ M. E. Braddon. —Leipzig: Bernhard Tauchnitz, c1885
279 p.; 16 cm.

  本书是《怪异的威拉德》的第一卷,讲述了全书的前十一章故事。故事发生在康沃尔——一座偏远的小村庄。一个年轻女孩意外地从火车上摔下身亡的事故却打破了这个村庄的宁静。女孩是自杀还是他杀?她与这个村里的某些人是否有什么不可告人的关系?为了揭开女孩意外身亡的重重谜团,警方介入调查此事,车中的乘客也被一一请去盘问。作为目击证人的威拉德自然也在其中。他目睹了女孩从火车上摔下的全过程,但他一直声称因为事情发生得太快,他并没有看清。审问结束后,威拉德情绪异常,时而兴奋,时而悲痛焦虑,他主动约被害女孩的律师迪斯汀见面。迪斯汀发现两人十年前就因一件意外杀人案相识。迪斯汀怀疑威拉德是凶手,并四处走访女孩生前的家人、好友,希望找到些许线索。同时,海斯科特也四处走访女孩的家人、好友,希望找到些许线索。

I561.45/B798W982(2)

Wyllard's Weird. Vol. II/ M. E. Braddon. —Copy. ed. —Leipzig: Bernhard Tauchnitz, c1885
295 p.; 16 cm.

  本书是《怪异的威拉德》的第二卷。在走访女孩的家人时,海斯科特经过一番周旋,终于发现女孩死亡的一些蛛丝马迹,并且认定这是谋杀,而非意外身亡。带着这些线索和满腹疑问,海斯科特再次来到威拉德家中,并暗暗调查威拉德的为人以及他的生活。巧合的是,海斯科特和威拉德的妻子朵拉曾是恋人。但是经过几天的相处,海斯科特发现威拉德做事认真、勤勤恳恳,就是过分自私,只为自己着想,从而打消了对他的疑虑。与此同时,一个叫乔治的人进入了海斯科特的视野。经过多方调查,海斯科特意外地发现这起案件与十年前的一起谋杀案有一定的联系,威拉德再次被牵扯其中。案件越来越扑朔迷离,越来越多的人卷入其中,人人陷入极度的恐慌之中。

I561.45/B798W982(3)

Wyllard's Weird. Vol. III/ M. E. Braddon. —Copy. ed. —Leipzig: Bernhard Tauchnitz, c1885

287 p.; 16 cm.

本书是《怪异的威拉德》的第三卷。随着海斯科特调查的深入,整个案件逐渐清晰。同时,海斯科特积极地找寻更多的线索证明这起案件与十年前那所谋杀案之间的关系。在索要乔治的画像失败后,海斯科特找到了十年前谋杀案男子的母亲,并从她那儿找到了一个乔治的好友——梯莱特。几经周折,海斯科特终于揭开了乔治的真实面目。原来,乔治不是别人,正是威拉德。表面上,威拉德是个正直的金融家,可事实上,他是邪恶的杀人凶手。真相大白后,威拉德受到了法律的制裁,只剩下可怜的朵拉一个人孤独地生活着。她和海斯科特虽然彼此相爱,两人却一直没有勇气踏出那一步,只能静静等待着。《怪异的威拉德》一经出版,便在社会上引起了极大的反响。英国作家史蒂文森的《化生博士》及《福尔摩斯探案集》等书均以此为原型并加以改编。

I561.45/H848

The Solitary Summer/ Elizabeth Jane Howard. —New York: Grosset & Dunlap, c1900

190 p.; 20 cm.

本书是一部日记集,记录了一个身为三个孩子的母亲的年轻女子整个夏天的故事。本书记录了该女子从5月到9月的生活。本书开篇便借女子5月2日的日记表露整个夏天她只想一个人生活,静静地享受,不接受客人的来访。书中充斥了对宁静的自然、美丽的花园、静谧的环境的描绘,展现了女子深邃的思想,并表达了她对社会生活的见解和对孤独的独特理解;日记中偶尔穿插了她与丈夫、孩子及邻居的对话。本书笼罩在一种恬静而舒适的氛围中,读来轻松愉悦,远离了俗世的喧嚣和生活的压力,静静地享受眼前的美好。

I561.45/C525

The Innocence of Father Brown/ G. K. Chesterton. —Copy. ed. —Leipzig: Bernhard Tauchnitz, c1911

295 p.；17 cm.

　　本书被认为是有史以来最好的短篇侦探推理小说。本书包括《蓝宝石十字架》《神秘花园》《奇怪的脚步声》《飞星》《隐形人》《老实人伊思瑞而·高》《错误的形状》《萨拉丁王子的罪孽》《上帝的锤子》《阿波罗的眼睛》《断剑的标志》以及《三件致命凶器》。这些作品描写了布朗神父如何以令人意想不到的手段解决各种棘手的案件。布朗神探表面上看起来似乎与探案完全无缘，其实，他富于洞察和逻辑推理，对罪犯心理和手段无所不通。他平时沉默寡言，但面对罪犯时妙语连珠，常说出辛辣的警句。他以灵感破案，凭直觉抓凶，出乎意想，布朗神父与爱伦·坡笔下的杜宾和柯南·道尔塑造的福尔摩斯并称为世界三大名侦探。本书文辞优美，令人回味，深受到广大读者的喜爱。

I561.45/C754

The Nigger of the "Narcissus"：A Tale of the Sea/ Joseph Conrad. —London：William Heinemann Ltd.，c1897

259 p.；19 cm.

　　本书以第一人称回忆的方式讲述了过去发生的事情。故事发生在一艘由孟买开往伦敦的商船上。黑人新水手惠特一上船就染上了肺结核，病倒在床，对整个航行没有出过一点力，却处处表现出"暴躁和怯懦"。尽管如此，船上的其他船员却对他表现，出极大的同情。五名船员更是为了保护他免受暴风雨的袭击，献出了宝贵的生命，将整艘船置于危难之中。最后，惠特病死在船上。船员们为他举行了水葬。惠特的尸体刚一掉进海里，海面上就刮起了一阵怪风。此后一切正常，"水仙"号抵达英国，船员们登陆后四散而去。作者在书中营造了一种现实主义和神秘主义的气氛。叙述是全知的、超脱的，不介入感情，从非人格化到第一人称复数再到第一人称单数的变化，与作者在小说里所表现的船员从孤独到团结再到分离的主题有对应关系。不仅叙述者的身份，连作者的语言和态度都在不断变化，以适合表现主题的叙述需要。作者一会儿是船上的海员，参与其他海员的劳作；一会儿仿佛置身船外，以超脱的身份对船员的行动品头论足。

I561.45/D546C536

Child's History of England with an Introduction/ Charles Dickens. —London：J. M. Dent & Sons Ltd.，c1907

xx, 396 p.；18 cm.

　　本书是英国作家查尔斯·狄更斯为自己的孩子所撰写的一本英国历史普及读物。本书首次出现以连载的形式刊登在《家庭箴言》中，随后出版成书。本书介绍了从公元前50世纪的英国早期社会至1689年工业革命前的历史。第一部分介绍了从远古时期英国社会到1216年国王约翰去世前的历史。第二部分介绍了亨利三世即位到理查三世之间的历史。第三部分介绍了亨利十七世到1688年光荣革命前的历史。最后,概括性地介绍了1689年后到维多利亚女王时期英国社会发生的具有代表性的大事件。狄更斯作为语言大师,塑造了大批饱满的历史人物形象,摆脱了以往历史小说单调枯燥的叙述方式,以极强的故事性和精美的版画插图为年轻读者打开了一片神奇的历史天地。

I561.45/E11

Beyond the Black Waters/ A. L. O. E. —London:Thomas Nelson and Sons,c1890
248 p.;19 cm.

  本书讲述了马克·劳伦斯新来到一个小镇任职,在医生宾福特的介绍下认识了奥斯卡·科德斯特利姆。初次拜访,二人险些吃了闭门羹,等了许久才等回科德斯特利姆及其妻子艾奥。劳伦斯先生与科德斯特利姆一见如故,成为至交。宾福特医生与艾奥则是多年的好友,二人许久未见,一起聊了很久。谈话间,宾福特医生得知科德斯特利姆有些精神疾病,出于医生的职责,他主动帮助科德斯特利姆。同时,艾奥积极地了解丈夫生活的克伦帮的文化,希望帮助丈夫恢复健康。然而,长期压抑的生活让艾奥的健康状况急转直下。在宾福特医生的建议下,她决定和丈夫出去旅行一段时间,放松心情。在一些克伦人的陪伴下,他们踏上了旅途。一路上,他们欣赏着美丽的自然风光,虽经历了种种困难,但最终找到了心灵的宁静,过上了幸福的生活。

I561.45/G145F

Fraternity/ John Galsworthy. —London:William Heinemann,c1909
viii, 344 p.;19 cm.

  本书主要围绕主人公希拉里夫妇的情感生活和他们的阶级偏见展开了叙述,描写了资产阶级知识分子的极端个人主义,同时,结合维多利亚晚期和爱德华时期英国社会中的历史背景,探讨了知识分子在家庭、阶级和艺术场域中的种种困境。在家庭关系中,希拉里和比恩卡物质条件丰厚,然而他们的婚姻十分不幸,出现了危机。在阶级关系中,以希拉里为代表的上层阶级人士虽然有着关心下层阶级的意愿,但他们在实际行动时面临着一种身处夹缝中的痛苦,最终无法越过他们的阶级差异走进下层人的内心世界。在艺术领域中,作家斯通先生和珀西先生以一种消极的方式抒发了他们的情感,表达了他们的精神与伦理诉求。《星期六评论》杂志曾经提及:"这部作品是一本阴险、恶毒地攻击社会制度的书。"高尔基曾称赞誉其为"以巨匠的手腕写成的作品,一本倾听时代良心声音的社会小说"。

I561.45/G799J91

Jubilee Hall; or, "There's No Place like Home"/ The Honble Mrs. Greene. — London: T. Nelson and Sons, Paternoster Row., c1892

220 p.; 19 cm.

  本书讲述了迈尔考姆森一家,包括迈尔考姆森先生、迈尔考姆森太太达菲、女儿凯瑟琳、两个儿子弗雷德和亨利、姑姑玛丽安,一起前往禧年大厅度过夏天的经历。在陌生的禧年大厅,迈尔考姆森一家经历了种种波折。凯瑟琳、佛雷德和亨利性格迥异,从一开始三人就相互争吵,矛盾重重。但是后来经过种种事件后,他们彼此理解、相互信任。迈尔考姆森一家人的关系也在发生着深刻的变化,他们对家的理解越来越深刻。最后,他们发现家才是最温馨、最让人依恋的地方,家人才是最亲密、最值得依赖的人。本书语言优美,内容精彩纷呈,风格轻松活泼,是一部写给少年的佳作。

I561.45/H791-4

The King's Mirror/ Anthony Hope. —London: Methuen and Co., c1903

viii, 311 p.; 18 cm.

  本书以日记的形式记录了国王从八岁到三十多岁的人生。本书包括《一份虔诚的夸张》《没有翅膀的鸟儿》《一些秘密的想法》《我的两个造物主》《关于维多利亚的介绍》《恋爱的学生》《没有被注意到的事情》《厨房里的人生》等。本书主要回忆了国王与他的家庭教师、导师、姐姐、姐夫、性格冷淡的母亲、几个朋友的生活,表达了他对他们深切的思念与怀想。本书没有太多的故事情节,描写了一场简短的手枪决斗、几段国王和年轻女人的调情以及一些国王与其他人的对话。本书主要描写了国王的心理活动和表现。本书虽为国王的日记,却没有太多真情的表露,语言客观,描写真实。

I561.45/H791C454-6

A Change of Air/ Anthony Hope. —London: Methuen & Co., c1901

304 p.; 18 cm.

  本书讲述了三个年轻人——亚瑟、菲利普以及戴尔在一个小镇的生活。戴尔擅长写诗,然而他的诗歌无人赏析。戴尔认识了德兰尼小姐并深深爱上了她,他希望自己的作品能够得到她的赏识与认可。可是,因为身份与财富的悬殊,他的爱慕遭到了德兰尼夫人的反对。同时,另一个女孩内莉不知不觉地爱上了戴尔,而亚瑟又默默地爱着内莉。经过孜孜不倦的努力,戴尔终于在诗坛声名鹊起。当一切都慢慢地向好的方向发展时,意外发生了。当戴尔送德兰尼小姐回家时,德兰尼小姐遇到了歹徒,并和歹徒厮杀在一起,情况十分危急。恰逢此时,内莉和亚瑟经过。为了救德兰尼小姐,内莉差点付出了生命。为了感恩内莉的舍命相救,戴尔决定和内莉订婚。但是,他依然深爱着德兰尼小姐。最终,戴尔还是跟随自己的内心,和德兰尼小姐在一起。内莉也接受了亚瑟的爱情,一起去周游世界。

I561.45/H791T838

Tristram of Blent: An Episode in the Story of an Ancient House/ Anthony Hope. — London: John Murray, Albemarle Street, W, c1901

408 p. ; 19 cm.

本书是一部冒险小说,但不同于传统的冒险小说。本书讲述了崔斯特瑞姆是个懒惰、不思进取的男孩。他整日无所事事,只想着继承卜林特的房产。不仅如此,崔斯特瑞姆家的每一个人都惦记着那份房产。然而,事不如人意,崔斯特瑞姆抱憾离开了人世。不过,幸运的是卜林特的房产安全转移至他的孩子名下。本书内容丰富、语言生动,人物形象刻画得入木三分。本书意在告诫人们不要好逸恶劳,要勤奋踏实,以自己的劳动换取财富。

I561.45/J15S

Short Cruises/ W. W. Jacobs. —Copy. ed. —Leipzig: Bernhard Tauchnitz, c1907

288 p. ; 17 cm.

本书是一部短片航海故事集,包括《换子疑云》《混合关系》《伯爵阁下》《阿尔芙的梦想》《远房亲戚》《试验》《在家中》《情节》《她的叔叔》《做梦的人》《天使来访》以及《环程旅行》。每一个故事均讲述了航海旅行中船长与水手间的奇闻逸事,展现了船长和水手勇敢坚强、乐观开朗的高尚品质,有的感人肺腑,有的发人深省,有的展示了海洋的神秘和可怕。其中,有壮志未酬的悲哀,有生与死的抉择,有永远的未解之谜。本书的故事情节跌宕起伏、细致入微,语言精妙绝伦、通俗易懂,深受读者喜爱。

I561.45/K23V813

Virtue's Tragedy/ Eff Kaye. —London: John Macqueen, c1899

317 p. ; 19 cm.

本书是根据一个真实的故事改编而成的。故事的主人公帕赫沙姆夫人活泼开朗,以一颗真诚而勇敢的心乐观地面对生活中的跌宕起伏。作者埃弗·凯伊以细腻的笔触描写了帕赫沙姆夫人善良的内心世界,以生动的语言将帕赫沙姆夫人待人接物的言行表现得淋漓尽致。帕赫沙姆夫人善良热情,积极帮助身边的亲人、朋友,为他们排疑解难,她坚信美德是无价的,也相信所有人都像她一样真诚善良。然而,帕赫沙姆夫人身边的人——她的女儿玛丽、乔治夫人、阿斯克姆先生、奥斯汀·兰顿先生等人,从不相信美德的重要性,为了自己的目的用尽手段。最终,经历了一系列的波折后,人们重新认识到美德的重要性。

I561.45/K57(O)

The Light that Failed/ Rudyard Kipling. —New York: Doubleday & Company, Inc., c1899

258 p.; 20 cm.

本书是根据一个真实的故事改编而成的,讲述了一个年轻有为的摄影师迪克的短暂一生。他是一名前线摄影师,用手中的相机捕捉了苏丹战场上许多精彩的瞬间。回到伦敦后,满怀抱负的迪克决心成为一名出色的艺术家。他重遇儿时的恋人梅齐,两人很快再次坠入爱河。然而,厄运突然降临在迪克身上。刚刚走上事业巅峰的迪克意外地发现自己的视力逐渐衰退。原来,有一次在战场上,迪克的头部不幸受伤,在接受简单的治疗后,他便很快投入到新的工作中血块不断压迫脑神经,导致他的视力逐渐下降。失明后,迪克到在前线认识的好友家中休养。无法接受事实的梅齐悲痛地离开了迪克。为了不拖累好友,迪克漂洋过海回到苏丹,在沙漠中与好友相遇。正当此时,一棵大树突然倒下,砸向迪克。最终,迪克带着他未完成的梦想安静地死在了好友的怀中。

I561.45/K57D273

The Day's Work: The Works of Rudyard Kipling/ Rudyard Kipling. —New York: Doubleday & McClure Company, c1899

431 p.; 19 cm.

本书是一部短篇作品集,包括《桥梁建筑师》《一位工会代表》《自我发现的船》《他的祖先的坟墓》《恶魔与深海》《征服者威廉》《007》《马耳他猫》《面包和水》《一个四维空间里的错误》《我星期天在家》以及《丛林男孩》。这些故事生动活泼、幽默风趣,均以非人物形象为作品主角,以他们的口吻讲述故事、叙述道理,具有童话色彩。例如,《自我发现的船》讲述了在一次航海旅行中,一艘船不幸遭遇了风暴。因为这艘船的每一个部件都具有不同的特点,船上的人不断争论,直至船要到岸,他们才认识到合作的重要性。本书既包含吉卜林最优秀的作品,也包含他不知名的作品,但每篇都具有独特的特点,深深吸引着读者。

I611.44/B687S773

The Squatter's Dream：A Story of Australian Life/ Rolf Boldrewood. —London：Macmillan and Co., c1899

312 p.；18 cm.

本书讲述了19世纪50年代,一个名叫杰克的年轻人离开自己在澳大利亚殖民地舒适的家去寻找梦想,体验外面世界的生活的故事。本书介绍了杰克、其生活的地方——澳大利亚殖民地的自然环境以及杰克在这里的生活；描写了杰克在寻梦旅途中的所见所闻以及他一路上的心理活动。在寻梦的旅途中,杰克遇到了各式各样的人,在和他们或短或长的相处之后——告别,并继续踏上自己的寻梦之旅。最后,在走过了许多的地方,体验了各式各样的生活之后,杰克决定回到自己的家乡,过起了和家乡人一样的生活。

I611.44/B687S982

A Sydney-Side Saxon/ Rolf Boldrewood. —London：Macmillan and Co.，1893

237 p.；19 cm.

本书介绍了一群撒克逊人在悉尼的生活。第一章描写了农夫乔布在悉尼农场的生活状况。第二章描写了装卸工杰西繁重的工作和他的生活。第三章描写了威尔士人巴福瑞在悉尼的生活。第四章描写了这些撒克逊人坐船回到利物浦过程中的所见所闻。第五章描写了罗珀在悉尼的生活与工作的情况。第六章描写了伯道科在悉尼的生活。第七章描写了珀西·巴克在悉尼的工作与生活情况。第八章描写了威尔士禁卫军退役士兵库拉曼在悉尼的生活。第九章和第十章描写了流浪汉杰克·莱顿在悉尼的生活与境遇。第十一章描写了多赛特在悉尼的工作与生活状况。最后一章描写了这些撒克逊人对于命运的挑战。

I611.44/B725

A Maker of Nations/ Guy Boothby. —London：Ward, Lock & Co., Limited, c1900

342 p.；18 cm.

本书以领导南美洲多个国家走向独立的著名革命家、军事家和政治家西蒙·玻利瓦尔为原型,塑造了一位名叫约瑟夫的伟大的政治人物的形象。首先,描写了约瑟夫与各国首脑的会谈经过,显示了其与人交谈时的技巧和外交方面的独特天赋与手腕。其次,描写了约瑟夫独到的识人之术,即第一眼就能看穿一个人的性格与弱点。从年轻时起,约瑟夫便刻意注重培养自己作为一名政治家所应具备的品质。最后,一系列具体的事例显示了约瑟夫卓越的领导才能。本书作者通过塑造约瑟夫政治家的形象,总结了作为一名政治家应具备的修为和品格。

I611.6/B687

Old Melbourne Memories/ Rolf Boldrewood. —London: Macmillan and Co., c1899

xii, 259 p.; 18 cm.

本书介绍了19世纪中期墨尔本的概况;墨尔本历史上的几位名人(如维奥莱特、邓默尔的事迹);当地土著居民与殖民者之间的战争;墨尔本热爱摇滚音乐的儿童;墨尔本警察;墨尔本古老的港口、集市以及波特兰湾的风景;墨尔本的工作状况和娱乐项目;墨尔本浪漫和自由的气息;墨尔本勇武的骑士;宗教洗礼仪式和成片的林地以及关于墨尔本的一些传说;描绘墨尔本景色的一些诗歌。

I711.45/C743

The Prospector: A Tale of the Crow's Nest Pass/ Ralph Connor. —London: Hodder and Stoughton, c1906

viii, 472 p.; 19 cm.

本书讲述了一个探矿小组的故事。随着科技的发展,社会对于矿产的需求量大增,于是政府决定组建一支探矿队专门从事探矿的活动。该探矿队的成员主要由麦吉尔大学和其他一些大学选拔出的科技人员组成。在到野外采集矿石样本的过程中,队员们深深陶醉于大自然的虫鸣鸟叫之中,渐渐喜欢上了野外的生活。在实验和开采的过程中,队员们遇到了很多困难,因意见分歧而致冲突不断。最后,在一位老探矿专家的帮助下,队员们成功地完成了这一阶段的任务。然而,故事并没有结束。原来这次所谓的探矿只是政府内不同政治势力相互博弈的一场游戏,却让探矿队付出了一名队员牺牲的沉重代价。

I712.1/F699

A House Party: An Account of the Stories Told at a Gathering of Famous American Authors/ Paul Leicester Ford. —Boston: Small, Maynard & Company, c1901

418 p. 19 cm.

本书介绍了一些著名的美国作家在聚会时所讲的故事,包括一位作家根据聚会时的一幅画联想出来的《家庭传统》的故事、一个关于《狩猎女神的镜子》的故事、年轻的道森在面临堕落的困境时的挣扎与选择的故事、多年未见的老友的相逢的故事、一位名叫南希的老妇人的晚年生活、发生在一个邮递员身上的超自然现象的故事、关于旅行的故事、关于一位母亲的故事等。

I712.2/B275

Auld Licht Idylls/ J. M. Barrie. —New York: R. F. Fenno & Company, c1894

192 p.；20 cm.

　　本书为作者对于昔日在美国的田园生活的回忆。首先,介绍了作者在乡间小学的校舍居住时的生活,回忆了那里的景色及其每天的生活状态。其次,描写了离作者居住的校舍不远的"纺织镇"的情景,并且介绍了乡间教会的活动。最后,作者回忆了乡间人们的夜晚生活,描写了那里的克里族人民的风俗习惯等内容,介绍了乡间的文学俱乐部。

I712.2/B636

Graded Poetry：Sixth Year/ Katherine D. Blake, Georgia Alexander. —New York：Charles E. Merrill Co.，c1905

96 p.；17 cm.

　　本书收集了该年度内西方诗人发表的诗歌。上半年包括奥利弗·温戴尔·霍姆斯的《鹦鹉螺》、雪莱的《云》、斯宾塞的《秋》、约翰·济慈的《致秋天》、拉尔夫·艾默生的《暴风雪》《宽容》、威廉·华兹华斯的《露西》、拜伦的《西拿基力的覆灭》《希腊群岛》、托马斯·摩尔的《游吟诗人的男孩》、莎士比亚的《俄狄浦斯和他的竖琴》、威廉·布雷克的《老虎》等诗歌,下半年包括拉尔夫·艾默生的《杜鹃》、莎士比亚的《顽皮的小妖精和仙女》《慈悲的品德》、威廉·华兹华斯的《致云雀》、伊丽莎白·勃朗宁的《乐器》、罗伯特·扫赛的《夜》、奥利弗·温戴尔·霍姆斯的《老铁甲》、朗费罗的《建造者》《圣·奥古斯丁的发迹史》以及约翰·济慈的《早晨》等诗歌。

I712.2/L853

The Poetical Works of Henry Wadsworth Longfellow/ Henry Wadsworth Longfellow. —London：Peacock, Mansfield and Britton, c1911

viii, 630 p.；19 cm.

　　本书首先介绍了朗费罗早期的一些诗歌(如《四月的一天》《秋》《山间日落》和《诗歌灵魂》)。其次,介绍了朗费罗的中晚期作品(如以《盔甲里的骷髅》《金星的残骸》为代表的民谣,以《奴隶的梦想》《沼泽地里的奴隶》《混血女孩》《目击者》为代表的奴隶诗歌),一些杂诗(如《雨天》《铁匠村庄》《恩底弥翁》《印第安猎人》)。最后,介绍了朗费罗的十四行诗(如《但丁》《明日》《长庚星》《自然》《在塔里敦的教堂》)。

I712.2/L914(1)

Poems. I/ James Russell Lowell. —Boston：Houghton, Mifflin and Company,

c1890

x, 312 p. ; 20 cm.

本书首先介绍了洛威尔早期的一些诗歌(如《塞壬女妖》《和平女神》《小夜曲》《与一朵标本花》《乞丐》《夏日暴风雨》《月亮》《颂歌》)。其次,介绍了他的十四行诗(如《没有你,我算什么》《致济慈》),并且介绍了他的杂诗(如《布列塔尼传说》《普罗米修斯》《阿德墨托斯国王的领导》《记号》《猎鹰》《审判》《幕后一瞥》《齐佩瓦传说》《自由之歌》《哥伦布》)。最后,介绍了洛威尔的一些悼诗(如《科苏特》《致拉马丁,1848》《致约翰·帕尔弗里》)。

I712.2/L914(2)

Poems. II/ James Russell Lowell. —Boston: Houghton, Mifflin and Company, c1894

438 p. ; 20 cm.

本书介绍了洛威尔《比格罗诗稿》中的作品,分为两个系列。第一个系列介绍了《荷西·比格罗先生致白金汉姆的一封信》《罗宾逊先生的思考》《老编辑的信仰》等几篇散文诗;第二个系列介绍了《泥瓦匠与斯莱德尔》《比格罗先生的新观点》《回忆已故教士威尔伯》以及《荷西·比格罗先生在三月会议上的讲话》等诗歌作品。

I712.2/L914(3)

Poems. III/ James Russell Lowell. —Boston: Houghton, Mifflin and Company, c1896

vi, 290 p. ; 20 cm.

本书介绍了洛威尔的《诺特先生悲苦的命运》《致查尔斯·艾略特·诺顿》《在柳树下》《达拉》《第一场雪》《会唱歌的叶子》《海草》《除夕,1850》《阿拉丁》《流浪者》等诗歌作品,并且介绍了一些洛威尔未完成的诗歌残篇。

I712.24/B877

The Ring and the Book/ Robert Browning. —Boston: Houghton, Mifflin and Company, c1898

477 p. ; 20 cm.

本书介绍了1698年发生于罗马的一次审判。一名落魄的贵族——康特·圭多·弗兰切斯基尼被控告涉嫌谋杀了自己的妻子和父母,原因是弗兰切斯基尼怀疑他的妻子和一个名叫朱塞佩·卡庞萨奇的牧师通奸。弗兰切斯基尼虽竭力抗议并表示自己是冤枉的,但最终还是被控告有罪并被判处死刑。于是,弗兰切斯基尼向教皇因诺森特十二世上诉,请求其替自己翻案,但并没有成功。本书分为十二幕,其中有九幕为弗兰切斯基尼案件中不同人物的独白,每个人对该案件的描述均不尽相同。

I712.4/A228H111

In Happy Hollow/ Max Adeler. —London:Ward, Lock & Co., Limited, c1903
320 p. ; 18 cm.

本书介绍了"我"在被介绍到一个叫"欢乐谷"的小镇教书之前,并没有期望在那里可以有一个浪漫的开始。这个叫作"欢乐谷"的小镇破旧不堪,街道上满是垃圾,但透过山谷从小镇向远处望去,景色还是美不胜收的。在这里,"我"结识了头发灰白但面容姣好、身材丰满的班塔姆太太和其他一些朋友。除了教书,业余时间里"我"和一些朋友们会去小镇周围的山上探险。在"欢乐谷"的生活有欢乐,也有烦恼。随着时间的推移,"我"渐渐融入了这里的生活。

I712.4/F699

Trying Out Torchy/ Sewell Ford. —New York:Grossst & Dunlap, c1911
342 p. ; 19 cm.

本书介绍了作为一名音乐演奏明星的"我",拥有着一份令人美慕的生活。"我"在演奏团队里拿着最高的工资,表面上风光无限,实则不然。日复一日地演出,没完没了地应酬,让"我"早已厌倦了这样的生活,所以"我"一直期待着换一份工作,换一种生活方式。由于"我"的天生异禀,演奏团一时找不到合适的人来代替"我"的位置。在一次演奏中,"我"偶然认识了依奇,并听她讲述了不少有关她表弟的故事。这些故事给了"我"深深的触动,使"我"终于明白每个人的生活都不是那么容易,自己厌倦的这种生活可能是多少人美慕却得不到的。于是,"我"选择继续留在这个演奏团队里。

I712.4/M878

The Red Triangle:Being Some Further Chronicles of Martin Hewitt, Investigator/ Arthur Morrison. —Boston:L. C. Page & Company, c1903
304 p. ; 19 cm.

本书介绍了"我"的朋友——马丁·休伊特有很多惊险的故事;而他讲的每一个故事,"我"都会帮他记录下来,其中,最令"我"无法忘怀的,是一个名为"红色三角形"的故事。故事始于一场谋杀案,一名游客被谋杀于酒店的房间内,且其额头上还画着一个红色的三角形。死者身上的现金、手表、钥匙等物品都在,但他的钻石不翼而飞。于是,警方初步断定该案为入室抢劫杀人案。然而,根据凶手留下的一系列线索,警方发现案情绝没这么简单。随着调查的深入,一个巨大的阴谋逐渐浮出水面。

I712.4/W729

Rosemary: A Christmas Story/ C. N. , A. M. Williamson. —New York: A. L. Burt Company, c1906

140 p. ; 20 cm.

  本书介绍了在圣诞将至的蒙特卡洛,一个年轻的男人开着汽车从遥远的地方赶来。他发现自己近来一直处于一种彷徨无措的状态中,无所适从,却又不得不找些事情来做。于是,他决定来蒙特卡洛度过这个圣诞节,因为蒙特卡洛湛蓝的天空能够让他忘记过去发生的很多事情。在这里,他把自己想象成一个有钱人,和蒙特卡洛最漂亮的女孩在月夜里约会,迎着别人投来的羡慕的眼神,他感觉棒极了。于是,他继续想象着和女孩恋爱、结婚、生子。

I712.44/A355L778

Little Men: Life at Plumfield with Jo's Boys/ Louisa M. Alcott. —Boston: Little, Brown, and Co. , c1907

376 p. ; 17 cm.

  本书介绍了学生们在弗里德里希教授和约瑟芬太太开办的普拉姆学校生活的故事。一个名叫纳特的害羞的小男孩在来到普拉姆学校之前靠拉小提琴为生。由于性格率真,他很快便和这里的同学们熟识了。普拉姆学校并不是普通的小学,在这里,每个学生都有自己的小花园和宠物,学生们被学校当作大人来看待。有一天,学校来了一位名叫丹的学生,丹觉得学校里的其他男孩子都太娘娘腔,于是他就带着他们打架、喝酒、抽烟、骂人甚至赌博,后来,丹因此被开除。可是,不久之后,脚受伤的他又重新回到了学校。在所有人都认为纳特是贼的时候,丹坚定地认为纳特是被冤枉的。最后,真相大白,纳特果然是被冤枉的,丹也因此得到了学校和同学们的宽恕。

I712.44/A355U55

Under the Lilacs/ Louisa M. Alcott. —New York: Grosset & Dunlap, c1877

302 p. ; 21 cm.

  本书介绍了巴布和贝蒂、西莉亚小姐、从马戏团逃出来的本以及他的狗桑乔之间的故事。巴布和贝蒂决定和她们的玩具娃娃们举办一个茶话会,可是在茶话会上,一只神秘的狗偷走了她们的蛋糕。在寻找蛋糕的过程中,巴布和贝蒂发现了藏在她们家谷仓里,刚从马戏团逃出来的本,并且得知本是马戏团里的驯马师。于是,她们帮本找了份工作——帮邻居赶牛。后来,本的父亲去世了,本变得无家可归。这时本的邻居——西莉亚小姐和她十四岁的弟弟桑顿收留了本。于是,本开始了在西莉亚小姐家的不平凡的生活。

I712.44/C891(O)

The Red Badge of Courage/ Stephen Crane. —New York: D. Appleton-Century Company, c1895
  xxiv, 242 p.; 18 cm.

  本书记述的是美国南北战争期间的故事。小说的主人公亨利·弗莱明是一个充满梦想和希望的北方联军青年战士。入伍不久便准备实现梦想的弗莱明,在联邦部队里闲散了多日,没有得到光荣,也没能实现梦想,他越等越觉得失望,于是对自己的胆量产生了怀疑。参加战斗时,他盲目地朝天开枪;敌人反攻时,他害怕得要死,便逃跑了。在逃跑的过程中,战友把弗莱明当成了伤员,问他伤在哪里,弗莱明不知道如何回答,就继续撤退。弗莱明在撤退的途中遇到了跟自己同一个部队的伤了头部的老兵——吉姆·考克林,便跟着他一起撤退。不久,考克林死了,这对弗莱明的打击很大,使他深深地陷入痛苦之中,并为自己的懦弱感到自责。后来,弗莱明被自己部队的一位伤兵误伤,幸而被一位好心的士兵送回部队,而大家也都认为弗莱明是在战斗中受伤的。伤愈后,弗莱明变得无所畏惧,在战斗中他冲锋陷阵,表现得异常顽强。他的行为开始影响到其他的士兵,当弗莱明担当举旗手的角色时,他成了英雄和勇气的象征。

I712.44/C891A188

Active Service/ Stephen Crane. —London: William Heinemann, c1900
  315 p.; 18 cm.

  本书介绍了马乔里想要嫁给一位名叫卢夫斯·科尔曼的男士,但是她的父亲——一位大学教授,嫌弃科尔曼各方面都不突出,觉得他配不上自己的女儿。因此,他千方百计地阻挠马乔里和科尔曼的婚姻。但倔强的马乔里认定了科尔曼,一心想要嫁给他。最终,马乔里说服了父亲,和科尔曼在父亲学校的礼堂里风风光光地举办了婚礼。婚礼后,马乔里和科尔曼开始了夫妻二人的希腊之旅。

I712.44/D261

About Paris/ Richard Harding Davis. —New York: Harper & Brothers Publishers,

c1895

219 p.；18 cm.

  本书介绍了作者戴维斯眼中的巴黎。首先,介绍了巴黎独特的街道以及街道文化,并着重介绍了巴黎的一条不知名却令作者印象最为深刻的小街。其次,介绍了巴黎各种演出场所和夜生活,说明巴黎是一座很随性的城市,来到巴黎的人们,无论是怀有求学的目的,抑或是来买衣服和化妆品,都会很快融入这座城市。再次,介绍了法国前总统卡诺遇刺事件以及卡诺的政绩、卡诺在整个法国历史上的地位等内容。最后,介绍了隆尚宫和在隆尚宫颁发的一些国内和国际大奖的基本情况,同时,介绍了在巴黎的美国人的概况。

I712.44/D311

Old Wine and New/ Warwick Deeping. —[New York]：[H. Wolff Estate]，[?]
  387 p.；19 cm.

  本书介绍了在一个深秋十月的夜晚,斯卡斯代尔只身来到切尔西,开始了他的打工生涯。初来乍到的他屡屡碰壁,但他没有因此而退缩。经过不断的尝试,他在切尔西的生活还算过得去。可是,在接连换了几份工作之后,斯卡斯代尔觉得这并不是自己想要的生活。一个偶然的机会,他开始写作,并且很快完成了自己的第一部小说。然而,稿子投出去之后,一连几个月的时间,他都没有收到出版社的回复,而此时,由于身上所带的钱已经基本花光,他在切尔西的日子又陷入了困顿之中。好不容易等来了出版社的回复,却要求他对稿子做大幅度的修改。是按照出版社的要求修改自己的稿子,还是尝试向其他出版社投稿？斯卡斯代尔又面临着艰难的抉择。

I712.44/D911D636

Doctor Luke of the Labrador/ Norman Duncan. —New York：Grosset & Dunlap，
  c1904

327 p.；19 cm.

  本书所述的故事发生在加拿大的拉布拉多半岛,情节围绕主人公戴维在拉布拉多半岛的生活经历展开。故事开篇描写了拉布拉多半岛的一个海港,接着讲述了戴维一家的故事,表达了作者对故乡的无限眷恋以及对人类永恒主题——母爱的歌颂与赞美。

I712.44/E28

The Hoosier Schoolmaster/ Edward Eggleston. —New York：Grosset & Dunlaf，

c1892

281 p. ; 19 cm.

  本书所述的故事发生在19世纪50年代美国印第安纳州的平河,讲述了内战后,尽管许多当地人怀有对"美国佬"的不满,前联邦士兵拉尔夫仍下定决心成为平河的一名小学校长。主要情节围绕拉夫尔与巴德、汉娜和绍琪之间的故事展开,他反对镇上的恶霸,除恶扬善,最终与汉娜有情人终成眷属。作为美国文学史上的里程碑,作者用幽默、直率的笔触生动形象地刻画了这位年轻校长精彩的人生,展现了19世纪美国的社会状况。

I712.44/E53

Mine Inheritance/ Emily Davant Embree. —Belton:The Cottage Home, c1906

  xv, 312 p. ; 19 cm.

  本书所述的故事发生在密西西比河西岸的一个小镇,情节围绕大卫·普勒斯顿一家展开,描写了其三个儿子约翰、吉丁斯、理查德和女儿玛莎因房产继承而引发的矛盾。最终,他们领悟到人生最大的财富是工作和责任,而家是人们工作的最佳场所。本书语言生动形象,故事情节层层推进,结局给人深刻的人生感悟。

I712.44/F453

The Love Affairs of a Bibliomaniac/ Eugene Field. —New York:Charles Scribner's Sons, c1896

  xiii, 253 p. ; 18 cm.

  本书是一部关于书籍的心灵传奇,以一位老书痴的回忆为主线,引领读者走进一个书的神奇世界。作者尤金·菲尔德将其对书籍的一腔柔情都寄托在这本书当中。

I712.44/F514

Claude Lightfoot/ Francis J. Finn. —New York:Benziger Brothers, c1893

  245 p. ; 18 cm.

  本书所述的故事围绕主人公克劳德·莱特福特与弗兰克·爱姆伍德、凯特等人展开,讲述了莱特福特遇到的难题以及他如何克服重重困难。故事情节引人入胜,生动形象地刻画了主人公的个性。

I712.44/F791

A Mountain Europa; A Cumberland Vendetta; The Last Stetson/ John Fox. —New

York：Charles Scribner's Sons，c1909

279 p.；19 cm.

  本书包括三篇中篇小说,分别为《欧罗巴山》《坎伯兰仇杀记》和《最后的斯泰森》。《欧罗巴山》介绍了克莱顿的人生经历。由于家庭出现财政困难,克莱顿不得不从德国的大学辍学,前往坎伯兰山区。在那里,他结识了伊丝特·希克斯,与她相恋,并克服了生活的困难,最终结为伉俪。《坎伯兰仇杀记》介绍了内战之后列瓦伦和斯泰森两个家族之间的恩怨情仇。老雅斯佩尔·列瓦伦杀死了罗姆·斯泰森的父亲,小雅斯佩尔的姐姐玛莎却来到罗姆家附近的磨坊工作,两人逐渐熟识,罗姆对列瓦伦家的仇恨也在消除。两家的紧张关系在老雅斯佩尔和罗姆的舅舅鲁夫死后有所缓和。在《最后的斯泰森》中,智者老加布告诉二人,他们只有一种方式来逃脱诅咒,那就是停止交战,成为朋友。三篇小说环环相扣,情节跌宕起伏,最终的结局发人深思。

I712.44/G151

The Loves of Pelleas and Etarre/ Zone Gale. —New York：Grosset and Dunlap，c1907

341 p.；20 cm.

  本书所述的故事围绕佩利亚斯与伊塔瑞的爱情展开,讲述了二人从相识、相恋到情投意合、结成伉俪的故事。本文讲述了二人相恋的点点滴滴以及二人传奇的一生,极具浪漫色彩。

I712.44/G677

The Redemption of David Corson/ Charles Frederic Goss. —New York：The Bobbs-Merrill Company，c1900

418 p.；19 cm.

  本书写于1900年,是该年度最畅销的小说之一。本书所述的故事发生在美国俄亥俄州的一个风景秀丽的村庄,讲述了戴维·科森传奇的一生。故事情节引人入胜,描写生动,每一章的开篇都引用了诗歌或经典名著,丰富了小说内容。

I712.44/H399S243L651S698

The Scarlet Letter/ Nathaniel Hawthorne. —New York：J. M. Dent Sons Ltd.，c1906

318 p.；18 cm.

  本书介绍了发生在北美殖民时期的恋爱悲剧。女主人公海丝特·白兰嫁给了医生奇灵渥斯,他们之间却没有爱情。在孤独中,白兰与牧师丁梅斯代尔相恋并生下了女儿珠儿。白兰被当众惩罚,戴上标志"通奸"的红色A字示众。牧师长期受到内心世界的折磨,更为自己伪善的角色感到厌恶。七年的精神折磨之后,他终于向世人坦承他所犯的罪,随即气绝死在白兰怀里。白兰再回到波士顿,仍带着那个红色的A字,把红字变成了道德、光荣的象征,直到死去。作者细致深入地揭示了人的内心冲突,探讨了种种有关罪恶和人性的道德、哲理问题,对几个主要人物均有入木三分的描写。小说以监狱和玫瑰花开场,以墓地结束,充满了丰富的象征寓意。

I712.44/H521F773

The Four Million/ O. Henry. —London: Hodder and Stoughton, c1906
256 p.; 18 cm.

本书是欧·亨利最著名的短篇集。欧·亨利多描写小人物的喜怒哀乐、悲欢离合,他善于描写美国社会尤其是纽约百姓的生活。他的作品构思新颖,语言诙谐,结局总使人"感到在情理之中,又在意料之外"。本书包括《托宾的手相》《麦琪的礼物》《咖啡馆里的世界公民》《回合之间》《天窗室》《爱的代价》《初入社交界》《包打听》《警察与赞美诗》《自然修正法则》《黄狗的回忆》《爱情催化剂》《财神与爱神》《菜单上的春天》《绿门》《车夫的故事》《一个没有讲完的故事》《哈里发、丘比特和钟》《金色光环中的姐妹》《忙碌经纪人的罗曼史》《二十年后》《华而不实》《信使》《带家具的出租房》和《蒂尔迪短暂的初次登场》)。

I712.44/J12

Ramona/ Helen Jackson. —Boston: Little, Brown and Company, c1907
490 p.; 19 cm.

本书所述的故事发生在美国墨西哥战争之后的南加利福尼亚。拉蒙娜,一位苏格兰籍美国小女孩,在她的养母莫雷诺女士的牧场中长大。她爱上了一位美国本土小伙子亚历桑德罗,两人的婚事却因拉蒙娜非本土美国人而被养母拒绝,于是这对恋人私奔了。两人在私奔的过程中遭遇了生活的苦难和艰辛,也发现了白人地主的偏见和贪婪。最终,他们在圣贝纳迪诺山区定居,亚历桑德罗却不幸被美国人射杀,留下拉蒙娜和他们的女儿相依为命。本书描写了墨西哥人的殖民生活以及拉蒙娜所遭遇的种族歧视,作者以犀利的笔触批判时政,影响巨大,风靡一时。

I712.44/J724

To Have and to Hold/ Mary Johnston. —Boston: Houghton Mifflin Company,

c1900

403 p. ; 19 cm.

　　本书是1900年最畅销小说之一。故事发生在美国弗吉尼亚州的詹姆士镇，围绕英国士兵拉尔夫·珀西的人生故事展开。拉尔夫·珀西买了乔斯林利这个女孩作为他的妻子，却不知道她是卡纳尔君王逃婚的未婚妻。二人为逃避卡纳尔君王的追捕，和杰瑞米·斯派洛以及仆人丁肯逃离到一个荒岛之上。他们与海盗抗争，成功登上弗吉尼亚州长的船只。经历一番抗争之后，卡纳尔君王中毒身亡。拉尔夫·珀西夫妇决定回到英国，去过无忧无虑的生活。

I712.44/J73

Sir Mortimer/ Mary Johnston. —London：Archibald Constable and Co.，Ltd.，c1906

346 p. ; 17 cm.

　　本书所述的故事发生在南美北东部加勒比海沿岸一带，主人公莫蒂默爵士是女王伊丽莎白一世特许的私掠船船长，负责捕食敌舰。然而莫蒂默遭人陷害，成为一名叛国者，失去了自己的一切：地位、财富和朋友，于是他开始为自己平反，最终取得成功。小说情节跌宕起伏、扣人心弦，诠释了一名英国老水手在南美洲北岸的探险故事。

I712.44/L778

The Story of Patrick Henry/ Artie Littlefield. —Dansville：F. A. Owen Publishing Company，c1905

1 v. ; 18 cm.

　　本书由六个故事和一本诗集组成，介绍了美国著名的历史人物和历史事件。第一个故事是《帕特里克·亨利的故事》，讲述了美国革命家、演说家帕特里克·亨利的生平。他是弗吉尼亚州的首任州长，积极参加反抗英国殖民者、维护殖民地人民权利的斗争，被誉为"弗吉尼亚之父"。第二个故事是《内森·黑尔的故事》，讲述了美国爱国人士内森·黑尔的生平。在美国独立战争中，他被英军以间谍罪绞死，成为美国的民族英雄。第三个故事是《波士顿倾茶事件》，该事件发生在1773年12月16日，因北美人民不满英国殖民者的统治，当地居民塞缪尔·亚当斯率领一众人化妆成印第安人潜入商船，把船上价值约1.5万英镑的茶叶全部倒入大海，来对抗英国国会，最终引发了著名的美国独立战争。第四个故事是《革命之事》，讲述了美国独立战争期间伊顿·阿伦的事迹。他是佛蒙特州创立的奠基人之一，在1770至1774年间与亲戚利文伯·柏加及西斯·华纳筹组了绿山兄弟,开启了佛蒙特地区自治的滥觞。1775年美国独立战争爆发,阿伦与绿山兄弟积极响应。阿伦于长岬之战被俘,在1778年获释后,投身于佛蒙特共和国政治。第五个故事是《莱克星顿和康科德之战与邦克山战役》,讲述了独立战争期间两起著名的战役。第六个故事是《国旗的故事》,讲述了美国星条旗的起源和内涵。最后一个诗集《诗写历史》,包括按年代顺序排列、评论美国著名历史事件的诗歌。本书图文并茂,生动系统地阐述了美国的历史故事。

I712.44/McC988G744

Graustark: The Story of a Love Behind a Throne/ George Barr McCutcheon. —New York: Grosset & Dunlap, c1901

399 p.; 19 cm.

本书所述的故事发生在格劳斯塔克——一个虚构的东欧城市,情节围绕宫廷斗争、皇室阴谋和爱情展开,讲述了格林菲尔·洛里智斗反派,与雅塔公主双宿双飞的故事。故事情节引人入胜,生动地表达出作者所创造的空想浪漫主义。

I712.44/P132

Gordon Keith/ Thomas Nelson Page. —New York: Charles Scribner's Sons, c1908

ix, 548 p.; 20 cm.

本书介绍了年轻的南部男孩基思·戈登的奋斗历程。故事发生在19世纪后期和20世纪初的弗吉尼亚州。基思·戈登的财产因为南部联邦内战的战败而被剥夺,其父沦为一座破损大楼的监督员,基思·戈登发誓要夺回失去的一切。因此,他用北方资本投资南部矿业。然而,费尔迪·威克沙姆从中作梗,不惜一切代价获得金钱和地位。几经斗争,基思·戈登实现了人生理想,并最终和路易斯·亨廷顿有情人终成眷属。

I712.44/P558

Plain Mary Smith: A Romance of Red Saunders/ Henry Wallace Phillips. —New York: The Century Co., c1905

本书分为美国原告和欢乐故事两个部分。美国原告部分讲述了心地善良的科洛内尔·塞勒斯是罗斯莫尔伯爵的法定继承人,与其子伯克利·罗斯莫尔争夺财产的故事。欢乐故事部分由六个短篇小故事组成,包括一个失败的战役不为人知的历史、幸运、奇妙的经历、麦克威廉斯夫人和闪电、梅斯特沙夫特的三次行动和玩耍的快递员。

I712.44/T969B218

The £1,000,000 Bank-Note and Other New Stories/ Mark Twain. —Leipzig: Bernhard Tauchnitz, c1893

280 p. ; 16 cm.

  本书介绍了一个穷困潦倒的办事员——美国小伙子亨利在伦敦的一次奇遇。伦敦的两位富翁兄弟打赌，把一张无法兑现的百万大钞借给亨利，看他在一个月内如何收场。一个月的期限到了，亨利不仅没有饿死或被捕，反倒成了富翁，并且赢得了一位漂亮小姐的芳心。作者以其略带夸张的艺术手法烘托了小说中的讽刺与幽默，揭露了20世纪初英国社会的拜金主义思想。

I712.44/T969S627

Sketches: New and Old/ Mark Twain. —New York: Harper & Brothers, c1875

424 p. ; 20 cm.

  本书包含《我的手表》《政治经济》《跳蛙》《田纳西州记者》《坏孩子故事》《好孩子的故事》《吐温和莫尔两三诗》《尼亚加拉》《科学相对幸运》《中世纪罗曼史》《一个奇怪的梦》《真实的故事》《我的血腥杀戮》《餐后演说》《竞选州长》《神秘之旅》《中国佬在纽约》等故事。本书尽显马克·吐温式的幽默，语言诙谐简洁，故事扣人心弦。

I712.44/T969S875

The Stolen White Elephant, Etc. / Mark Twain. —New ed. —London: Chatto & Windus, c1902

285 p. ; 19 cm.

  本书是马克·吐温的短篇小说集。书中的短篇小说均围绕着一个具体情节展开。马克·吐温以挥洒自如的笔力极尽夸张之能事，融幽默与讽刺于一体，既富于独特的个人机智与妙语，又不乏深刻的社会洞察与剖析，以幽默的笔触讽刺了社会弊端。本书包括《白象失窃记》《一桩稀奇事》《皮特凯恩的伟大变革》《推销员的故事》《巴黎笔记》《有关婴儿的演说》《有关天气的演讲》《关于美国语言》等故事。

I712.44/W541

Last of the Great Scouts/ Helen Cody Wetmore, Zane Grey. —New York: Grosset & Dunlap, c1899

xii, 333 p. ; 19 cm.

本书由威廉科迪的妹妹——海伦·科迪·韦特莫尔讲述、美国著名的西部作家——赞恩·格雷撰写,记载了科迪传奇的一生,描写了他丰富多彩的性格、具有讽刺意味的智慧以及他显著的国际地位,高度赞扬了他的勇敢、忠诚和智慧。他当过水牛猎人、马车司机、小马快递车手、内战的士兵和美国军队的侦察员,在美国西部名噪一时。本书语言幽默诙谐,内容丰富翔实,生动地再现了美国西部历史上令人难忘和极具争议的人物形象。

I712.44/W947

The Calling of Dan Matthews/ Harold Bell Wright. —New York: A. L. Burt Co., c1909

361 p.; 19 cm.

本书围绕丹·马修斯的故事展开。作为科林斯中西部小城镇新上任的镇长,丹·马修斯面临着重整顿因社会暴力而分裂的社区的挑战。于是,他采取措施,惩恶扬善,并战胜一己私欲,完成了自己的使命。本文以一个乡镇镇长的视角描述了美国小镇的生活,表达了睦邻友善的思想。本书语言生动形象,故事情节引人入胜。

I712.45/A131

Molly Make-Believe/ Eleanor Hallowell Abbott. —New York: The Century Co., c1911

211 p.; 17 cm.

本书介绍了卡尔因风湿病长期卧床,并饱受波士顿寒冬的痛苦。而他的未婚妻科妮莉亚逃到了南方温暖的地方,几乎从未关心过她的未婚夫。卡尔渴望与外界人接触,于是签署了"串行信公司",并开始从"莫莉"那里接收情书。"莫莉"比其他人更关心卡尔。时间流逝,"莫莉"给了卡尔源源不断的生活的希望。"莫莉"可能是一个想追求浪漫的孤独者,也可能是为了生计而编造这些假情书的作家。卡尔想知道"莫莉"是何许人也,却无从得知,为读者留下了瞎想的空间。

I712.45/A649T655

Tom Swift and His Sky Racer or the Quickest Flight on Record/ Victor Appleton. —New York: Grosset & Dunlap Publishers, c1911

iv, 207 p.; 19 cm.

本书为"汤姆·史威夫特"系列故事之九,讲述了小男孩汤姆·史威夫特的飞行梦和打造空中赛艇时发生的一系列趣事,故事简单易读,生动有趣。

I712.45/B433L863

Looking Backward, 2000-1887/ Edward Bellamy. —New York: The Modern Library, c1889

x, 276 p.; 19 cm.

  本书介绍了19世纪末一位年轻的美国人朱利安·韦斯特进入深度睡眠,醒来后穿越到2000年的奇遇。他醒后发现自己周围的事物发生了翻天覆地的改变:美国社会过渡至社会主义乌托邦。他遇到了利特医生,利特医生带他四处参观并为他讲解了新世纪所有的先进事物。作者揭露了资本主义社会存在的问题,表达了其想要改善未来的愿望。本书主要由韦斯特和利特的对话组成,情节引人入胜。

I712.45/C112

The Cavalier/ George W. Cable. —New York: Charles Scribner's Sons, c1901

vii, 311 p.; 19 cm.

  本书记述了其家乡路易斯安那州克里奥尔人的生活写实。故事发生在美国密西西比州的科派亚县,围绕一个美国军队的十九岁男孩史密斯展开,讲述了他与挚友内德·费里、夏洛特和格尔森等人的军旅生活。他们在经历了战争的洗礼后不断坚强地成长。故事催人奋进,情节扣人心弦,很好地诠释了战争中的史密斯等人坚忍不拔、冒险开拓的无畏精神。

I712.45/C884

A Spectre of Power/ Charles Egbert Craddock. —Boston: Houghton, Mifflin and Company, c1903

415 p.; 20 cm.

  本书所述的故事发生在郁郁葱葱的森林之中,夕阳西下,夜幕降临,未知灾难随之而来……而主人公本来的恣意人生也在其好奇心的驱使下一步步迷失。

I712.45/C899M334

Marietta: A Maid of Venice/ F. Marion Crawford. —New York: The Macmillan Company, c1902

458 p.; 19 cm.

  本书介绍了在玻璃熔炉的工匠佐兹与其主人安杰洛·贝罗维埃罗的独女玛丽埃塔之间的爱情故事。作者将佐兹塑造成一个自强独立的奴隶形象,并以这段爱情和婚姻故事引导读者对奴隶这个话题进行深思。

I712.45/C899P153

In the Palace of the King: A Love Story of Old Madrid/ F. Marion Crawford. —New York: The Macmillan Company, c1901

viii, 867 p.; 20 cm.

本书介绍了德洛莉丝对唐·约翰的款款心意和他们之间曲折的爱情故事。

I712.45/D337(O)

Partners/ Margaret Deland. —New York: Harper & Brothers Publishers, c1891

112 p.; 21 cm.

本书所述的故事围绕普汉姆邮局展开,以阿曼达的爱情故事为引线,描写了在邮局里形形色色的人与生活。第一章对普汉姆邮局做了大体的介绍。第二章讲述了盖德太太鼓励女儿阿曼达鼓起勇气迈出通信的第一步。第三章讲述了阿曼达与亨特先生伙伴关系的建立。第四章讲述了威利离去后的故事以及阿曼达内心情感的萌芽。第五章讲述了威利与曼迪的重逢以及他归来后带给邮局的变化。第六章讲述了曼迪与威廉先生终成眷属。

I712.45/D337V889

The Voice/ Margaret Deland. —New York: Harper & Brothers Publishers, c1902

84 p.; 21 cm.

本书以上帝、救赎、原罪等宗教问题为背景,介绍了罗伯特和女儿菲利帕的故事。第一章以劳明达与威廉的对话展开,引出主人公罗伯特和他的女儿菲利帕,为之后的故事做铺垫。第二章讲述了虔诚的罗伯特在聆听完上帝的声音后,疑惑女儿为什么不去教堂,从而引出女儿和费恩的懵懂爱情。第三章讲述了费恩如何帮助菲利帕走进教堂,聆听上帝之声,接受洗礼,实现自我救赎。第四章讲述了费恩与菲利帕互表心意,终于走到了一起,即世上最美的事就是你拥有的知识和爱。

I712.45/D579O44

In Old Bellaire/ Mary Dillon. —New York: The Century Co., c1906

viii, 363 p.; 20 cm.

本书作者于开篇对老百利的位置、建筑、历史进行了大体的介绍,讲述了主人公尤妮丝·哈洛和父亲离开马萨诸塞州,来到了老百利的新住处,在雷克斯的带领下与房东查尔顿夫人会面,并在其帮助下逐渐融入新生活。本书借由主人公的视角,描写了在百利街边举办的赞助派对、兵营里最英俊潇洒的人、新英格兰殖民地的精神意志、唱诗排练、周末的百利、老百利生活的建议、下午茶、白玫瑰的爱情、朝阳下的漫步、依依惜别等一系列故事。随着战争到来,全书的故事基调发生了变化,以尤妮丝的经历为主线,讲述了萨姆特的枪声、雷克斯的特制勋章、老百利的负隅顽抗以及副官等故事。四年后,战争结束,老百利展现出另一番希望之象。而另一方面,雷克斯和尤妮丝也终于破镜重圆,有情人终成眷属。

I712.45/D754

Round the Fire Stories/ A. Conan Doyle. —Leipzig: Bernhard Tauchnitz, c1908
350 p. ; 16 cm.

本书收录了以下故事:《皮漏斗》《昆虫学者》《多表之人》《黑色医生》《铤而走险》《宝石》《专车》《铁窗泪痕》《巴西之猫》《黎屋古事》《东塔影事》《围城哀史》《古屋惨闻》《布朗琐事》《桶中恶魔》《海面奇景》。作者 A. 柯南·道尔在故事中塑造了一个才华横溢的侦探——福尔摩斯。当其他私人侦探或警察遇到困难时,福尔摩斯即为他们提供咨询和援助。他擅长观察与演绎推理,能够结合司法科学来解决疑难案件。他能察觉他人不曾留意的细节,并从中推断出大量的信息,抽丝剥茧,条分缕析,最终破解案件谜团。每个故事都出人意料、扣人心弦。

I712.45/F235

The Broad Highway/ Jeffery Farnol. —Boston: Little, Brown, and Company, c1911
518 p. ; 19 cm.

本书分为上下两个部分。作者认为路本身及路上的风景(如小道、酒馆、树木、和风、溪流)都有着特定的色彩,带有自己的意愿和思想。本书以圣经为主导,以主人公的经历为主线,贯穿始终,描写了主人公遵从叔叔的遗愿,在驱车上路的途中历经了一系列的冒险故事。

I712.45/F514

His First and Last Appearance/ Francis J. Finn. —New York: Benziger Brothers, c1900
199 p. ; 19 cm.

本书描写了菲利普·拉西斯如何唱歌,荣耀冠身;菲利普和邓恩先生成为朋友,一起度过了愉快的半小时;读者和纽约一起见证了音乐盛典的伟大时刻;伊泽贝尔失去工作;拉西斯太太给伊泽贝尔留下奇怪的遗言;伊泽贝尔发表她的看法,西美斯坦教授当众大吵;菲利普离开,前往密尔沃基;菲利普把有关邓恩先生的事全部告诉了伊泽贝尔,在自己兜里摸出 1 美元以为自己成了富人;音乐会以及大衣的秘密;伊泽贝尔的绝望时刻;菲利普的命运与财富;新角色闪亮登场;离开密尔沃基,无政府主义再次成为焦点;菲利普与老友重逢;西美斯坦教授交流自己的情况;菲利普准备好惊艳亮相;老友舞台亮相,惊呆观众;大家惊讶于西美斯坦教授的疯狂梦想;菲利普决定重回密尔沃基;家人热烈欢迎菲利普归来;伊泽贝尔收到了天使的回答等一系列的故事。

I712.45/F514H296

Harry Dee or Making It Out/ Francis J. Finn. —New York: Benziger Brothers, c1892

284 p.; 19 cm.

本书的开篇描写了"我"在一个神秘房间度过了一个糟糕的圣诞夜,自此病倒床上。病好之后,"我"开启了不一样的"全新"生活:结识一群小混混,和他们一起淘气、游泳、历险、打棒球、捉鱼、参加招待会、打架打到医务室仍乐得没心没肺等,但有时"我"会突然有种摸不清道不明的感觉。后来,提普改了名字,成为淘气帮的领头,遇到危险时,汤姆光着脚跑去救人……提普和汤姆找回了真正的自己,开始参加演讲,与教授不舍告别等。这期间到底发生了什么,一切到底缘何? 在故事的最后,作者揭开了谜底。

I712.45/F529Y3

The Years Between/ William J. Fischer. —Techny: The Society of the Divine Word, c1911

242 p.; 18 cm.

本书介绍了斯坦福的夜晚、阿瑟顿夫人的承诺、光芒乍现、援助者、玫瑰园、巴黎来的男人、平安夜、裹黑衣的女人、墙上的画、音乐大师、演播室、山上的小屋、不速之客、玫瑰和康乃馨、安吉拉姐妹等内容。

I712.45/G548

The Wheel of Life/ Ellen Glasgow. —New York: Doubleday, Page & Company, c1906

747 p.; 21 cm.

本书分为四个部分。第一部分讲述了人内心的一种冲动,即英雄主义、梦及性的认识都是无意识的,是打破心底抑制的一种冲动。第二部分讲述了错觉、幻想,即追求极乐、前进与倒退、飞蛾扑火等现象都包括人的幻想成分,是自我、本我、超我等相互影响、相互作用的结果。第三部分讲述了醒悟,即应理性看待快乐、爱情、穷富,不要沉浸在幻想中无法自拔,强调一种清醒和顿悟。第四部分讲述了和谐、和解,是对前面认识的升华。

I712.45/G784F899

Adventures in Friendship/ David Grayson. —New York: Grosset & Dunlap, c1910
232 p.; 19 cm.

  本书以第一人称讲述了"我"在冒险途中的一系列故事。这是个奇特陌生的世界,最简单的往往最艰难,最平实的往往最黑暗,最普遍的往往最稀奇。在这个世界上,冒险一直都在,明天犹未可知,你永远猜不到会碰到什么人,发生什么事。本书语言生动、条理清晰,通过"我"的切身经历向人们展示了结识各色人的方法,诠释了朋友和友谊的真谛。友谊即幸福快乐,抑或娇羞,悄然而至;抑或炽热,轰轰烈烈。冒险不变,友谊长存。

I712.45/G842

The Young Lion Hunter/ Zane Grey. —New York: Grosser & Dunlap, c1911
277 p.; 19 cm.

  本书所述的故事发生在美国犹他州的康纳镇,围绕狄克、吉姆、肯恩和弟弟哈尔惊险曲折的森林历险展开。肯恩与弟弟哈尔离开宾夕法尼亚,来到了狄克所在的护林队成为护林员。一日,护林队在森林中惊遇美洲狮,几经斡旋,与之斗智斗勇,最终将其治服。本书语言生动形象,故事情节跌宕起伏、扣人心弦,给人以强烈的震撼。作为以西部开发为背景的冒险小说,本书完美地诠释了护林员在猎狮过程中所体现出来的开拓、冒险精神。

I712.45/G842H546

The Heritage of the Desert/ Zane Grey. —New York: Grosset & Dunlap, c1910
297 p.; 19 cm.

  本书所述的故事发生在迪恩沙漠,围绕哈雷的生活经历展开,描写了因沙漠的财产所有权而引发的一系列爱恨情仇。主人公哈雷被告知其命不久矣,若想继续活下去只能前往西部。因体力不支,哈雷在前行途中晕倒在沙漠里,被摩门教徒奥古斯特·纳布一行救下并由麦斯卡尔悉心照料。野心勃勃的强盗暗处涌动,对沙漠的城堡虎视眈眈。为保护沙漠财产,纳布等人与强盗发生了激烈的争战,最终战胜了邪恶。在日夜相处中,哈雷和麦斯卡尔暗生情愫,有情人终成眷属,一切归于平静。

I712.45/H251S884

Stories of the Norsemen/ Jean E. Hanson. —Dansville: F. A. Owen Publishing

Company, c1905

 1 v. ; 18 cm.

  本书收录了《北欧人的故事》《新英格兰的小海盗》《探索小故事》《巴拿马的四个小发明》《哥伦布的小故事》《卡伯特的故事》《拉塞尔的故事》《德索托的故事》《父亲亨内平的故事》等故事。这些故事有着不同的文化背景、风俗习惯、人情风貌,但都表达了作者对其家乡或所写人物的深情挚爱。

I712.45/H318

Queed/ Henry Sydor Harrison. —New York：Grosser & Dunlap, c1911

 x, 430 p. ; 19 cm.

  本书开篇即写了莎林·维兰德带着自己的狗贝希摩斯在街上闲逛,遇到韦斯特的场景,并以此为序引出莎林·维兰德、韦斯特、瑟菲斯和奎德的一系列故事。奎德是个博士,住在莎林的姑姑珍妮的家里。他踌躇满志,想凭自己的满腔热血进行革新,建立新型学校。但由于太过自我,他遭遇了许多挫折,一意孤行使他失去了许多好伙伴,一切化为徒劳。后来,通过与瑟菲斯、莎林的深切交流,他终于达成所愿,与朋友们建立了"幸福之家"。

I712.45/H325S626

Mrs. Skaggs's Husbands/ Bret Harte. —New York：P. F. Collier & Son, c1900

 iv, 352 p. ; 19 cm.

  本书所述故事均发生在美国的加利福尼亚州,围绕当时的淘金热展开。这些故事包括《斯卡格斯的丈夫》《圣诞老人辛普森酒吧之行》《鲍勃公主和她的朋友们》《桑迪酒吧的伊利亚特》《败家子汤普森》《马龙·霍洛的爱情》《诗人西拉·福莱特》《鲁伯特的圣诞礼物》。此外,作者还对当时的城市面貌、当地的传奇故事进行了概括和描写,通过这些形形色色的故事映射了当时的美国,让读者对当时的西进运动有更加深刻的了解。

I712.45/H572S847

Stevenson's Treasure Island/ Frank Willson Cheney Hersey. —Boston：Ginn and Company, c1911

 Lxxvi, 249 p. ; 18 cm.

  本书包括两个部分。第一部分描写了史蒂文森的生平以及金银岛——海岛地图的来源。第二部分讲述了《金银岛》的故事,其故事情节起源于史蒂文森所画的一幅地图。金银岛中有波涛汹涌的大海、机智勇敢的少年、凶恶狡诈的海盗以及一份神秘的藏宝图。本书描写了敢作敢为、机智活泼的少年吉姆·霍金斯发现寻宝图的过程以及他如何智斗海盗,历经千辛万苦找到宝藏,胜利而归的惊险故事。本书脉络清晰,故事情节跌宕起伏,人物形象鲜明生动,具有很强的可读性。

I712.45/H738S187

Samantha in Europe/ Marietta Holley. —New York: Funk and Wagnalls Company, c1895

xv, 714 p. ; 20 cm.

本书讲述了萨曼莎在欧洲的旅途见闻与切身感受。读者可以跟随主人公萨曼莎一起感受布拉尼城堡、欧洲爵士、异教传教士、威斯敏斯特教堂、伦敦、英国博物馆、巴黎、女王等的风采。

I712.45/H749(O)

The Victor/ Richard S. Holmes. —New York: Fleming H. Revell Company, c1908

320 p. ; 20 cm.

本书以主人公威廉·斯莫尔的视角讲述了他们在偏僻山谷的生活故事。由此告诉读者:只有奋斗才能通往成功!

I712.45/J65

In the Name of Liberty: A Story of the Terror/ Owen Johnson. —New York: The Century Co., c1905

viii, 406 p. ; 20 cm.

本书是作者为纪念其父所著,带有强烈的政治色彩。作者以18世纪末为时代背景,讲述了两栋旧建筑里所发生的一系列故事。人们崇尚自由,追求民主,所做一切都被冠上自由的名号。可是,以自由之名做了什么?革命、屠杀、犯罪……这就是自由地生活,自由地去爱吗?不,这是恐怖行为。作者借由尼克的曲折爱情侧面地反映了这一现象,希望不再有类似的恐怖事件发生。整个故事发人深思。

I712.45/J72

The Little Colonel's Holidays/ Annie Fellows Johnston. —Boston: L. C. Page & Company, c1904

232,7 p. ; 20 cm.

本书是一部儿童小说。年仅六岁的劳德是一个天真可爱的小女孩,她憨态可掬,招人疼爱,父亲的士兵都戏谑地称之为"小上校"。劳德的母亲伊丽莎白是一位南联盟军上校的女儿,她与来自北方的杰克坠入爱河,却招致古板父亲的反对。最终伊丽莎白选择了爱情,而父亲也与之决裂。六年后,"小上校"和母亲返回外公家过假期,时间并未冲淡父女间的隔阂。"小上校"的出现打破了尴尬的局面,她凭着机智和可爱渐渐弥合了外公和母亲心中的裂痕,又帮助家里渡过了一场劫难。

I712.45/K57(O)

Puck of Pook's Hill/ Rudyard Kipling. —New York: Doubleday & Company, Inc., c1906

253 p.; 21 cm.

本书以英国历史为依据,以两姐弟(尤娜和丹)在乡下自家附近游玩的经历为主线,叙述了他们遇见英国古代的小仙人帕克,听帕克讲述不同阶段的英国历史,并引见各种历史人物来讲述他们的故事。故事包括《维兰的宝剑》《庄园中的年轻人》《快乐的冒险》《皮文西的老人》《第三十个百人队长》《在大墙上》《有翅膀的帽子》《分遣队的海尔》《迪姆彻奇之迁移》《宝藏与法律》。吉卜林具有敏锐的观察力、新颖的想象、雄浑的思想和杰出的叙事才能。本书简洁凝练,充满异国情调,作者以童话的形式重构了英国历史上的一些重要篇章,表达了其对开始出现衰像的英国的担忧。

J 艺术

J31/J12

Wood-Carving Design and Workmanship/ George Jack. —New York: D. Appleton and Company, c1903

311 p.; 19 cm.

本书介绍了木雕的工艺与种类。首先,介绍了制作木雕的准备工作以及所需要的工具、木槌和长凳的制作、木雕的原料、木头的选择技巧和削刻的方法等,同时,介绍了雕刻时应注意的问题,如何雕刻大自然中的事物,对于这些事物的形状、背景、表面轮廓等的处理技巧,硬木雕刻的方法与技巧。其次,介绍了作品集的制作以及木刻的发展史、植物叶子的雕刻技巧与方法、家具的雕刻技巧与方法、风格怪异的木雕作品、鸟类和野兽等自然界生物的雕刻方法与技巧、投影缩减法在木雕中的应用和雕刻当中的角度问题、建筑雕塑的类型与方法、雕刻时对表面纹理的处理方法、不同的木雕流派以及建筑师和雕刻家之间的合作等内容。

J6/T174—2

Chats with Music Students, or, Talks About Music and Music Life/ Thomas Tapper. —Rev. ed. —Philadelphia: Theodore Presser Co., c1901

340 p.; 17 cm.

  本书以谈话的形式讲述了一名音乐学生应具备的素质和修养,介绍了音乐生的学习概念,包括学习动机、学习的地点、学习的内容、学习方法以及音乐生的辅助学习内容,音乐教育的道德标准,大众对于音乐的不同追求的印象、音乐批评论以及一些其他的补充内容,时间及其对于音乐的重要性等内容。针对音乐生对于学习和练习的时间安排,作者指出:作为一名音乐生,应该善于利用零碎的时间;针对音乐教学,作者解释了教学的意义、学生应该做的准备以及如何听讲等内容;针对周围环境的影响,作者介绍了朋友、家庭教育以及学生自身的性格对于其学习的影响。本书还介绍了音乐生学习的教材、读物和音乐写作、音乐学习中的一些主题、音乐史、音乐会、古典音乐与流行音乐、音乐表演中的知识等内容。

J6—62/U65

The Standard Concert Guide: A Handbook of the Standard Symphonies, Oratorios, Cantatas, and Symphonic Poems for the Concert Goer/ George P. Upton. —Chicago: A. C. McClurg & Co., c1908

xvi, 502 p.; 18 cm.

  本书介绍了不同国家的作曲家的音乐会,包括德国作曲家巴赫的《圣诞节清唱剧》《马太受难曲》《圣母赞主曲》的音乐会、贝多芬的《橄榄山》《雅典的废墟》《第一交响曲》《第二交响曲》的音乐会、法国作曲家柏辽兹的《安魂曲》《罗密欧与朱丽叶》和《哈罗尔德在意大利》等名曲的音乐会、捷克作曲家德弗扎克的《新世界交响曲》《第二交响曲》《第三交响曲》的音乐会、英国作曲家艾尔加的《生命之光》《吉伦金斯之梦》的音乐会、奥地利作曲家莫扎特的《安魂曲》等名曲的演奏过程,奥地利作曲家舒伯特的《米丽亚姆战歌》《第八交响曲》和《第九交响曲》等名曲的演奏过程。通过对以上作曲家的音乐会或其对名曲的演奏过程的介绍,揭示了成功举办音乐会或演奏名曲时应注意的一些要素。

J609.1/B197

A Complete History of Music: For Schools, Clubs, and Private Reading/ W. J. Baltzell. —Philadelphia: Theodore Presser Co., c1905

564 p.; 20 cm.

  本书介绍了古代中国、日本、印度、巴比伦、埃及、希伯来、古希腊的音乐以及乐谱的由来和发展、宗教音乐、世界上几大主要的音乐流派、世界各地的一些乐器、从莫扎特到罗西尼等一些世界著名的音乐家对于音乐发展的贡献、以小提琴和钢琴演奏为代表的音乐演奏知识以及19世纪法国和意大利的著名音乐流派的概况。本书还介绍了自匈牙利钢琴家李斯特以来的几位著名的钢琴家的业绩、北欧的一些音乐家和音乐流派以及美国本土音乐的概况和世界音乐教育的发展等内容。

J609.1/W582

History of Music: A Text Book on Music of the Different Nations From Early Egyptians to the Present Day/ Matilda P. White-Rudgers. —Cincinnati: The Willis Music Company, c1907

204 p.; 20 cm.

本书介绍了上古时期世界各地音乐的发展概况,包括古代埃及音乐、上古希伯来人和亚述人的音乐、古代印度音乐、古代中国音乐、古代日本音乐、古希腊音乐、古代波斯和土耳其音乐以及意大利基督教音乐的发展概况;中世纪时期的世界音乐发展情况;中世纪以后世界音乐的发展,包括德国音乐、法国音乐、俄国音乐、斯堪的纳维亚半岛的瑞典与挪威的音乐、英美音乐等;戏剧和清唱剧的起源与发展,包括德国、法国、英国和意大利等国的戏剧和清唱剧的发展概况;古典主义时期的音乐和浪漫主义时期的音乐等内容。本书还介绍了几种典型的音乐形式。

J61/G599

Exercises in Elementary Counterpoint/ Percy Goetschius. —New York: G. Schirmer, Inc., c1910

169 p.; 22 cm.

本书详细讲解了音乐创作中对位法的使用,且每一章后附有针对本章所讲知识的同步练习。首先,介绍了单一旋律的两条规则,并分别介绍了严格对位和自由对位中的音程进行和和声进行、近关系转调和次近关系转调等对位法中的一些基本概念。其次,介绍了对位法中的韵律差异、音符与节拍、切分节奏等概念。最后,介绍了对位法所采取的两种方法,即模仿和对比,模仿创作的最高级形式——赋格曲以及应用对位法两种最常见的固定的作品类型,即赋格和卡农。本书还介绍了对位法在影视作品的音、视频融合中的应用技巧等内容。

J652.2(712)/G795

Northwestern Songs/ Albert B. Green, Carl M. Beecher. —Dixon: Rogers

Printing, c1909

91 p. ; 26 cm.

本书介绍了《万岁乐》《永远的西北》《大学时光》《美丽的西北》《团结歌》《歌声与呼喊》《体育歌》《古老的西北》《致古老的西北》等歌曲的乐谱。

K 历史、地理

K05/M117

Essays on Lord Clive and Warren Hastings/ Thomas Babington Macaulay. —New York：Charles E. Merrill Co.，c1910

339 p. ; 17 cm.

本书分为三大部分。第一部分是序,介绍了作者托马斯·巴宾顿·麦考利的天赋、求学生涯、政治生涯等人生的经历,知名英国作家史密斯等人对麦考利的评价,麦考利作为一名杰出的诗人、散文家、演说家和历史学家在以上各领域的代表作品,《略述麦考利一生》等介绍麦考利的著作和文章的参考书目等内容;也介绍了印度历史概略、英印历史沿革、印度民族的形成过程、有关印度历史的著作等内容。第二部分为主体部分,介绍了麦考利写的关于克莱夫勋爵的随笔和关于瓦伦·黑斯廷斯的随笔。第三部分是注解,按照页码的顺序详细列出了本书各个部分中专业术语的注解,并提出若干思考问题。

K1/R419

Outlines of General History：For Eastern Students/ Frank Moore Colby. —New York：American Book Company，c1900

xxii, 485 p. ; 22 cm.

本书分为三个部分。第一部分为世界上古史,记述了上古时期的埃及、巴比伦尼亚和亚述、波斯及上古东方国家印度、中国和日本等国的兴衰,犹太人和腓尼基人的历史,希波战争时期希腊的概况及古希腊的文明,亚历山大大帝及其继承者的状况等内容;也记述了从第一次布匿战争到迦太基的陷落、罗马帝国及罗马民主的衰落、寡头政治的形成等古罗马历史上的一些重要历史事件。第二部分为世界中世纪史,记述了日耳曼帝国的历史和查尔曼大帝的终结;中世纪伊斯兰教的广泛传播;蒙古人对外的征服和奥斯曼土耳其帝国的概况以及中世纪结束前的有关欧洲的概述等内容。第三部分为世界近现代史,这一部分又分为两个部分。第一部分记述了地理大发现时代及葡萄牙和西班牙对外开辟殖民地的状况,这一段时期的宗教改革和长达一个世纪的宗教冲突,伊丽莎白女王的统治时期、斯图亚特王朝的第一时期、英联邦及其受保护国的概况等英国的百年的历史,法兰西统治的巅峰和衰落,普鲁士的崛起,近代俄国的崛起,从王朝复辟到美利坚合众国的建立时期等内容。第二部分记述了法国大革命,拿破仑统治时期,18世纪以来世界物质和精神的进步等内容;同时,介绍了法国、西班牙、瑞士、比利时、荷兰及斯堪的纳维亚等国家的概况,德国和意大利的统一情况,19世纪的俄国和巴尔干地区的概况,大英帝国和欧洲殖民地的扩张,19世纪的美洲国家概况,远东的改革等内容。

K10/M996

General History/ Philip Van Ness Myers. —Rev. ed. —Boston:Ginn and Company, c1906

xv, 779 p.; 20 cm.

在史前时期史章节中,首先,介绍了古希腊和古罗马的历史,描写了历史起源时期的人类种族和群体,记录了上古埃及、希伯来人和腓尼基人的情况以及早期巴比伦城邦国家和古老的巴比伦帝国、亚述和迦勒底帝国和波斯帝国、印度和中国等国家的历史概况。其次,描述了古希腊土地和人民的状况,介绍了希腊文献中的史前时期情况、希腊历史的传承、斯巴达的崛起、希腊殖民和暴政时期、希波战争前的雅典、希波战争、雅典的霸权等内容的历史。最后,介绍了伯罗奔尼撒战争和斯巴达与底比斯的霸权,描写了亚历山大大帝及其领导下的马其顿征服希腊城邦时期的希腊东方世界,古希腊的建筑、雕塑和美术,文学、哲学和科学以及希腊人社会生活等内容。在中世纪和近现代史章节中,首先,介绍了蛮族人的王国、宗教、拉丁语和条顿语的融合、东罗马帝国的概况、伊斯兰教的兴起、查理曼大帝和西罗马帝国王权的恢复、北方海盗入侵罗马、封建制度和骑士制度的确立、诺曼底公爵对英国的征服、罗马教皇和教皇国概况、教皇霸权的确立及其世俗权力的削弱、蒙古人及土耳其人的历史沿革、欧洲民族国家的形成和文艺复兴等内容。其次,介绍了地理大发现及现代殖民地的建立、宗教改革、西班牙的崛起及英国16世纪的历史状况和荷兰共和制的兴起、法国的胡格诺战争、涉及整个欧洲的30年战争;同时,介绍了17至18世纪英法国内的革命状况、俄国和普鲁士的崛起,拿破仑统治前后的英法等欧洲国家状况等内容,并详细介绍了法国大革命以后俄国的概况。最后,介绍了19世纪欧洲的扩张和当时的世界整体状况。

K103/M996-2

General History/ Philip Van Ness Myers. —Rev. ed. —Boston:Ginn & Company, c1905

xvi, 751 p.; 20 cm.

第一章为总序,简单介绍了史前时期的世界。本书主体分为两大部分:世界上古史;世界中世纪和近现代史。第一部分又分为三个版块。第一版块介绍了上古时期的种族和人类聚落(如古埃及、巴比伦尼亚和亚述、希伯来人和腓尼基人、波斯帝国、印度、中国为代表的东方国家的状况)。第二版块从土地、人口、神话传说以及遗迹等方面介绍了古希腊的概况和以斯巴达和雅典卫代表的古希腊城邦政治和社会状况,涉及希波战争和布匿战争的历史以及古希腊被马其顿亚历山大大帝征服的过程,最后,总述了古希腊的建筑、雕塑和绘画、文学、哲学与科学以及社会生活状况。第三版块为古罗马史,讲述了古罗马的崛起、共和制的确立及其衰落、罗马帝国的建立、鼎盛与分裂的历史内容。第二部分分为两大版块,讲述了世界中世纪史和世界近现代史。第一版块介绍了中世纪时期两河流域国家的概况、罗马帝国的衰退、英国的被征服和教皇国的崛起等内容,其中贯穿着伊斯兰教的传播和城镇的兴起,最后,介绍了文艺复兴时期的历史。第二版块首先介绍了16世纪欧洲宗教改革时期西班牙、英国、法国和荷兰等国家的历史和由宗教改革而引起的法国内部的胡格诺战争和波及整个欧洲的三十年战争。其次,介绍了英国资产阶级革命的情况和及其后俄国和普鲁士的崛起状况,并叙述了法国大革命和紧接其后的拿破仑时期。本书的最后,记录了19世纪初的维也纳会议至第一次世界大战后《凡尔赛和约》的签订这一时期英、法、俄、德、意等国家的历史以及第一次世界大战在欧洲的酝酿过程。

K105/E93

Exciting Experiences in the Japanese-Russian War/ Marshall Everett. —[S. l.]: Henry Nell,c1904

1 v. ; 23 cm.

本书介绍了日俄战争的前兆、双方为陆战所做的准备、日俄战争爆发的原因、两国在太平洋和朝鲜的利益冲突情况,还介绍了美国对日俄战争所持的中立态度、战前日俄国内的概况、日本天皇和日本人民的状况、近代俄国的诞生和成长、战前日俄陆海军力量的对比、俄国的武力威胁和日本的回应、战争前后伪满洲国和我国的情况,并重点介绍了日俄双方在我国东北和阿瑟港(今旅顺港)的战役、双方对我国奉天(今辽宁省沈阳市)的争夺、战争的结束和停战协定的签署等内容。

K107/P267—7

Some Lies and Errors of History/ Peuben Parsons. —7th Rev. ed. —Indiana: Notre Dame,c1893 vii, 393 p.; 20 cm.

  本书旨在揭示广为人知的历史人物和历史事件背后所隐藏的谎言以及人们对这些历史人物和历史事件的错误解读。本书介绍了臭名昭著的教皇亚历山大六世，神圣罗马帝国的查理五世及其死亡葬礼，两位意大利文艺复兴时期的杰出哲学家布鲁诺和康帕内拉，亚历山大里亚的圣西里尔的事迹和千古悲剧希帕提娅谋杀案，拿破仑和约瑟芬的离婚之谜，法国的费内隆和伏尔泰以及意大利的伽利略等人的鲜为人知的轶事，法国国王路易十六、路易十一、路易十三及其首席宰相黎塞留，罗马哥特教堂的宗教法庭、意大利诗人塔索、威尼斯的罪恶面、意大利圣巴塞洛缪节屠杀等人物和事件。本书的最后，讲述了哥伦布的诸多故事。

K14/M996

Outlines of Nineteenth Century History/ Phlip Van Ness Myers. —London: Ginn & Company, c1885, 1905, 1906

v, 138 p.; 20 cm.

  本书讲述了19世纪欧洲的百年内的历史，介绍了19世纪初的维也纳和平会议及其揭幕者奥地利首相梅特涅的状况，第二次王朝复辟以来法国的状况，1815年滑铁卢战役之后的英国和通向民主的进步，宗教平等原则的传播以及英格兰和爱尔兰的关系，西班牙及其美洲殖民地的反抗活动，意大利的解放与统一，日耳曼帝国的建立，1866年之后的奥地利-匈牙利的概况，法国大革命之后俄国的崛起情况，英、法、德、俄、美等国在世界范围的扩张及对19世纪欧洲的扩张运动等内容。本书还重点介绍了欧洲各国在东亚的扩张与侵略活动以及19世纪整体的世界格局等内容。

K20/B761(1)

History of China. Vol. I/ Demetrius Charles Boulger. —London: W. Thacker & Co., c1898

734 p.; 21 cm.

  本书介绍了从上古到周朝的概况，即周朝的衰落与瓦解，大秦帝国的概况，汉朝的崛起和在中国的统治、中兴与衰落，汉朝的分裂，魏晋南北朝时期的后秦状况，南朝宋和齐以及北方此时期的北魏、北齐、北周三个小朝廷的概况，唐朝及其衰落和随后的五代时期的历史概况，宋、辽、夏、金、元的概况，北宋、北宋和金的对立，蒙古人的崛起，金朝的瓦解，南宋和蒙古的对峙，元朝的建立、统治、衰落和灭亡，明朝二百多年的历史，康雍乾盛世及其时的内外矛盾与战争，乾隆时期中国与西方国家的关系等内容。

K209/B495

The Story of China/ R. Van Bergen. —New York: American Book Company, c1902

236 p. ; 19 cm.

本书介绍了中国的地理、物产、人口、历史、社会、文化等内容。第一部分讲述了中国十八省的地理概况和物产,对中国进行了总体的描述。第二部分介绍了中国的人口,包括中国人的统治方式、官员的选拔方式、考试制度等内容,介绍了中国的宗教以及中国人的婚姻、生育、丧葬等习俗,还介绍了中国的家庭、城市、学校的授课内容以及传统休闲项目和假期。第三部分为古今中国,介绍了《书经》的内容和中国古代的圣人孔子以及早期中西方的交往、欧洲探险家在中国的事迹等内容,讲述了荷兰、俄国、美国与中国的交流与关系。本书还介绍了作为中国人口、土地面积和矿产大省——山东省的土地税较高;中国海军官兵也以山东人居多,同时,山东省是中国最早遭受外来侵略的省份之一。

K25/B761(2)

The History of China. Vol. II/ Demetrius Charles Boulger. —London: W. Thacker & Co., c1898

627,31 p. ; 21 cm.

本书记录了我国的晚清史,包括嘉庆和道光统治时期中国的内政,中外的交往与冲突,第一次鸦片战争以及《南京条约》的签订,道光晚期和咸丰早期的统治,第二次鸦片战争以及这一时期的其他国内重大历史事件,同治的继位及其时期的统治,两宫太后的摄政,中法战争,光绪时期的统治和中日甲午战争以及给中国造成的影响,西方列强,尤其是德国对中国重要港口和天然的海军基地——胶州湾的瓜分等内容。

K25/G674

China/ Harold E. Gorst. —London: Sands & Company, c1899

xx, 300 p. ; 23 cm.

本书就远东地区即将发生的格局变化做出了预测,介绍了中国的自然资源状况、英国在中国的势力范围、中国历史和古老的中国文明的简要概括等内容。本书从科技、农耕、家庭结构、传统雇工、新式劳动工人、商人、文人、政府的统治模式、官场的腐败、宗教和传教士问题以及中国的军队等多个方面介绍了中国社会状况、国家状况和民众心理,并记录了中国早期的外交,包括中国早期和西方的交往、中国的对外关系、外国对中国的影响以及中俄关系等内容。本书还介绍了中国近来的发展和进步,并从铁路公司、金融资源等方面介绍了中国国内的发展状况以及中国社会存在的问题。此外,书中提及了山东省拥有丰富的矿产资源——煤矿、铁矿,山东省也是丝绸的重要产区之一。

K250. 6/S416

China：The Long-Lived Empire/ Eliza Ruhamah Scidmore. —New York：The Century Co. , c1900

xv, 466 p. ; 21 cm.

本书介绍了中国晚清时期的社会状况,包括直隶(河北省)、天津、上海等地的社会状况,马可·波罗的中国之行,北京从确立为首都起后历经元、明、清几个朝代的变迁,晚清时期满族统治的衰落以及慈禧的政治生涯,晚清时期西方人来华的二十五年以及这一时期传教士在中国的活动,晚清时期鞑靼人(蒙古人)的一些生活状况,晚清时期北京城内外的生活景象,长城、明朝皇帝的陵墓以及城市郊外的庙宇,上海和杭州两个大城市的概况,中国独有的衙门等内容。在最后的一章中,作者对中国的传统节日——新年进行了介绍。

K264/W632

The Truce in the East and Its Aftermath：Being the Sequel to the Re-Shaping of the Far East/ B. L. Putnam Weale ［pseud.］. —New York：The Macmillan Company, 1907

xv, 647 p. ; 23 cm.

本书介绍了日俄战争后停战协议的签订及其影响、19 世纪末 20 世纪初远东秩序的重建。第一部分从战争的结束、战争前后的日本政府和日本人民状况、作为远东各国利益冲突焦点的朝鲜状况、鸭绿江公路的运输情况、满洲以及铁路权与日本的利益线等方面介绍了日本当时的国际地位与国内社会状况,并且分析了日本结束战争的原因。第二部分介绍了当时的中国和中国人的状况,首先介绍了中国首都北京城内的社会状况、中国政府所推行的一些改革运动以及社会上的民众运动。第三部分介绍了西方列强和其对远东局势的影响,包括对英、美、俄、德、法等国在远东的利益分析等内容。

K31/L419

War and Neutrality in the Far East/ T. J. Lawrence. —London：Macmillan and Co. , Limited，c1904

xiii, 232 p. ; 20 cm.

本书以日俄战争为例,对战争的参战国和中立国在战时应遵守的条例进行了分析。第一章追溯到中日甲午战争,具体分析了从中日甲午战争到日俄战争爆发前的十年间,日本和俄国在朝鲜和中国东北的利益冲突,揭示了日俄战争爆发的根源。第二章介绍了日俄战争的全面爆发及其战争法则,并就日本在战争中对已经开出亚瑟港的俄国军列发动袭击的行为是否有违国际公法进行了探讨。第三章介绍了日俄战争爆发前俄国国内一片盲目乐观的状态。第四章描写了日俄战争爆发前朝鲜仁川港的状况。第五章介绍了新型通讯和军事设备在战争中的应用。第六章介绍了交战双方在公海领域的利益与冲突。第七章介绍了战时禁运状况。第八章讨论了煤矿、食物以及棉花是否该划入战时禁运品的清单,以及中立国政府在海上贸易方面所应遵守的一些条例。第九章讨论了邮船是否有海上通行的特权。第十章分析了日本的战争行为是否侵犯了中立国朝鲜的利益等。

K31/P989

The Coming Struggle in Eastern Asia/ B. L. Putnam. —London:Macmillan and Co., Limited,c1909

xxvi, 656 p.;23 cm.

本书分析了20世纪初远东的局势。第一部分介绍了贝加尔湖以东的俄国概况,作者对于符拉迪沃斯托克(海参崴)的第一印象和这里的商业和军事力量,乌苏里铁路沿线的情况等内容,同时,介绍了哈巴罗夫斯克(俄国城市)、阿穆尔(黑龙江)省和以哈尔滨为例的当时中国东北地区的概况,俄国在中国东北地区的势力和影响以及与日本在中国东北地区的利益冲突等内容。第二部分介绍了东亚的新问题,介绍了日本的内政、金融、工商业、航海状况以及日本的陆军和海军的实力。第三部分介绍了西方各国在中国以及中国周围的冲突情况、1907年中国政府的统治状况和中国的制度、中国大陆上的铁路、中国内部的社会状态、美国和英国等欧美国家以及日本与中国的关系等内容。

K312.4/L154

In Korea with Marquis Ito/ George Trumbull Ladd. —New York:Charles Scribner's Sons,c1908

x, 477 p.;21 cm.

本书讲述了作者与伊藤博文在朝鲜的经历。第一部分介绍了作者收到伊藤博文共赴朝鲜的邀请,到朝鲜后对朝鲜的第一印象,以及在首尔和平壤两座城市的生活经历,同时,介绍了朝鲜的仁川港等地。第二部分从各方面对朝鲜半岛进行了介绍。首先,分析了朝鲜半岛有史以来存在的各种问题。其次,介绍了使朝鲜沦为日本的"受保护国"的《乙巳保护条约》,并且介绍了朝鲜历代的统治者和朝鲜人民的状况、朝鲜的资源和财政状况、教育与社会公正问题以及朝鲜与外国的关系、外国传教士在朝鲜的传教活动等内容，讲述了1907年7月"密使事件"及之后的朝鲜国内局势。

K37/H915

Twenty Years in the Near East/ Ardern G. Hulme-Beaman. —London：Methuen & Co.，c1898

viii，315 p.；21 cm.

本书为回忆录。作者回忆了19世纪末自己在近东的二十年生活，记述了开罗的文学团体，与罗伯森教授在尼罗河一带的居住的日子，叙利亚的古物，在大马士革和自己在大马士革的家的居住时光，在大马士革遇到的迪格比女士及其阿拉伯丈夫的情况，大马士革的犹太人等内容；还记述了英国在近东的政策，作者为去伊斯梅里亚（埃及城市）所做的准备工作，亚历山大里亚的法庭尚武的特点，在埃及经历的语言障碍，在罗马尼亚首都布加勒斯特和在瑞士与马其顿的生活，1890年保加利亚首都索菲亚的概况，俄国的射击俱乐部，埃及的军队及作者在克里特岛和君士坦丁堡（土耳其城市）的生活等内容。

K5/A213

European History：An Outline of Its Development/ George Burton Adams. —New York：The Macmillan Company，c1899

xxviii，577 p.；20 cm.

本书分为七个部分。第一部分介绍了远古欧洲与近东诸国的历史。第二部分介绍了古希腊的历史，记录了古希腊与波斯之间的战争及其影响、伯罗奔尼撒战争及其影响、马其顿的崛起及亚历山大大帝对希腊地区的征服等历史内容。第三部分介绍了古罗马的崛起，包括古罗马的崛起、成长罗马帝国的建立、共和制度的瓦解和恺撒统治的开始等内容。第四部分介绍了罗马的世界帝国及其衰落、基督教的兴起、罗马帝国的崩溃，同时，记录了日耳曼国家、法兰克王国、阿拉伯国家以及教皇国等罗马帝国对手国的兴起，罗马帝国的复兴与查理曼大帝等内容。第五部分介绍了欧洲民族国家的建立（如查理曼帝国的分裂、欧洲封建制的确立、欧洲新的民族国家的兴起与教皇以及英国、法国和以奥地利、意大利、西班牙等国家为代表的新兴民族国家的历史概况）。第六部分介绍了欧洲的文艺复兴与宗教改革，叙述了这一时期欧洲的政治变迁史。第七部分介绍了欧洲各国对霸权的争夺和殖民扩张等内容。

K500/R662(1)

Readings in European History. Vol. I, From the Breaking up of the Roman Empire to the Protestant Revolt/ James Harvey Robinson. —Boston: Ginn & Company, c1904

xxxi, 551 p. ; 19 cm.

  本书首先介绍了历史研究中应注意的问题,即史料的选择与辨别。其次,介绍了蛮族入侵罗马之前的西欧的状况、异教与基督教之间的相似之处、早期的普世教会概念、欧洲教派与罗马帝国皇帝、罗马人与巴比伦人命运的比较、日耳曼人对罗马的入侵以及罗马帝国的分裂、天主教会的崛起、罗马主教及教会的领袖、教皇格里高利及其时代的天主教、欧洲修道士的崛起、被尊称为"日耳曼人的使徒"的伯尼法修出使德国的情况以及天主教教区在德国的扩张、法兰克王国宫相查理·马特及其子加洛林王朝的开创者矮子丕平的生平、丕平之子查理大帝及其庞大帝国的建立过程、查理帝国的瓦解、欧洲封建制的兴起和封建制度在欧洲的确立、中世纪时期法国和英国的发展、10至11世纪德国和意大利的历史概况、教皇格里高利七世和神圣罗马帝国皇帝亨利四世之间的冲突与斗争、神圣罗马帝国霍亨施陶芬王朝的各代皇帝以及各代罗马教皇、处于巅峰的中世纪欧洲教派、欧洲异教的兴起、中世纪欧洲城乡人民的生活状况、中世纪欧洲各国的文化、英法百年战争、欧洲历史上的康斯坦茨宗教会议、意大利的文艺复兴及这一时期意大利的城市概况等内容。

K504/H429E

Europe Since 1815/ Charles Downer Hazen. —New York: Henry Holt and Company, c1910

xxiv, 830 p. ; 22 cm.

  本书讲述了1815年以来欧洲的发展与演变,介绍了拿破仑时期结束之后欧洲秩序的重建及这一时期的奥地利、德国和西班牙、意大利等国国内的概况,王政复辟时期的法国概况,法国以外的欧洲革命状况,路易·菲利普对法国的统治,19世纪中期中欧各国的概况,法兰西第二帝国的建立和法兰西第二帝国的改革,撒丁王国首相加富尔与意大利王国的建立,俾斯麦与德国的统一情况,法国和普鲁士为争夺欧洲大陆霸权和德意志统一问题而发生的普法战争情况,德意志帝国的建立,第三共和国时期法国的状况,意大利王国建立之后的概况,1849年奥匈帝国成立以来的概况,1832年改革法案之前的英国状况,1832年和1867年两次议会改革之间英国的概况,格莱斯顿和迪斯雷利统治下的英国和1886年第二届索尔兹伯里政府以来的英国及19世纪的大英帝国的概况,欧洲各国对非洲的瓜分情况,费迪南七世后期的西班牙与葡萄牙的状况,19世纪中后期的荷兰和比利时的状况,19世纪的瑞士概况,斯堪的纳维亚国家的概况,奥斯曼土耳其帝国的分裂和巴尔干地区国家的崛起,日俄战争前后的俄国以及远东局势,欧洲近代化的一些特点等内容。

K504/S398

A Political History of Modern Europe From the Reformation to the Present Day/ Ferdinand Schwill. —New York: Charles Scribner's Sons, 1907

xiv, 607 p.; 21 cm.

本书介绍了16世纪欧洲宗教改革以来的政治形势。首先,介绍了文艺复兴时期的欧洲社会、近代化起点上的欧洲各国以及欧洲的教派情况。其次,分三个部分介绍了欧洲宗教改革以来的政治史。第一部分介绍了宗教改革时期的欧洲政治,即德国的宗教改革、欧洲宗教改革的展开以及天主教对宗教改革的抵制、查理一世时期的西班牙状况、图特王朝时期的英国概况以及伊丽莎白女王时期英国宗教改革的成功、法国的宗教改革与内战以及欧洲的三十年战争等内容。第二部分介绍了欧洲的专制君主制时期(如英国的斯图亚特王朝、路易十四时期法国的逐渐强大以及俄国和普鲁士的崛起)。第三部分介绍了资产阶级革命和民主政治时期的欧洲政治概况。

K512.55/K95

The Life of Frederick the Great: Comprehending a Complete History of the Silesian Campaign and the Thirty Years' War/ Francis Kugler. —New York: A. L. Burt Company, c1902

v, 453 p.; 19 cm.

本书为普鲁士腓特烈大帝的传记。第一部分描写了青少年时期的腓特烈的足迹,包括其出生与洗礼、婴儿时期、童年、他与父亲之间从不和到和解的事迹,并且叙写了其婚姻状况、第一次战争经历、在莱茵斯堡的定居及其父亲的死亡等内容。第二部分从腓特烈的政治生涯的起点开始,介绍了西里西亚战争的爆发、战后短暂的和平局面以及第二次西里西亚战争的爆发等一系列历史事件,还介绍了七年战争爆发之前腓特烈在普鲁士的统治以及战争爆发前夕欧洲的政治形势。第三部分描写了腓特烈时期的七年战争,介绍了七年战争中的布拉格战役、斯巴哈战役、进军摩拉维亚等一些著名的战役,这一时期为腓特烈大帝建立英雄业绩的时期。第四部分描写了晚年的腓特烈大帝的成就,包括对国内和平秩序的重建、发展与俄国和奥地利的友好关系、发动巴伐利亚战争、七年战争之后的对内统治等内容。本书还介绍了腓特烈晚年的国内生活、他的死亡与遗愿等。

K545.0/J88

Grecian History: An Outline Sketch/ James Richard Joy. —New York: Chautauqua Press, c1892

298 p. ; 19 cm.

　　本书介绍了古希腊的地理、希腊史前史、希腊神话与传统、希腊的人民等内容,并介绍了希腊语的形成与传播,多利安人与斯巴达,希腊雅典的建立与雅典帝国的形成以及同时期的巴比伦、雅典民主制的成功等内容。本书分三个阶段介绍了伯罗奔尼撒战争。第一阶段介绍了从战争的爆发到公元前421年《尼西亚斯和约》签订期间的一些事件。第二阶段介绍了双方的战争转移到了西西里;公元前413年,冲突又回到了阿提卡。战争的第三阶段,斯巴达与波斯结盟并得到了波斯的资助,开始建立自己的舰队,并在公元前405年的羊河战役中击败了强大的雅典海军,斯巴达的海军司令莱山德成功地封锁了雅典,并迫使其投降,斯巴达从此成为希腊世界的霸主。最后,叙述了底比斯人的时期以及希腊城邦国家的衰落。

K545.0/S663

A History of Greece: From the Earliest Times to the Roman Conquest/ William Smith. —New York: American Book Company, c1854

xxxiv, 704 p. ; 20 cm.

　　本书描述了从上古时期到被罗马人征服之前的希腊历史。第一部分描写了神话时期的希腊,介绍了早期的希腊居民、希腊神话中的英雄、英雄时期的希腊社会状况、伯罗奔尼撒半岛上希腊殖民城邦的建立以及荷马史诗等内容。第二部分描写了希腊城邦的发展(前776至前500年),介绍了这一时期希腊的人口状况、伯罗奔尼撒半岛早期的历史及来库古法规、雅典和斯巴达的历史等内容,同时,介绍了希腊殖民地史和这一时期的希腊文学和艺术。第三部分描写了希波战争。首先,介绍了波斯帝国的崛起。其次,以马拉松战役、温泉关与阿提密西安战役、萨拉米斯战役、普拉提亚与密卡尔战役等为例介绍了希波战争的全过程。最后,介绍了这一时期的希腊文学。第四部分描写了雅典在希腊的霸权和伯罗奔尼撒战争,介绍了希波战争中波斯人的失败、雅典的崛起、伯罗奔尼撒战争爆发的原因、战争的过程和希腊的战败,并介绍了这一时期的雅典文学。第五部分描写了斯巴达和底比斯在希腊世界的霸权。第六部分描写了马其顿的崛起和对希腊世界的征服,并且介绍了这一时期希腊的艺术与文学概况。

K546/M149

History of Florence and of the Affairs of Italy/ Niccolo Machiavelli. —New York：M. Walter Dunne，c1901

xvii，417 p. ；23 cm.

本书介绍了意大利及意大利城市佛罗伦萨的历史，包括北方人入侵罗马领土、弗拉维·芝诺统治时期的东罗马帝国、教皇亨利五世、佛罗伦萨的起源以及在那不勒斯政府统治之下的佛罗伦萨概况、意大利国内共和派之间的纷争以及意大利与教皇势力之间的战争、意大利的奴隶制度、意大利内部的战乱以及意大利与教皇之间错综复杂的矛盾、意大利其他城市政府与佛罗伦萨之间的关系、威尼斯人与佛罗伦萨之间的战争以及佛罗伦萨城的腐败情况、美第奇家族（意大利王国皇族世袭意大利国王和皮埃蒙特公爵）在佛罗伦萨的状况及佛罗伦萨人与教皇之间的战争等内容。

K546.9/C899(2)

Salve Venetia：Gleanings From Venetian History. Vol. II/ Francis Marion Crawford. —New York：The Macmillan Company，c1905

x，441 p. ；20 cm.

本书介绍了16世纪初期威尼斯的贵族行政官们，这一时期威尼斯的概况，威尼斯的外交状况，威尼斯的兵工厂、玻璃厂的状况等内容。本书还对16世纪的威尼斯女性进行了介绍，同时，介绍了威尼斯的画家、作家和学者，叙述了威尼斯城的繁荣与衰落，介绍了威尼斯城末期最后一批名媛、威尼斯人最后的狂欢与盛宴、威尼斯城末期的地方法官和警察、威尼斯和热那亚共和国的总督、士兵和外交家们的情况。最后，记述了16世纪威尼斯腐败糜烂的生活。

K56/R662

An Introduction to the History of Western Europe/ James Harvey Robinson. —Boston：Ginn & Company，c1903

xi，714 p. ；19 cm.

本书介绍了蛮族入侵罗马之前的西欧，日耳曼人对罗马的入侵以及罗马帝国的分裂、欧洲修道士的崛起、法兰克王国宫相查理·马特、其子加洛林王朝的开创者矮子丕平、丕平之子查理大帝及其庞大帝国的建立与分裂；同时，介绍了欧洲封建制的兴起和封建制度在欧洲的确立、中世纪时期法国和英国的发展、10至11世纪德国和意大利的历史概况、教皇格里高利七世和神圣罗马帝国皇帝亨利四世之间的冲突与斗争、神圣罗马帝国霍亨施陶芬王朝的各代皇帝以及各代罗马教皇；处于巅峰的中世纪欧洲教派和欧洲异教的兴起；中世纪欧洲城乡人民的生活和中世纪欧洲各国文化。本书还介绍了这一时期意大利的城市概况、16世纪初期的欧洲概况、16世纪欧洲的宗教改革、17世纪英国的三十年战争、英国为建立君主立宪所做的努力以及法国在路易十四领导之下的逐渐强大等内容。最后，介绍了俄国的崛起、英国的殖民扩张、法国大革命及拿破仑时期的法国概况、维也纳会议之后的欧洲以及意大利和德国的统一、当今欧洲的新形势等内容。

K561/C531

A Short History of England/ Edward P. Cheyney. —Boston：Ginn and Company, c1904

xvi, 695 p.；19 cm.

本书介绍了英国的地理概况、史前时期的英国和凯尔特人时期的英国历史、罗马统治下的英国状况、统一的民族国家的形成与建立过程、前期的英法百年战争、英国的兰开斯特和约克两大家族、早期的图特王朝、伊丽莎白的统治、斯图亚特王朝早期的个人独裁、17世纪中期英国国内的大起义和共和国的建立、英国的王朝复辟和1688年的"光荣革命"、大英帝国的建立、英国的工业革命以及同时期的美国独立战争和法国大革命、议会改革时期的英国、英国共和制度的成长等内容。

K561/G224－2

Introduction to the Study of English History/ Samuel R. Gardiner, J. Bass Mullinger. —2nd ed. —London：Kegan Paul, Trench, & Co., c1882

xvii, 424, 38 p.；20 cm.

本书介绍了英国的历史以及史学界对英国历史研究的概况。第一部分介绍了上古至19世纪末的英国历史。首先，介绍了上古欧洲的历史概况。其次，介绍了公元449至1066年之间罗马人在不列颠建省和殖民统治的概况、英国王权的萌芽与成长、公元11世纪后期至12世纪末诺曼公爵对英国的征服以及这一时期的英法关系等内容。本书还介绍了13世纪的英国国会状况、14和15两个世纪英国的宪政王权、16世纪君主制下的图特王朝、17世纪上半叶英国国王和国会之间的斗争以及17世纪下半叶英吉利共和国护国公克伦威尔在英国的实际统治和这一时期的英国资产阶级革命，辉格党贵族对英国的统治以及法国大革命对英国所造成的影响等内容。第二部分介绍了史学界对各个时期的英国历史的一些权威的研究。

K561/G738

The Mother of Parliaments/ Harry Graham. —Boston：Little, Brown, & Company, c1911

xii, 314 p. ; 22 cm.

本书介绍了英国议会包括英国议会的起源以及"议会"一词的来源,英国的政党,英国议会的上院和下院,作为议会上院和下院所在地的国会大厦威斯敏斯特宫的概况,英国议会内的公务员,对英国的大法官的委任程序及其在立法、行政等方面的职能,下院发言人的主要职责,议会的召开程序,英国的议会大讨论,议会的特权和内部的一些规范内容,进入议会的人应具备的雄辩技巧,议会的职能和工作程序的演变,英国议会报告的格式等内容。

K561/G795

A Short History of the English People/ John Richard Green. —London：Machillanans Co. , Limited, c1911

xxxii, 872 p. ; 19 cm.

本书介绍了中世纪以来的英国历史概况,包括以诺森布里亚王国为代表的中世纪早期不列颠岛上的一些王国,11至12世纪外族人统治下的英国(如丹麦人统治下的英国、诺曼底公爵对英国的征服),大宪章时期的英国历史概况(如这一时期英国的文学、大学、英国的异教以及1258至1265年的王爵战争),英格兰对威尔士和苏格兰的征服和这一时期英国的国会情况,苏格兰的独立战争,英法百年战争时期的英国历史概况,英国的玫瑰战争及之后百年的英国历史,欧洲宗教改革时期的英国,清教主义在英国的兴起和衰落以及这一时期英国国内的状况,英国的资产阶级革命,近代英国概况和这一时期的美国独立战争以及18世纪末19世纪初英法之间的战争等内容。

K561/M113

The History of England/ Thomas Babington Macavlay. —London：J. M. Dent & Sons Ltd. , c1906

xii, 804 p. ; 18 cm.

本书介绍了"光荣革命"之前的英国历史,包括早期异族人统治下的英国历史概况;英国国内的各种矛盾与冲突以及英国资产阶级革命、王权复辟情况;"光荣革命"前夕英国的内政及与欧洲各国的战争;英国两大政党——辉格党和托利党的崛起;资产阶级革命以来英国国内发生的巨变,包括英国城乡的变化;英国的宗教、公共事业、文学与自然科学以及英国工业生产的发展;查理二世死后作为托利党领袖的詹姆斯二世为了继承王位所做的努力;詹姆斯二世即位之初得到了包括保守的新教徒在内的各方势力的支持;詹姆斯二世为了加强皇权所采取的一些措施,包括建立强大的军队、解散国会等;詹姆斯二世因这些措施失去了国内各方势力的支持等内容。

K561/S787(2)

In Darkest Africa, or, the Quest, Rescue, and Retreat of Emin Governor of Equatoria. Vol. II/ Henry M. Stanley. —New York: Charles Scribner's Sons, c1891

xvi, 539 p. ; 22 cm.

本书讲述了作者亨利·斯坦利在非洲的经历,介绍了斯坦利的第三次尼亚萨湖(非洲南部大湖)之行;非洲的博多堡、非洲中部的大森林;斯坦利被艾敏帕夏囚禁及释放的经过;斯坦利返回位于桑吉巴的家、斯坦利的朋友大卫·列文斯通的到访;斯坦利前往东非爱德华湖途中的所见所闻;尼罗河流的源头以及尼罗河流域形成的温泉,鲁文佐里山脉和爱德华湖;斯坦利穿越乌干达地区时的所见所闻及非洲大草原上的各个部落;斯坦利去维多利亚湖南部的路上的所见所闻及从维多利亚湖返回桑吉巴等内容。

K561.0/G221(1)

A Student's History of England From the Earliest Times to the Death of Queen Victoria. Vol. I, B. C. 55-A. D. 1509/ Samuel R. Gardiner. —London: Longmans, Green and Co. , c1908

xxxii, 378 p. ; 20 cm.

本书介绍了维多利亚女王之前的英国历史概况。第一部分介绍了诺曼征服之前的英国历史,包括史前史和罗马人统治下的英国历史、早期的英国殖民地状况、不列颠岛上各个王国之间的冲突和斗争以及诺曼底公爵对英国的征服等内容。第二部分介绍了诺曼征服后在英国统治的各位诺曼人和安如望族的国王,包括威廉一世、威廉二世、亨利一世、亨利二世等多位国王。第三部分介绍了英国国会的形成与发展,这一时期的国王包括约翰王、亨利三世、爱德华一世和爱德华二世等。第四部分介绍了英国的兰开斯特和约克两大家族、两大家族之间进行的"玫瑰战争"以及之后建立的图特王朝和这一时期统治英国的亨利四世、亨利五世、亨利六世、亨利七世等国王,并介绍了亨利六世时期对法国的统治权的丧失等内容。

K561.4/McC326(6)

A History of Our Own Times. VI, From 1897 to the Accession of King Edward VII/ Justin McCarthy. —London：Caxton Publishing Company，c1908

409 p.；22 cm.

  本书介绍了1897至1901年爱德华七世即位期间的历史，包括南非的英联邦国家的问题，这一时期英国在希腊势力的加强，这一时期英国国内的雇主和工人，曾四次出任英国首相的格莱斯顿及其逝世对英国的影响，欧洲各国在东方国家新一轮的势力角逐，这一时期远东的局势，英国教会对罗马天主教宗教仪式的吸收，该时期的女权运动，老牌资本主义强国与新兴资本主义强国之间的利益冲突，英国文学、政治等领域的一些杰出人物的相继去世以及给英国带来的巨大影响，1899年的第一次海牙和平会议和英国在这次会议中所取得的外交成就，英国1899年的国会会议等内容。

K561.44/H145

The Last Boer War/ H. Rider Haggard. —London：KeganPaul，Trench，Truebner & Co. Ltd.，c1899

xxx，244 p.；18 cm.

  本书介绍了英国和南非布尔人之间的最后一场战争。首先，介绍了南非的原始居民、法律和风俗习惯。其次，介绍了英国人对南非的入侵和殖民统治，重点介绍了英国人统治之下的德兰士瓦，介绍了英国首相格莱斯顿执政期间与布尔人之间为了争夺南非领土和地下资源的反复交涉情况，还介绍了格莱斯顿拒绝布尔人提出的南非独立以及英国势力从南非撤走，导致布尔人的大起义。最后，介绍了布尔人的失败和双方停战协定的签署，战争的失败和停战协定的签署给英国、南非和布尔人所造成的影响等内容。

K563.3/M919

The Rise of the Dutch Republic：A History/ John Lothrop Motley. —New ed. — London：Routledge，Warne and Routledge，Broadway，Ludgate Hill，c1865

xi，930 p.；18 cm.

  本书介绍了荷兰共和国时期的历史。第一部分介绍了腓力二世统治下的荷兰，讲述了腓力二世的父亲查理的退位和腓力二世的生平、16世纪的布鲁塞尔等内容。第二部分介绍了玛格丽特女爵在尼德兰的执政情况和玛格丽特女爵的生平、尼德兰的地方议会情况等内容。第三部分介绍了西班牙内阁关于尼德兰独立问题的纷争以及腓力二世派老将阿尔发以残暴血腥的手段镇压尼德兰革命。第四部分介绍了从1573年北部各省相继独立到1576年布鲁塞尔人民推翻西班牙的统治期间的历史。第五部分介绍了尼德兰风起云涌的革命运动引起了反动贵族和天主教会的恐惧,并发动叛乱,迫使西班牙妥协。第六部分介绍了帕尔马公爵亚历山大·法内尔赛的生平及其在荷兰独立战争中的作用等内容。

K565/P249

Pioneers of France in the New World：Huguenots in Florida Samuel de Champlain/ Francis Parkman. —Boston：Little, Brown, and Company, c1907

xxi, 491 p.；19 cm.

本书记述了法国对新法兰西,即北美地区的探险和殖民地的开拓活动和这些探险家们的故事;介绍了在佛罗里达地区的法国胡格诺派教徒情况(如西班牙在美洲的探险和殖民扩张活动、北美的本土居民印第安人和他们的部落与生活、法国胡格诺派教徒与当地印第安人的冲突和战争、法国著名的探险家萨缪尔·德·尚普兰和他的助手们的故事、尚普兰和他的助手们与当地人之间的一系列战争、尚普兰对阿卡迪亚和魁北克两地的经营以及以其名字命名的尚普兰湖的地理和环境)。

K565/S814

A Brief History of France/ Joel Dorman Steele, Esther Barker Steele. —New York：American Book Company, c1903

viii, 301, xxx p.；20 cm.

本书介绍了公元481年克洛维国王即位之前的法国、从克洛维国王即位到丁卡佩加冕这一时期罗马统治下的高卢人的状况、封建制度下的法国、1494年意大利人对法国的入侵、意大利战争时期的法国、法国国内的宗教战争、胡格诺派前期的胜利和保护胡格诺派信仰自由和政治自由的南特敕令、从南特敕令的颁布到法国大革命之前的法国、法国大革命史以及大革命之后的法国等内容。

K565.01/C278(1)

The French Revolution：A History. Vol. Ⅰ / Thomas Carlyle. —London：J. M. Dent & Sons, Ltd., c1897

360 p.；16 cm.

本书介绍了18世纪晚期的法国大革命。第一部分介绍了法国国王路易十五。第二部分介绍了一种新的信息载体纸张在法国开始流行。第三部分介绍了法国大革命前的巴黎的最高法院、大革命前卡隆的土地税计划引起了两次攻击教会免税权的论战以及1788年法国的名人会议。第四部分介绍了大革命之前的法国议会,1789年5月由于财政困难,国王被迫召开三级会议,路易十六企图向第三等级征收新税,但第三等级纷纷要求限制君权、实行改革,并决定将三级会议改为国民议会。第五部分介绍了大革命前夕包括农民、手工业者和小商贩等在内的法国第三等级。第六部分介绍了大革命的爆发和《雅各宾宪法》。第七部分介绍了大革命时期法国的妇女暴动。

K712/E28

A First Book in American History/ Edward Eggleston. —New York: American Book Company, c1899

vi, 207 p. ; 19 cm.

本书介绍了从哥伦布发现美洲大陆到19世纪末的美国历史。首先,介绍了哥伦布早年的生活、哥伦布发现美洲大陆及此后哥伦布的生活情况,同样到达过美洲大陆的意大利航海家约翰·卡伯特和他的儿子塞巴斯蒂安的生活情况,约翰·史密斯上尉在美洲新大陆的事迹和一位印第安人公主波卡洪塔斯为了促进殖民地间的和平而付出的努力,英国探险家和航海家亨利·哈德逊、迈尔斯·斯坦迪什船长、贵格会会友威廉·佩恩等对美国历史影响深远的人物以及印第安原住居民与英国殖民者之间的一次大规模战争——菲利普王战争等内容。其次,介绍了富兰克林、乔治·华盛顿、托马斯·杰斐逊和美国的独立战争状况,讲述了汽船和电报的发明情况,介绍了亚伯拉罕·林肯的早年生活及其政治生涯。最后,介绍了美国内战、美西战争和美国版图如何一步步扩大等内容。

K712/McL374

A History of the American Nation/ Andrew C. McLaughlin. —New York: D. Appleton and Company, c1899

xvi, 562, xiv p. ; 20 cm.

本书介绍了美洲新大陆的发现;17世纪北美殖民地的概况以及17至18世纪英国和法国在北美的殖民活动;这一时期北美殖民地的社会、工业和政治形势概况;美国的独立战争,包括战争的起因、过程和结果;联邦国家的建立和美国宪法状况;政府的组织形式;国内民主化的进程和社会生产的发展以及随着发展而来的一系列社会问题;美国和墨西哥之间的冲突和战争;美国的奴隶制和由此引发的美国内战等内容。本书的最后,介绍了美国工业化的进程、美西战争,美国在20世纪初期面临的挑战等内容。

K712/R262(1.9)

Official Records of the Union and Confederate Navies in the War of the Rebellion. Series I—Vol. 9/ Edward K. Rawson. —Washington：Government Printing Office，c1899

xxi, 915 p. ; 23 cm.

本书记录了1863年5月5日至1864年5月5日这一时期内北方海军对于北大西洋沿岸的军事封锁和双方的战事,北方政府军迪克斯少将和海军少将李之间关于联邦军队的军事据点寻求海军的保护的问题的一些来往信件和这一时期北方海军在弗吉尼亚、威明顿和北卡莱罗纳等地区的军事活动,以及北方海军指挥官班克赫德等人请求批准制订的作战计划的文件等内容。

K712/R262(1.10)

Official Records of the Union and Confederate Navies in the War of the Rebellion. Series I—Vol. 10/ Edward K. Rawson. —Washington：Government Printing Office，c1900

xxiii, 902 p. ; 23 cm.

本书记录了1864年5月6日至10月27日这一时期内北方海军对北大西洋沿岸的封锁以及南北双方在这一带的战斗,华盛顿海军部长吉迪恩·韦尔斯对于詹姆斯河流域、百慕大地区等战役作战计划以及对于这些战役向总统所做的总结,前方一些军官对于前方战事的介绍和对于上级达文波尔司令官发出的命令的回复。

K712/R262(1.11)

Official Records of the Union and Confederate Navies in the War of the Rebellion. Series I—Vol. 11/ Edward K. Rawson. —Washington：Government Printing Office，c1900

xviii, 915 p. ; 23 cm.

本书记录了从1864年10月28日至1865年2月1日这一时期内北方海军对于北大西洋沿岸的军事封锁和双方的战事。首先,记录了北方联邦政府的海军部长就这一时期内的作战情况向总统所做的总结陈述。其次,记录了北方联邦政府的海军少将大卫·波特所做的军事汇报;同时,介绍了这一时期内南北双方在菲尔河和威明顿一带的战斗。

K712/R262(1.16)

Official Records of the Union and Confederate Navies in the War of the Rebellion.

Series I—Vol. 16/ Edward K. Rawson. —Washington: Government Printing Office, c1903

xxi, 973 p.; 23 cm.

  本书记录了1864年10月1日至1865年8月8日这一时期内北方联邦海军对南部沿海的封锁以及这一时期的战事,这一时期执行对南部海岸的封锁任务的北方海军的各军舰的分布情况,北方海军费城舰舰长、海军少将达尔格伦向海军部所做的关于本舰所参与执行的任务的汇报和海军部的回复,北方军队在南卡罗来纳和佐治亚地区以及查尔斯顿港的军事行动。

K712/R262(1.17)

Official Records of the Union and Confederate Navies in the War of the Rebellion. Series I—Vol. 17/ Edward K. Rawson. —Washington: Government Printing Office, c1903

xix, 996 p.; 23 cm.

  本书记录了1861年12月16日至1862年2月21日这一时期内北方联邦海军和南方邦联军队在墨西哥湾的战事。首先,介绍了北方旗舰"尼亚加拉"号舰长麦基恩关于墨西哥湾战役向联邦政府海军部所做的汇报。其次,介绍了联邦海军中尉詹姆斯关于得克萨斯战役向联邦海军部所做的汇报和海军部的回复,并且记录了这一时期南北双方在密西西比河流域等地的战事。最后,介绍了这一时期联邦政府海军部的一系列作战指令。

K815.6/D142(1)

Great Authors: From Chaucer to Pope. Part 1/ W. Scott Dalgleish. —London: Thomas Nelson and Sons, c1905

272 p.; 19 cm.

  本书介绍了14至18世纪一些英国著名的作家。首先,介绍了杰弗里·乔叟的生平和作品,节选了其《坎特伯雷故事集》的片段;介绍了埃德蒙·斯宾塞的生平和作品,节选了其《仙后》和《婚曲》的片段;介绍了莎士比亚的生平及其在英国戏剧史上的地位,节选了其《暴风雨》等几部作品的片段;介绍了弗朗西斯·培根、约翰·弥尔顿、约翰·班扬、约翰·德莱顿、丹尼尔·笛福和约瑟夫·艾迪森等作家的生平和作品,节选了他们各自代表作的片段。其次,介绍了亚历山大·蒲柏的生平和作品,节选了其《批评论》《愚人志》的片段。最后,介绍了以理查德·胡克、本·约翰逊和乔纳森·斯威夫特、大卫·休谟等为代表的同时期的一些英国著名作家和诗人。

K815.7/L943

Memories of Eight Parliaments：1868-1906/ Henry W. Lucy. —New York：G. P. Putnam's Sons，c1908

416 p.；23 cm.

　　本书分两部分介绍了英国从 1868 至 1906 年的八届议会。第一部分介绍了与这八届议会有关的英国政治家（如作为自由党人曾四次出任英国首相的格莱斯顿）；同时，介绍了张伯伦、罗富国、约翰·莫里以及伦道夫·丘吉尔等人。第二部分把英国的议会比作剧院，将政治家们在威斯敏斯特的政治活动比作戏剧演出，介绍了那些在政治舞台上叱咤风云的政治家们以及议会上院和下院之间相互的制约和影响。

K815.85/F841(1)

A Diplomatist's Wife in Many Lands. Vol. I / Hugh Fraser. —New York：Didd, Mead & Company，c1911

x，324 p.；23 cm.

　　本书介绍了玛丽的家庭状况，19 世纪 40 年代晚期的罗马，罗马的历史和一些历史人物的事迹，玛丽对于撒克逊国王弗里德里克二世及其王后的回忆，罗马的绘画史，玛丽的第一次美国之旅，法国波拿巴家族的兴衰史，玛丽的朋友和姐姐弗朗西斯的一些事情，1859 至 1860 年间意大利的概况，玛丽在阿尔巴诺丘陵的暑假生活，意大利王国第一任首相加富尔及其同时期的意大利著名人物，加富尔的继承者们，英国的教育，亚平宁半岛上的战争，墨西哥概况以及 1864 年的丹麦战争，瑞弗朗、莱曼、朗费罗等几位当时著名的人物，教皇英诺森九世和皮乌斯九世等内容。

K815.85/F841(2)

A Diplomatist's Wife in Many Lands. Vol. II/ Hugh Fraser. —New York：Didd, Mead & Company，c1911

x，324 p.；23 cm.

　　本书介绍了 19 世纪 60 年代晚期至 70 年代初期罗马的历史概况，玛丽的中国之行和对中国的第一印象，晚清时期中国首都北京的社会生活和这一时期中国西部山区的社会生活状况，玛丽的中国朋友及其在中国的探险经历，这一时期意大利国内发生的一些变化，1880 至 1882 年间越南的概况，奥地利的社会生活状况，意大利王室的政治与外交活动以及这一时期俄国的一些历史事件等内容。

K834.127=41/B181

Abrham Lincoln: A True Life/ James Baldwin. —New York: American Book
   Company, c1904
   288 p. ; 18 cm.

   本书介绍了亚伯拉罕·林肯贫寒的家庭背景及其童年生活,林肯的继母对其的影响,林肯早年作为船夫、石匠和雇工的生活,早年的林肯对于自己未来的思考以及对于政治的热情,林肯早期的政治生涯,林肯为进入伊利诺伊州立法部门所付出的努力和受到的挫折,林肯如何一步一步通过自己的努力成为州议会辉格党领袖和州立法部门中最活跃的成员之一,南北战争前后的林肯,1860年作为民主党候选人的林肯被选为总统后导致了南北战争的爆发,林肯号召民众为维护联邦政府而战,林肯为了赢得内战的胜利而采取的一系列措施,林肯的遇刺等内容。同时,本书介绍了这一时期美国的奴隶制和奴隶的生存状况。

K835.127/A628

Catherine the Great/ Katharine Anthony. —Garden City: Garden City Publishing
   Company, Inc. , c1925
   330 p. ; 21 cm.

   本书介绍了俄国女皇凯瑟琳大帝的一生。首先,讲述了凯瑟琳出生于一个德国小公爵家庭,父亲是德国的一名职业军官,母亲是德国的一位王族公主。其次,讲述了凯瑟琳自小随母亲游历过欧洲的许多城市,去过不少德国诸侯的宫廷。1744年,她的命运发生了转折。这一年俄国女皇叶丽萨维塔为她的继承人彼得挑选妻子,凯瑟琳作为候选人被邀请到俄国宫廷,并被选为皇储彼得的配偶。随后的时间里,凯瑟琳与格里哥利·奥尔洛夫发展为情人关系,以奥尔洛夫五兄弟为首的近卫军青年军官成为支持她的铁腕力量,并且在彼得三世统治日益引起俄国人不满的时候发动了政变,助凯瑟琳夺取了皇位。凯瑟琳治国有方,进行了一系列利于俄国发展的改革,成为俄国人心目中仅次于彼得大帝的一代英主。最后,讲述了作为母亲的凯瑟琳以及凯瑟琳大帝晚年的生活。

K835.465.7/C393(2)

The Life of Benvenuto Cellini Written by Himself/ John Addington. —New York:
   Brentano's, c1906
   vii, 386 p. ; 24 cm.

   本书为意大利文艺复兴时期的金匠、画家、雕塑家、战士和音乐家本韦努托·切利尼的自传,介绍了意大利文艺复兴后期著名艺术家切利尼从出生到1562年间所经历的精彩事件。切利尼的一生多灾多难,其经历曲折离奇。本书不仅讲述了切利尼惊险的经历,而且介绍了人类历史上极其重要的一个时期——文艺复兴时期意大利的生活,尤其是那些统治阶级的头目(教皇、公爵等人)的内幕及自传年代中的历史事件。书中所述的事件,有的是切利尼耳闻目睹的,有的是其参与的。

K835.52/McC649(1)

Essays, Speeches, and Memoirs of Field-Marshal Count Helmuth von Moltke. Vol. Ⅰ/ Charles Flint McClumpha, May Herms. —New York:Harper & Brothers, Franklin Square, c1893

viii, 308 p. ; 23 cm.

本书介绍了普鲁士和德意志名将赫尔穆特·冯·毛奇在荷兰和比利时从腓力二世时的分裂到威廉一世时的统一这段时期内的散文和演讲稿;毛奇关于波兰国家内政以及社会状况的文章、演讲以及报告;毛奇关于欧洲各国之间的国界的历史变迁的调查和报告;毛奇关于欧洲铁路的兴起和发展的文章和报告;毛奇关于东方问题的演讲与报告,包括巴勒斯坦地区概况、库尔德人的国家与民族状况、土耳其帝国的概况等内容。

K835.61/M864(1)

The Life of William Ewart Gladstone. Vol. Ⅰ/ John Morley. —New York:The Macmillan Company, c1903

x, 661 p. ; 23 cm.

本书为英国政治家、经济学家威廉·尤尔特·格兰斯顿的传记,介绍了格兰斯顿的童年生活和他在伊顿公学和牛津大学的求学生涯;格兰斯顿于1832年在纽卡斯尔公爵的支持下当选为纽瓦克的议员,并于1833年参加选举改革以后的第一届议会,从此开始了他长达六十一年的政治生涯;他在1838年出版了自己的第一部著作,并且站在反对党的立场反对帕麦斯顿发动侵华战争的外交政策;格莱斯顿于1847年当选为牛津大学的议员,但没有参加罗素的辉格党内阁,1847至1852年,格莱斯顿虽然表面上仍是一名托利党党员,但其思想上发生了巨大的变化;1853至1859年,格莱斯顿与托利党的距离越来越远,到1859年,他决定加入由辉格党演变而来的自由党,正式与托利党决裂。

K835.615.6/B185

The Life of Robert Louis Stevenson/ Graham Balfour. —New York:Charles

Scribner's Sons, c1911

364 p. ; 19 cm.

  本书介绍了19世纪英国小说家罗伯特·路易斯·史蒂文森的一生。第一部分追忆了史蒂文森的祖父和外祖父，介绍了史蒂文森的父亲托马斯·史蒂文森和其母亲的一生。第二部分记录了史蒂文森的出生、童年和学生时期。在这一时期，史蒂文森虽然身染肺病，但阅读广泛，后进入爱丁堡大学学习法律，并在旅行途中培养了写作的兴趣。他于1876年迎来了人生的转折点——遇见了后来的妻子芬妮，一见钟情。第三部分讲述了史蒂文森的世界之旅。旅途中，史蒂文森一方面是为了寻找肺病的疗养之地，另一方面，他利用自己的所见所闻创作了《金银岛》等作品。第四部分介绍了一代文学巨星史蒂文森于1894年12月3日在西萨摩亚逝世。

K835.615.6/C525

Robert Browning: English Men of Letters/ G. K. Chesterton. —New York: The Macmillan Company, c1903

v, 207 p. ; 19 cm.

  本书为英国剧作家、诗人罗伯特·勃朗宁的人物传记，讲述了出身于英国一个中产阶级家庭，青少年时期主要依靠家庭的熏陶自学成才的勃朗宁的早年生活，勃朗宁的婚姻与爱情，勃朗宁定居意大利之后的生活，勃朗宁的爱妻伊丽莎白逝世后，其晚年生活等内容。本书介绍了勃朗宁的长诗《索尔代洛》《波琳》《戏剧抒情诗》《比芭之歌》，诗剧《巴拉赛尔士》《德鲁斯归来》《纹章上的斑点》等早期作品；也从文学批评的角度评论了勃朗宁的作品，介绍了他的名作《环与书》。本书的最后，围绕勃朗宁的哲学展开了论述。

K835.615.6/G248

The Life of Charlotte Bronte/ E. C. Gaskell. —London: J. M. Dent, c1908

xxiii, 411 p. ; 17 cm.

  本书为19世纪英国作家夏洛蒂·勃朗特的人物传记，介绍了夏洛特的家庭状况和她的出生，夏洛特及姐妹在柯文桥女子学校的艰苦生活，夏洛特及姐妹赴布鲁塞尔学习法语并回到家乡、在两度担任家庭教师后计划开办学校教习法语和开办学校失败的过程，夏洛蒂的《简·爱》、艾米莉的《呼啸山庄》和安妮的《艾格尼斯·格雷》的出版经过，夏洛特与友人的书信往来与交往和文学评论的发表等内容。本书还介绍了夏洛特与尼古拉斯的婚姻、夏洛特健康状况的恶化及1855年的逝世等内容。最后，介绍了他人对夏洛特的悼词。

K835.615.6＝41/B741(1)

The Life of Samuel Johnson. Vol. Ⅰ/ James Boswell. —London：J. M. Dent and Sons Ltd. , c1906

xx，638 p. ; 18 cm.

　　本书为英国18世纪作家塞缪尔·约翰逊的人物传记。本书以时间为主线，通过大量的轶事、书信和人物对话，翔实地记述了约翰逊的一生，包括1709至1729年，约翰逊博览群书，记忆力超群，进入牛津大学求学；1731年，约翰逊于牛津大学辍学；1735年与大他二十岁的寡妇波特夫人结婚，并于婚后在故乡开设私塾；1749年，约翰逊出版了《人类欲望的虚幻》，1755年出版了《英文字典》，在此期间，约翰逊一直为多家杂志供稿；1763年，约翰逊与本书作者包斯威尔建立友谊；1764年，成立文学俱乐部；1765年，约翰逊主编的《莎士比亚集》出版；1773年，他与包斯威尔一同到苏格兰旅行，并于两年后出版《苏格兰西部群岛游记》；等等。

K835.615.76/M398

Memories of a Musical Life/ William Mason. —New York：The Century Co. , c1900

xii, 306 p. ; 21 cm.

　　本书为威廉·梅森的自传。第一部分讲述了作者在新英格兰与音乐结缘，并接受音乐训练的早期生活。第二部分讲述了作者在欧洲的求学生涯。他师从利兹学习钢琴。本部分简要记述了莫谢莱斯、贝多芬和肖邦的音乐生平以及莫谢莱斯和门德尔松的友谊。第三部分讲述了作者在德国魏玛师从利兹的学习经历。第四部分讲述了作者回到美国后的工作经历，主要以教习音乐为生，并组建室内乐团，开办多场音乐会，把舒曼等人的古典音乐带入美国公众的视野。第五部分探讨了今日美国的音乐。第六部分是附录，记录了其父洛威尔·梅森的生平。

K835.615.78/B181

Muriel and Her Aunt Lu or School and Art Life in Paris/ May Baldwin. —London：W. & R. Chambers, Limited, c1909

412 p. ; 20 cm.

　　本书介绍了一个名为穆里尔的女孩和其姨妈陆阿姨在巴黎学习艺术的经历。

K835.616.1/A131－3(2)

The Life and Letters of Benjamin Jowett, M. A. Master of Balliol College, Oxford. Vol. II/ Evelyn Abbott, Lewis Campbell. —3rd ed. —London：John Murray, Albemarle Street, c1897 viii, 499 p. ; 21 cm.

  本书介绍了牛津大学巴利奥尔学院院长本杰明·乔伊特的后半生经历。前四章讲述了乔伊特翻译柏拉图作品,在牛津大学实施取消考试等改革,并新建了巴利奥尔学院大堂。第五章讲述了乔伊特进入牛津大学委员会,同时,成为英国驻印度公职人员候选人。第六章讲述了乔伊特的友情。第七章讲述了乔伊特丧失亲人之痛。第八章讲述了乔伊特成为校长的经过。第九章和第十章集中论述了乔伊特的教育思想。第十一章和第十二章讲述了乔伊特由于过度操劳,健康状况恶化,但依旧笔耕不辍,撰写柏拉图《理想国》的文学评论,直至1893年逝世。

K835.616.15/H986(2)

Life and Letters Thomas Henry Huxley. Vol. II/ Leonard Huxley. —New York: D. Appleton and Company, c1901

  vii, 541 p. ; 21 cm.

  本书以时间为主线,记录了赫胥黎在1879至1895年间的生活及其在美国巡回讲学的经历。在此期间,赫胥黎逐渐减少了科学研究,更多地投入到公共和行政管理工作中,包括担任英国皇家学会会长、渔业观察员、海洋生物协会会长。本书记录了赫胥黎编订的九卷本《赫胥黎文集》及赫胥黎的逝世等内容。

K835.617/B474(3)

The Letters of Queen Victoria: A Selection From Her Majesty's Correspondence Between the Years 1837 and 1861. Vol. III(1854-1861)/ Arthur Christopher Benson, M. A. —New York: Longmans, Green, and Co. , c1907

  ix, 657 p. ; 23 cm.

  本书摘录了维多利亚女王在1854至1861年间与各国亲王的往来信件。本书介绍了以下历史事件:因利益分配不均,英国与法国、奥斯曼帝国联盟;与俄国进行的克里木战争,最终俄国战败;第二次鸦片战争;奥西尼袭击拿破仑三世,导致英法外交危机;重组新内阁;英国对印度实行直接统治;法国与奥地利帝国之间的索尔弗利诺战役,法国获胜;女王母亲去世,丈夫阿尔伯特亲王因病逝世,维多利亚沉痛哀悼等。

K835.617/C821

The Reminiscences of Lady Randolph Churchill/ George Cornwallis-West. —New York: The Century Co. , c1909

  xii, 470 p. ; 23 cm.

本书为英国首相丘吉尔的母亲兰道夫·丘吉尔夫人的自传。前两章追忆了丘吉尔夫人的早年生活,描述了处于法兰西第二帝国时期的巴黎及普法战争。第三章记述了丘吉尔夫人与兰道夫·丘吉尔的婚姻生活,描写了当时伦敦的风土人情。第四章和第五章记述了丘吉尔夫妇的德国布莱尔海姆和美国之行。第六章至第八章记述了伦敦的政治生活,其中包括"第四党派"的崛起等内容。第九章记述了兰道夫·丘吉尔辞去党内职务后,夫妻二人来到俄罗斯圣彼得堡的生活,并描写了沙皇俄国的社会风情。第十一章至第十三章记述了丘吉尔夫妇的环球旅行,穿插了对南非战争的描写。

K835.617/D552(2)

The Life of Sir Harry Parkes. Vol. II, Minister Plenipotentiary to China and Japan/ F. V. Dickins, S. Lane-Poole. —London: Macmillan and Co., c1894

xxi, 477 p.; 23 cm.

本书介绍了作者在日本的外交工作经历,并穿插记述了日本历史。在第一部分中,作者首先回顾了古代日本的历史,包括日本的封建制度、宗教、税收等内容,其次,记述了19世纪60年代初的日本概况,并简要说明了日本外交状况。第二部分介绍了巴夏礼出任英驻日本大使期间的经历,包括敦促日本天皇修改不平等条约、支持明治改革派、三次逃脱德川幕府的暗杀、陪同岩仓使团访问西方国家、为明治维新奠定基础等内容。第三部分介绍了巴夏礼的晚年生活,记述了巴夏礼出任驻韩大使,代表英国于1883与韩国签订条约,后回到中国与李鸿章等人交涉的经历。

K835.62/C388

Essays by the Late Marquess of Salisbury K. G.: Biographical/ Lord Robert Cecil. —New York: E. P. Dutton & Co., c1905

212 p.; 20 cm.

本书为英国政治家索尔兹伯里侯爵罗伯特的人物传记。第一部分介绍了罗伯特的生平,重点描述了其政治生涯及在外交方面取得的成就,包括平定爱尔兰叛乱,合并爱尔兰及大不列颠帝国,与英国首相小皮特共事,在《巴黎和约》的谈判和维也纳会议上代表英国施加大国影响力,反对俄国对外扩张等内容;还介绍了罗伯特的性格特点。第二部分收录了罗伯特生前发表的文章《评斯坦霍普〈小皮特传〉》;因生前曾与英国首相小皮特共事,罗伯特就斯坦霍普的《小皮特传》提出了自己的解读。

K835.651=41/G442

Military Career of Napoleon the Great/ Montgomery B. Gibbs. —New York: The Saalfield Publishing Co., c1895

514 p. ; 20 cm.

本书为法兰西军事家拿破仑的人物传记,介绍了其一生戎马的军事生涯。首先,讲述了拿破仑的童年生活及其在镇压保王党战役中崭露头角。其次,重点叙述了拿破仑参加过的具有历史意义的多场战争:意大利反法战争、远征埃及、摩洛哥战役、乌尔姆和奥斯特利兹战役、耶拿普法战争、弗里德兰战役、西法战争、奥法战争、瓦格拉姆战役、俄法战争、1813年运动等。最后,记述了拿破仑在厄尔巴岛被流放的经历、滑铁卢百日战役、军事神话终结等内容。

K835.657/B776(2)

Memoirs of Napoleon Bonaparte. Vol. II/ Louis Antoine Fauvelet de Bourrienne. — New York: Charles Scribner's Sons, c1891

xvi, 440 p. ; 20 cm.

本书介绍了拿破仑在1800至1805年间的生活。第一部分讲述了拿破仑在马伦哥法奥战役中打败奥地利帝国,并在意大利短暂建立奇萨尔皮尼共和国;修改宪法,颁布《拿破仑法典》等内容。第二部分讲述了法兰西共和国改为法兰西帝国,拿破仑加冕称帝,与教皇的纠葛等内容。第三部分讲述了拿破仑谋划侵略英国,并在乌尔姆战役中瓦解英俄第三次反法联盟的概况。

K835.657/B776(3)

Memoirs of Napoleon Bonaparte. Vol. III/ Louis Antoine Fauvelet de Bourrienne. — New York: Charles Scribner's Sons, c1891

xvii, 459 p. ; 19 cm.

本书介绍了拿破仑在1805至1814年间的生活。第一部分首先讲述了特拉法尔加海战。这场海战粉碎了拿破仑侵略英国的计划,百年英法战争宣告结束。其次,讲述了奥斯特利兹战役大捷,迫使奥地利帝国放弃"神圣罗马帝国"的称号。在讲述耶拿战役中,拿破仑击败了普鲁士,夺取了德国大部分地区。第二部分讲述了西班牙内乱,拿破仑趁机入侵西班牙;同年,拿破仑在瓦格拉姆战役中获胜,使法兰西第一帝国达到鼎盛。第三部分讲述了法兰西在对俄战争中失败,并在反法同盟面前节节败退,法兰西帝国出现颓势。

K835.657/B776(4)

Memoirs of Napoleon Bonaparte. Vol. IV/ Louis Antoine Fauvelet de Bourrienne. —

New York: Charles Scribner's Sons, c1891

ix, 444 p. ; 19 cm.

本书介绍了拿破仑在1814至1821年间的生活。第一部分讲述了拿破仑与反法同盟展开谈判,接受投降,宣布退位,被流放至厄尔巴岛的生活,法兰西第一帝国灭亡。第二部分讲述了拿破仑逃离厄尔巴岛,回到巴黎,推翻路易十八,百日王朝开始,并记述了林尼会战和滑铁卢战役,拿破仑再次被流放,在圣赫勒拿岛度过了余生。第三部分讲述了拿破仑的第二次葬礼。

K835.657/G855

Life of Napoleon/ Arthur Griffiths. —London: Anthony Treherne & Co., c1902

viii, 325 p. ; 20 cm.

本书以拿破仑晚年的口述自传为依据,介绍了拿破仑的一生。第一部分讲述了拿破仑的童年生活,青年时期的拿破仑在法国大革命中初露锋芒等内容。第二部分讲述了拿破仑的军事生涯,从首次担任法兰西意大利方面军总司令开始,到后来被派往中东抑制英国在该地区势力的扩张,拿破仑展现了非凡的领导才能,为后来成为法兰西帝王铺平道路。该部分还记述了布伦和奥斯特利兹战役,扩大了法兰西帝国的版图,为拿破仑赢得了"帝国恺撒"的称号。第三部分讲述了法兰西帝国的没落。其中,穿插描写了拿破仑与玛丽·路易斯的婚姻和家庭生活;法兰西帝国入侵俄国,元气大伤,最终走向灭亡,拿破仑流放至圣赫勒拿岛,度过残生等内容。

K835.657/H353

Louis XIV and the Zenith of the French Monarchy/ Arthur Hassall. —New York: G. P. Putnam's Sons, c1901

xvi, 444 p. ; 20 cm.

本书为法国波旁王朝国王路易十四的人物传记。第一部分讲述了路易十四的早年生活。路易登基初期并未亲政,由首相马萨林摄政,经历了投石党运动和国内叛乱。第二部分讲述了路易十四五十四年的执政生涯。首相马萨林去世后,路易十四开始亲政。执政期间,路易十四卸任富凯,重用柯尔贝尔,实行重商主义。这部分还记载了路易的外交政策和多次战争,包括移权战争、法荷战争、斯特拉斯堡和雷根斯堡战争、奥格斯堡同盟战争、两次西班牙王位继承战争等,同时,路易十四修建了凡尔赛宫,集中政治权力。第三部分讨论了中央集权的利弊,记述了路易十四的逝世。

K835.657/L822

The Life of Cardinal Richelieu/ Richard Lodge. —New York: A. L. Burt Company, c1903

viii, 328 p. ; 19 cm.

本书为法兰西首相黎塞留的人物传记。第一部分讲述了黎塞留的童年生活和早期的仕途经历。第二部分讲述了黎塞留成为法兰西首相后的政治生涯。任职期间,黎塞留对外抵抗哈布斯堡王朝,推动欧洲三十年战争;对内积极推动改革,辅佐路易十三,加强中央集权和王权;宗教方面,积极推进法国加入新教。第三部分讲述了黎塞留的晚年生活、首相权力的移交以及对他一生功过的评价等内容。

K835.657/L888(1)

Memoirs of Napoleon Bonaparte. Vol. I/ Louis Antoine Fauvelet de Bourrienne. —New York: Charles Scribner's Sons, c1891

lii, 422 p. ; 19 cm.

本书介绍了拿破仑的早年生活,并附有拿破仑大事年表。第一部分讲述了拿破仑的出生,其在布里埃纳军校和巴黎军官学校的求学经历,以及在法国大革命的浪潮中,拿破仑在土伦战役中的胜利。第二部分讲述了拿破仑在镇压保王党战役中获胜及他的婚姻,记叙了拿破仑在意大利大败奥军,瓦解第一次反法同盟的作战经历以及拿破仑远征埃及大败而归的经历。第三部分讲述了拿破仑发动雾月政变,成为法兰西第一执政官的经历,并对执政后拿破仑的政治活动有所描述。

K835.657/L914

Joan of Arc/ Francis C. Lowell. —Boston: Houghton, Mifflin and Company, c1896

382 p. ; 21 cm.

本书为法国民族英雄圣女贞德的人物传记。第一部分先介绍了法国中北部被英格兰和勃艮第占领的历史背景,后讲述了贞德请求沃库勒尔当地长官带她前往希农,拜见王储,得到王储支持的经历。第二部分讲述了贞德的作战经历,包括奥尔良战役、卢瓦河战役、帕提战役以及进攻巴黎,接着叙述了贞德于贡比涅被俘,勃艮第人将其交给英格兰人审判,经过一系列不公正的教会审判后,贞德被定罪,并在鲁昂处以死刑。第三部分讲述了战争结束后,教会重新审判贞德,并为其恢复名誉的经过。

K835.658/M717(2)

Essays, Speeches and Memoirs of Field-Marshal Count Helmuth von Moltke. Vol.

II/ Count Helmuth von Moltke. —New York: Harper & Brothers, Franking Square, c1893

ix, 237 p. ; 23 cm.

本书收录了德意志原总参谋长赫尔穆特·冯·毛奇创作的军事论文、演讲稿及他人对毛奇的回忆。第一部分为毛奇在德国国会和普鲁士上议院的演讲稿,共有三个主题:交通系统的建设、个人政治军事议题、德国军队的建设。第二部分为毛奇的亲属友人对他的回忆,回忆了他在哥本哈根的童年生活、军校往昔和他的妻子的情况。第三部分为他人对毛奇生命中最后十年生活的回忆,回忆了他在总参谋部的工作经历、毛奇对战争的见解和他本人的作家经历,描绘了他沉默的性格和为国家利益鞠躬尽瘁的工作精神。第四部分收录了毛奇葬礼上的布道词和悼词。

K837.12/C563

Richard Carvel/ Winston Churchill. —New York: The Macmillan Company, c1899

xi, 537 p. ; 20 cm.

本书讲述了理查德幼时父母离世,在祖父身边长大,他与祖父感情深厚,却与刻薄的叔叔不睦,还对邻居多来茜渐生爱慕之情。1765年印花税法案颁布后,理查德亲眼见证了一场反对收税人的示威游行,由此,他逐渐接受了革命政治理念,让偏向保守主义的祖父伤心不已。

K837.12/H496(1)

Stonewall Jackson and the American Civil War. Vol. I / G. F. R. Henderson. —London: Longmans, Green, and Co. , c1905

xxiii, 447 p. ; 20 cm.

本书为美国内战期间名将托马斯·杰克逊(人称"石墙杰克逊")的人物传记。第一部分讲述了杰克逊在西点军校的读书生活和他在美墨战争中的表现。第二部分讲述了杰克逊在莱克星顿弗吉尼亚军事学院的任教生涯,并介绍了1860年美国南方十一州脱离联邦的历史背景。第三部分讲述了杰克逊整军备战以及他对战争的看法,描述了为他赢得"石墙"称号的孟那萨斯战役和具有重要历史意义的河谷会战,探讨了河谷会战胜利的原因。

K837.12/H857(1)

The Life and Letters of George Bancroft. Vol. I/ M. A. DeWolfe Howe. —New York: Charles Scribner's Sons, c1908

364 p. ; 21 cm.

本书介绍了乔治在1800至1846年间的生活。第一部分讲述了乔治的童年生活和求学生涯。他十三岁就进入哈佛大学读书,后赴德国海德堡大学留学,师从著名历史学家利奥波德·冯·兰克,并于哥廷根大学取得博士学位。第二部分讲述了乔治回国后的教学生活。乔治起初在哈佛大学任教,后创办圆山学校,开美国中等教育先河。第三部分讲述了乔治的政治生涯和历史研究。政治方面,乔治反对奴隶制,曾出任海军部长,创立美国海军学院;历史研究方面,乔治分卷出版了《美国史》,这部书被公认为第一部美国通史。

K837.12/H857(2)

The Life and Letters of George Bancroft. Vol. II/ M. A. DeWolfe Howe. —New York: Charles Scribner's Sons, c1908

364 p.; 21 cm.

  本书介绍了乔治在1846至1890年间的生活。第一部分讲述了乔治在担任美国驻英大使期间的生活。乔治因对美英俄勒冈边界争端有所研究,被派往伦敦任大使一职。第二部分讲述了乔治卸任驻英大使后,在纽约潜心写作研究的生活。在此期间,乔治曾担任多个美国学会的会长。第三部分讲述了乔治在担任美国驻德大使期间的生活。第四部分讲述了乔治在华盛顿特区度过的晚年生活、乔治的离世,记录了人们对其的缅怀之情。

K837.12/K55

Four American Explores: Captain Meriwether Lewis, Captain William Clark, General John C. Frenmont, Dr. Elisha K. Kane: A Book for Young Americans/ Nellie F. Kingsley. —New York: American Book Company, c1902

271 p.; 19 cm.

  本书为美国儿童系列丛书之一,介绍了四位美国探险家的探险经历。第一部分讲述了梅利威瑟·刘易斯上尉和威廉·克拉克上尉组成的"发现军团"的探险经历。二人率领团队横跨美洲大陆,历经艰险,数次与印第安人对峙,最终到达太平洋西海岸,巩固了美国对俄勒冈州和路易斯安那州的领土要求。第二部分讲述了约翰·查理·弗伦蒙特早期的政治生活和他四次前往美国西海岸的探险经历,途中穿越内华达州、俄勒冈州,并记述了第三次探险时卷入美墨战争的经历。第三部分讲述了以利沙·凯恩博士的两次北冰洋探险之旅。该部分首先介绍了凯恩的医学背景,他以军医的身份参加了北极探险队,踏上了寻找失踪的北极探险家约翰·富兰克林的征程,然未果。接着记述了凯恩第二次探险抵达格陵兰岛西北地区,创下了当时人类北极探险的新高度。

K837.12/P238

The Seats of the Mighty: Being the Memoirs of Captain Robert Moray, Sometime an Officer in the Virginia Regiment, and Afterwards of Amherst's Regiment/ Gilbert Parker. —New York: A. L. Burt Company, c1905

x, 376 p.; 19 cm.

本书从罗伯特·默雷上尉的视角出发,讲述了1759年英国夺取法属魁北克的事件。本文开头写道:"默雷上尉因法国入侵而沦为阶下囚,他不仅要逃出囚笼,还要帮助艾丽斯·杜瓦妮小姐脱离七年战争的泥淖……"魁北克战役打响,英国名将詹姆斯·沃尔夫和法国军官路易斯·德·蒙特卡姆在魁北克战役中数度交锋,最终英国胜利,夺得魁北克的统治权。

K837.12/P274

Captains of Industry. First Series/ James Parton. —Boston: Houghtion, Mifflin & Company, c1884

xii, 399, 26 p.; 18 cm.

本书为詹姆斯·帕顿为美国青少年创作的传记合集的第一系列。本书由四七个短篇故事组成,每篇介绍一位具有慈善精神和公众意识的企业领袖,范围覆盖多个行业(如电线制造业、钟表制造业、印刷业、报刊业、棉产业);或介绍某位行业翘楚,从农民、面包师、厨师,到蒸汽机发明者、工程师、博物学家等。

K837.12/P274(2)

Captains of Industry. Second Series/ James Parton. —Boston: Houghtion, Mifflin & Company, c1891

xii, 393, 26 p.; 18 cm.

本书为詹姆斯·帕顿为美国青少年创作的传记合集的第二系列。承袭了第一系列的风格,该系列依然使用短篇故事的形式介绍了四十七位具有慈善精神和公众意识的企业领袖与行业翘楚,包括教师、秘书、裁缝、发明家、画家、银行家、商人、工程师、望远镜制造者、政治家等。

K837.125.2/M214

From Sail to Steam: Recollections of Naval Life/ A. T. Mahan. —New York: Harper & Brothers Publishers, c1906, 1907

xvi, 325 p.; 21 cm.

本书为美国海军名将阿尔弗雷德·塞耶·马汉的人物传记,介绍了其海军生涯和美国海军发展历程。第一部分总述了美国南北战争前海军的发展状况。第二部分首先介绍了马汉在美国海军学院的学习经历,描述了美国海军学院与海军的关系;随后介绍了马汉毕业后在护卫舰"国会"号上的第一次巡航经历。第三部分介绍了内战爆发后,马汉为北方联邦海军服役的作战经历并执行封锁任务。第四部分介绍了马汉乘"易洛魁"号取道中国香港和日本的航行经历,并记述了其所见所闻。第五部分介绍了1870年不论对历史、海军还是马汉都是一个转折点,并记述了马汉的写作经历。

K837.125.2/P132

Robert E. Lee: The Southerner/ Thomas Nelson Page. —New York: Charles Scribner's Sons, c1908

　　xiii, 312 p. ; 19 cm.

　　本书为美国内战时期南方联盟将领罗伯特·E.李的人物传记。第一部分介绍了李的早年生活及第一次接获重要任命的经历,记述了李在内战爆发之初就是忠于国家还是出生地问题上进行的艰难抉择,最终李选择忠于弗吉尼亚,加入南部联盟军。第二部分介绍了李指挥的里士满战役、安提耶坦战役、昌塞洛斯威尔战役、野外战役、盖茨堡战役,一方面体现了李的骁勇善战,另一方面体现了李的宽容仁慈。第三部分介绍了李与北方将领格兰特的交锋。第四部分介绍了战后李担任华盛顿学院校长的经历以及李为世人留下的遗产。

K837.125.2/S727

The Life of Admiral Horatio Nelson/ Robert Southey. —New York: The Perkins Book Company, c1902

　　xii, 357 p. ; 19 cm.

　　本书为英国海军名将霍雷肖·纳尔逊的人物传记。第一部分介绍了纳尔逊的早年生活,包括加入英国皇家海军、随商船行至西印度群岛、北极探险等内容。这部分记述了纳尔逊在法国的诉讼经历、婚姻状况及其在地中海率"阿伽门农"号对抗法国的作战经历,同时,记载了第一次反法同盟中奥地利和西班牙的作战表现。第二部分介绍了纳尔逊在尼罗河战役中与法国舰队周旋作战,局势缓解后,回到意大利那不勒斯养伤,后投入哥本哈根战役,战胜了丹麦。第三部分介绍了具有历史意义的特拉法尔加海战,纳尔逊率领的英军挫败了法兰西联合舰队,法国海军从此一蹶不振,英国海上霸权地位得到巩固,纳尔逊本人却英勇牺牲,归葬英国。

K837.125.46/S545

John Harvard and His Times/ Henry C. Shelley. —Boston: Little, Brown and Company, c1908

xiv, 331 p.; 21 cm.

  本书为约翰·哈佛的人物传记。第一章介绍了约翰出生之前和在英国生活的三十年内的英国政治局势和宗教运动。第二章介绍了约翰父母的情况。父亲罗伯特·哈佛是个屠夫,母亲凯瑟琳·哈佛的家族与威廉·莎士比亚颇有渊源。第三章介绍了约翰的早年生活。第四章介绍了约翰罹患的家庭灾难,一场瘟疫夺去了约翰父亲和四个兄弟姐妹的生命。第五章介绍了约翰在剑桥大学伊曼纽尔学院读书的日子。在这里,约翰坚定了自己的清教信仰。第六章介绍了约翰在英国最后几年的生活。第七章介绍了约翰乘船来到美洲新大陆,定居麻省查尔斯镇,后身染肺病。第八章介绍了后人对他的赞扬。

K837.125.6/M911

Louisa May Alcott: Dreamer and Worker: Story of Achievement/ Belle Moses. — New York: D. Appleton and Company, c1909

334 p.; 19 cm.

  本书为美国女作家路易莎·梅·奥尔科特的人物传记。第一部分介绍了奥尔科特的早年生活和家庭状况。奥尔科特的父亲是一位先验主义者和哲学家,他执着于理想,无力担负家庭生计,一家人生活清贫。在成长过程中,她受到父亲朋友爱默生和梭罗的影响追求经验主义。第二部分介绍了奥尔科特青年时期为维持生计,做过裁缝、护士和女佣等杂活,其间开始创作并出版了《花儿寓言》。第三部分介绍了带有自传性质的《小妇人》的创作过程,并介绍了作品中的角色与其家庭人物原型的对应关系,同时,讲述了奥尔科特成名后的生活。名誉虽然让她摆脱贫困,但同时给她带来了诸多纷扰。第四部分介绍了《小男人》的诞生,奥尔科特塑造了诸多文学形象。第五部分介绍了奥尔科特的身体每况愈下,父女二人相继去世,美国人民对其的沉痛哀悼等内容。

K837.125.6/S892

Harriet Beecher Stowe: The Story of Her Life/ Charles Edward Stowe, Lyman Beecher Stowe. —Boston: Houghton Mifflin Company, c1911

vi, 313 p.; 21 cm.

本书为美国女作家哈丽叶特·比切·斯托的人物传记。第一部分介绍了斯托夫人的早年生活。童年时,哈丽叶特深受身为牧师的父亲的影响,接受加尔文教。青年时,她在哈特福德接受神学教育,阅读了大量拜伦和司各特的作品。第二部分介绍了斯托夫人的教学生涯和家庭生活。一开始,她在一所女子学院担任教师,写了一些关于新英格兰的随笔,后嫁予神学院教授卡尔文·斯托,育有六个孩子。第三部分介绍了《汤姆叔叔的小屋》的创作历程。斯托夫人去了几个种植场,耳闻目睹了黑奴的生活惨状,创作了《汤姆叔叔的小屋》这样一部伟大的作品,并由此声名鹊起。第四部分介绍了硝烟弥漫的南北战争和战后斯托夫人在南方的生活。在此期间,她出版了描写新英格兰的生活的《老镇居民》。晚年时,斯托夫人身患阿尔兹海默病,记忆像潮水般退去。

K837.125.78/E28

The Success of Patrick Desmond/ Maurice Francis Egan. —[S. l.]: Notre Dame, Ind., c1893

　　412 p.; 19 cm.

　　本书采用浪漫现实主义的手法,讲述了一个名为帕特里克的青年寻求成功之路的故事。帕特里克出生于红木镇,与母亲和外祖父一起生活,并与邻家女孩艾琳娜相恋。后来,他不甘于小镇的平庸生活去纽约闯荡,希望取得世俗意义上的成功。几经辗转,帕特里克又回到红木镇,悟出成功的真谛不在于金钱地位,而是做一个诚实的人。

K837.127/B181

Abraham Lincoln: A True Life/ James Baldwin. —New York: American Book Company, c1904

　　288 p.; 18 cm.

　　本书为美国总统亚伯拉罕·林肯的人物传记。第一部分介绍了林肯的早年经历,包括他贫苦的出身、母亲的早逝、作为船员和邮递员的谋生经历以及他的自学经历。这些经历皆为他日后的政治生涯打下了基础。第二部分介绍了林肯在当选总统前的从政经历,包括担任伊利诺伊州州议员、开办律师事务所、当选国会议员等。在此期间,林肯逐渐成为废奴主义者,与南方奴隶主进行斗争,成为共和党领袖。第三部分介绍了林肯担任美国总统期间的政治表现,包括号召民众为联邦统一而战,发表《解放黑人奴隶宣言》,废除奴隶制,带领北方军队战胜南方军队,再次当选总统。第四部分介绍了林肯于1865年4月14日被刺杀及举国哀悼等内容。

K837.127/C563

The Celebrity: An Episode/ Winston Churchill. —New York: The Macmillan Company, c1905

302 p.; 18 cm.

本书围绕一桩挪用公款案件展开,以约翰、一位知名作家、霍恩小姐之间的爱情为主线,讲述了一个跌宕起伏的故事。约翰是一位知名作家的朋友,这位作家惯以化名出现。故事一开始,作家向特雷弗小姐求婚,后不顾婚约在身,向霍恩小姐示爱。霍恩小姐的叔父在熊岛举办宴会,三人受邀参加。其间,有消息称,一位名叫查尔斯·艾伦的人挪用公款达十万美元,而查尔斯·艾伦正是该作家的化名。次日,邓恩侦探来到熊岛调查案件。作家东躲西藏,又因婚事丑闻逃至加拿大。后几经波折,最终证实邓恩侦探才是盗用公款者。故事的最后,约翰与霍恩小姐喜结连理,二人在巴黎偶遇作家,作家则另有佳人在侧……

K837.127/F837

Benjamin Franklin: His Life/ Benjamin Franklin. —Boaston: Ginn and Company, c1888,1906

xvii, 311 p.; 17 cm.

本书为本杰明·富兰克林的人物传记。第一部分为富兰克林的自传,介绍了其在1706至1757年间的生活,包括他的创业经历和从政生涯。该部分介绍了富兰克林在费城创办印刷工厂,印刷发行《宾夕法尼亚报》,并当选宾夕法尼亚州州议员,提出北美殖民地"不联合就死亡"的口号,并作为殖民地代表前往英国同英国政府谈判。该部分还对他的电力试验有所描述。第二部分介绍了他在1757至1790年间的政治生涯,包括他两次作为殖民地代表,就废除《印花税法案》等事宜与英国政府谈判等内容。美国独立战争爆发后,富兰克林又赴法国寻求财力支持,为独立战争的胜利做出贡献。该部分还介绍了富兰克林参与美国宪法的制定工作等内容。

K837.127/L299(7)

The Writings of Abraham Lincoln. Volume Seven (1863-1865)/ Arthur Brooks Lapsley. —New York: The Lamb Publishing Company, c1906

xxi, 435 p.; 21 cm.

本书收录了林肯在1863至1865年间与友人、政客和将领间的往来书信、电报和演讲稿。信件共分为三大类。第一类为南北战争期间的战时信件,包括林肯对失职将领的处理意见、对获胜将领的表彰、统战人员的任免以及作战计划的部署。第二类为政事信件,涉及的主题包括棉花等商品的进出口和接受继任总统提名等内容。第三类为演讲稿,包括葛底斯堡演讲、感恩节讲话、国会演讲、第二次总统就职演说等内容。

K837.127/L736(2)

  The Life of Abraham Lincoln: Second Volume/ Ida. Q. Tarbell. —New York: Lincoln Memorial Association, c1900

  220 p.; 23 cm.

  本书分为三个部分。第一部分介绍了林肯作为国会议员的政治生涯。在此期间,他对美墨战争持反对意见,并逐渐成为一名坚定的废奴主义者。该部分还介绍了林肯的一项专利产品"水翼"的发明过程。第二部分介绍了林肯弃政投身法律界后的律师生涯,描述了林肯在准备诉讼、问讯证人、向陪审团陈词的过程中所表现出的幽默和毅力,记载了林肯受理的四个重要案件,包括黑奴女孩诉讼案、麦考密克案、阿姆斯特朗谋杀案、石岛大桥案。第三部分介绍了林肯回归政坛后的总统竞选历程,包括林肯-道格拉斯辩论、1860年作为共和党候选人的总统提名和总统竞选过程。

K837.127/N641(1)

  Abraham Lincoln: A History. Vol. One/ John G. Nicolay, John Hay. —New York: The Century Co., c1909

  xviii, 456 p.; 23 cm.

  本书分为三个部分。第一部分记述了林肯的早年生活,介绍了他的家庭情况,包括数次搬迁、母亲早逝、弟弟夭折等内容,还介绍了他在新塞勒姆经营商店的谋生经历以及他在黑鹰战争中担任上尉时的作战经历。第二部分介绍了林肯的早期政治经历,包括在担任伊利诺伊州州议员期间反对奴隶制的经历。该部分还介绍了林肯的婚姻状况和他的律师生涯。第三部分介绍了林肯再入政坛后的政治局面,主要历史事件包括堪萨斯-内布拉斯加法案的出台、托皮卡会议和堪萨斯内战。这一系列历史事件皆与废奴者与蓄奴者之间的矛盾有关,林肯在此期间表现出了坚定的废奴主义倾向。

K837.127/N641(2)

  Abraham Lincoln: A History. Vol. Two/ John G. Nicolay, John Hay. —New York: The Century Co., c1909

  xiv, 447 p.; 23 cm.

本书分为两个部分。第一部分介绍了 1854 至 1858 年间的美国历史，穿插记载了林肯在诸多历史事件中的表现。这些历史事件主要有堪萨斯内战、美国共和党成立、斯科特诉桑福德案、道格拉斯与林肯就斯科特案展开辩论、《列康普顿宪法》的颁布、1958 年林肯-道格拉斯辩论以及林肯在库珀学院的演讲等内容。第二部分介绍了美国的南北战争和林肯成为美国总统后的政治经历，记述了南方十一州脱离联邦的前因后果、北军将领罗伯特·安德逊在萨姆特堡战役中的表现、参议院和众议院委员会的换届等历史事件。这些事件体现了林肯力图维护联邦统一的决心。

K837.127/N641（5）

Abraham Lincoln：A History. Vol. Five/ John G. Nicolay, John Hay. —New York：The Century Co.，c1909

xvi，460 p.；23 cm.

本书介绍了 1861 至 1862 年间南北战争时期的主要历史事件，包括罗亚尔港海军封锁战、英国邮轮"特伦特"号事件、田纳西防线的建立、马纳萨斯撤退、多纳尔森堡战役、罗阿诺克岛战役、菲拉古特大捷、皮里奇战役、夏伊洛战役、哥林多战役、"石墙"杰克逊峡谷会战、七日战争、哈里森登陆等内容。在这些事件中，作者穿插记述了北军将领乔治·麦考林对以上战役的战况和敌情分析，格兰特将军的英勇作战表现以及林肯做出的战略部署等内容。

K837.127/S213

Abraham Lincoln：The Prairie Years/ Carl Sandburg. —New York：Harcourt, Brace and Company，c1926

xiv，604 p.；24 cm.

本书为美国总统亚伯拉罕·林肯的人物传记，介绍了林肯在担任总统前在伊利诺伊州的生活情况。第一部分介绍了林肯的早年生活。林肯出身贫苦，幼年丧母；少年时，为贴补家用，他曾在俄亥俄河上当摆渡工。在行船过程中，林肯对黑人奴隶制有了直观的了解。第二部分介绍了林肯的早期政治生涯。林肯成为伊利诺伊州州议员，管理乡间邮政，从事土地测量等工作；后凭借非凡的演讲才能和政治头脑当选国会议员，其间坚决反对奴隶制。文中详细记述了林肯与道格拉斯关于奴隶制存废的"大辩论"。该部分还穿插介绍了林肯作为一名律师的诉讼经历和他不愉快的婚姻生活及林肯告别父老乡亲，赴华盛顿就任美国总统等内容。

K837.127/U58

Letters and Addresses of Abraham Lincoln/ Unit Book Publishing Co. —New York：

Unit Book Publishing Co., c1905

389 p.; 18 cm.

本书为美国总统亚伯拉罕·林肯的演讲稿和书信集。演讲稿包括林肯在新莱姆镇的首次公众演讲，在墨西哥战争时的演讲，在皮奥里亚、加里纳、芝加哥、匹兹堡、葛底斯堡的演讲，林肯-道格拉斯的辩论，林肯首次获得总统提名后的演讲，林肯对伊利诺伊州乡亲的告别演讲，林肯在最高法院的首次演讲，两次总统就职演说，林肯宣布解放黑人奴隶的宣言，林肯的最后一次公开演讲等内容。书信篇中收录的多为个人信件，包括向好友抱怨与未婚妻玛丽·泰德之间的矛盾，对买卖黑人奴隶表示愤懑，与合伙人赫尔登讨论律师事务所的工作事宜，向秘书下达工作指令，与格兰特和麦考林将军讨论战局，与夫人的家信等内容。最后一部分简单介绍了林肯的生平和本书的写作初衷。

K837.127/V691

Letters and Addresses of George Washington/ Jonas Viles. —New York: The Unit Book Publishing Co., c1908

489 p.; 18 cm.

本书为美国第一任总统乔治·华盛顿的演讲稿与书信集。时间上可以分为殖民地时期、大陆军总司令任职时期、邦联时期、总统任职时期和退隐之后五个时期。演讲稿包括《士兵的困境》《军队的劣势》、对弗吉尼亚军官的演讲，"致大陆军官们的讲话"、总统就职演讲、总统告别演说等内容。信件包括对印花税法案的批评，对朋友帮助自己成功当选弗吉尼亚州州议员的感谢信，与友人探讨对英国殖民的消极抵抗，对友人丧亲的哀悼信，《为正义而非独立战斗》，开赴独立战争战场前写给妻子的离别信，与将领讨论独立战争战局，与美国国会议长讨论士兵的待遇问题，《政府权力的滥用》等。最后一部分简单介绍了华盛顿的生平和本书的写作初衷。

K837.127/W698

Inside History of the White House: The Complete History of the Domestic and Official Life in Washington of the Nation's Presidents and Their Families/ Cilson Willets. —New York: The Christian Herald, c1908

492 p.; 20 cm.

本书以白宫为切入点，介绍了美国总统及其家庭成员的个人和政治生活。第一部分介绍了白宫作为总统官邸开始使用的时间和"白宫"名称的三次演变。第二部分介绍了19世纪美国总统从华盛顿到布坎南，从林肯到西奥多·罗斯福的更迭,并以此为界将美国总统分为"前期"和"后期",对比了"前期"和"后期"总统的日常安排、秘书工作、白宫职员、迎宾礼仪的不同以及"第一夫人"的工作内容变化。第三部分介绍了白宫的轶事(如第一个在白宫结婚的总统、在白宫出生的儿女、白宫的三次大火、威尔士王子来访、他国外相来访、总统们去教堂"做礼拜"、总统挥泪告别白宫、白宫的第一次葬礼,并介绍了白宫的内饰、假期和晚宴)。

K837.127＝533/K29

The Story of My Life/ Helen Keller. —New York: Grosset & Dunlap, c1905
441 p. ; 19 cm.

本书为美国女作家海伦·凯勒的人物传记。第一部分是海伦·凯勒的自传,介绍了海伦成为聋哑人后的童年生活和求学生涯。一开始,海伦在无声无光的世界里遭受着痛苦与失望。后来,父母为她请了家庭教师莎莉文小姐,海伦逐渐学会了说话和写字,对生活重拾希望。在她的不断努力下,海伦考取了哈佛大学,度过了四年难忘的大学生活。该部分还穿插介绍了海伦的慈善活动。第二部分为海伦在1887至1901年间的个人信件,包括与表亲和朋友之间的日常往来,对盲人小女孩的鼓励,为盲童做慈善,与马克·吐温会面等内容。第三部分为补充陈述,介绍了海伦坚韧不拔的性格和慈善精神,对她所受的教育做了补充说明,并介绍了海伦说话发音的特点和其简明平实的写作风格。

K837.128.7/W314

Up From Slavery: An Autobiography/ Booker T. Washington. —New York: Doubleday, Page & Co. , c1901
330p. ; 21cm.

本书为美国教育家、政治家和作家布克·华盛顿的人物自传。第一部分介绍了布克作为黑奴的早年生活。布克的母亲是一名奴隶,因此,他在无尽的劳作中度过了童年。少年时期,布克一直努力接受良好的教育,进入汉普顿师范学院学习。在本章节中,他强调,教育黑人是缓解种族矛盾的良方,尤其是在美国的"重建时期"。第二部分介绍了他在塔斯基吉师范学院担任校长的经历。这段时期,布克的生活和教学条件极为艰苦,在马厩和鸡舍中教书,因白天压力过大,夜晚经常失眠。他致力于为黑人提供学术知识教育和实用技术教育。第三部分介绍了布克发表《亚特兰大种族和解声明》,从此声名鹊起,受到政界和公众的关注。

K837.128.9/H283

Marion Harland's Autobiography: The Story of a Long Life/ Marion Harland. —

New York: Harper & Brothers Publishers, c1910

ix, 497 p. ; 22 cm.

本书为美国作家马力安·哈兰德的自传。第一部分介绍了哈兰德的早年生活与写作经历。哈兰德童年时家庭和睦,在家接受家庭教育,很早就对写作萌生兴趣。经历过几次投稿失败后,哈兰德开始创作系列小说《凯特·哈伯》,后创作小说《孤独》并大获成功。第二部分介绍了哈兰德的情感生活。哈兰德与长老会牧师爱德华·特修恩一见钟情,后几经波折,终成眷属。婚后,哈兰德继续创作小说。该部分还记述了哈兰德的丧子之痛。第三部分介绍了哈兰德由小说家向烹饪写作者转型的经历。这一时期,她出版了《家务常识:主妇好帮手》等作品。第四部分介绍了哈兰德随丈夫工作调动四处安家的经历,包括在罗马和日内瓦的海外经历。第五部分介绍了哈兰德丧夫之痛和风雨过后的平静。本书再现了内战前美国南方的风貌,并穿插记述了内战史实。

K835.61/M864(1)(2)(3)

The Life of William Ewart Gladstone. Vol. I-III/ John Morley. —New York: The Macmillan Company, c1903

660,661,666 p. ; 23 cm.

本书为英国政治家约翰·莫利撰写的一部记录英国传奇首相威廉姆·尤尔特·格莱斯顿生平的著作。英国自由党领袖威廉姆·尤尔特·格莱斯顿于1869至1892年间四任英国首相及英国财政大臣。其在任职期间留下了大量的日记、文章、信函等资料。这些珍贵的资料是研究近代英国历史不可多得的财富。莫利引用了大量威廉姆·尤尔特·格莱斯顿的原始资料,描写了其一生的经历。同时,本篇传记成为近代政治人物传记的标志与典范。

本书分为三册十卷,从政治、经济、宗教、个人生活等角度陈述了格莱斯顿在不同时期的人生经历及思想主张。第一册介绍了格莱斯顿的幼年经历以及格莱斯顿的初期政治生涯。第二册介绍了19世纪60年代英国国内和国际的政治经济环境以及该环境下格莱斯顿的政治经济主张。第三册介绍了格莱斯顿在第二次、第三次、第四次就职首相期间的不平坦的政治经历。

K856.156/D548

The Life and Adventures of Martin Chuzzlewit: His Relatives, Friends, and Enemies/ Charles Dickens. —Copy. ed. —[S. l. : s. n.], c1844

463 p. ; 16 cm.

本书为查尔斯·狄更斯所著的最后一本有关流浪汉的小说。狄更斯以讽刺的手法着重刻画了两大反派——赛斯·佩克斯列夫和乔纳斯·翟述伟,展现了翟述伟家族成员自私、唯利是图的性格特征,同时,描述了翟述伟家族成员围绕老马丁·翟述伟的遗产继承权你争我夺、使尽阴谋诡计的过程。本书体现了狄更斯小说"善恶有报"这一鲜明特色。

K871.2/S617(2)

The Story of the White House. Vol. II/ Esther Singleton. —New York: The McClure Company, c1907

xiii, 340 p. ; 21 cm.

本书介绍了1849至1902年间美国历任总统入住白宫后的奇闻逸事,包括举办就职典礼、宴请外国使节、进行政治决策、总统的就职离职和连选连任、总统大婚、针对总统的暗杀事件、总统本人及其亲友的葬礼等内容。本书还详细介绍了白宫历年在装饰、外观上的变动及其在维护、扩建等方面的开支,记录了历任总统的个人生活,以较大的篇幅介绍了总统的家庭活动,其中,重点介绍了第一夫人的相关活动。

K871.2/T557(1)

Life, Letters, and Journals of George Ticknor. Vol. I/ George Ticknor. —Boston: Houghton Mifflin Company, c1909

xvii, 524 p. , viii, 533 p. ; 22 cm.

本书介绍了美国著名学者乔治·蒂克纳个人及家庭的生活经历,在欧美求学过程,遍访英国、德国等欧洲国家并与欧美知名学者进行学术交流的经历,放弃法律研究从事文学研究的信念,在哈佛大学教书育人并对哈佛大学进行改革等内容。本书还介绍了他捐书给美国波士顿公共图书馆,成为该馆的创立者之一的概况。同时,书中附有他写给亲朋好友的一些信件。这些信件反映了他不同时期的思想和活动状况。

K871.22/P378

Foreign Relations of the United States 1902: Whaling and Sealing Claims Against Russia on Account of Arrest and Seizure of the American Vessels "Cape Horn Pigeon","James Hamilton Lewis","C. H. White", and "Kate and Anna"/ Herbert H. D. Peirce. —Washington: Government Printing Office, c1903

504 p. ; 23 cm.

本书收录了美国对外关系文件,即美国1902年关于海豹、鲸鱼捕猎活动的对俄索赔声明。该声明为美国政府顾问、索赔事件代理人赫伯特·皮尔斯所作,由美国时任国务卿约翰·海伊递交至海牙国际法庭仲裁人托比亚斯·米歇尔·卡雷尔·阿塞进行仲裁。本书还收录了一份备忘录和索赔事件相关文件,对整个事件的缘由进行了说明,并按照文件记录向俄国政府进行了索赔。声明中介绍了四艘美国船只——"合恩角之鸽"号双桅帆船、"詹姆斯·汉密尔顿·路易斯"号纵帆船、"C. H. 怀特"号纵帆船、"凯特与安娜"号纵帆船无端被俄罗斯帝国官兵羁押,导致美方遭受了巨额的经济损失。而美俄两国此前都为海牙公约的缔约国,双方一致同意通过海牙国际法庭对该事件进行仲裁。

K871.25/C749－3

Letters From China: With Particular Reference to the Empress Dowager and the Women of China/ Sarah Pike Conger. —3th. ed. —Chicago: A. C. McClure & Co., c1910

xv, 392 p.; 22 cm.

  本书收录了美国公使夫人萨拉·康格在华期间写给亲友的多封私人信件,向读者展示了西方人视角下的近代中国。书中所收录信件的时间跨度为1898至1908年,内容既是对其在华生活的记录,也是对中国社会概况的描述。本书不仅介绍了中国的历史与文化,更从中国的经济、政治、教育、民众的习俗与信仰等方面介绍了中国社会的概况。书中的内容涉及中国的文化教育、科举制度、近代教育特别是妇女的教育状况等方面。在中国的政治方面,本书着重描写了清朝贵族阶级、军政大臣在维系清朝统治方面发挥的作用,认为清朝最高统治者慈禧是决定清朝存亡的关键角色。同时,康格的信件中涉及对各国驻华使团、驻华军队状况的详细描述,对近代中国重大政治、军事事件的描述等内容,有助于人们了解没落清朝的政治和外交困局。

K90/N533

Modern Geography/ Marion I. Newbigin. —New York: Henry Holt and Company, c1911

256 p.; 17 cm.

  本书介绍了19世纪末至20世纪初近代地理学的研究成果,包括现代地理学科的形成过程,土壤侵蚀过程与地势地形的关系,冰川侵蚀作用对地貌的影响,以西欧和英国的气候为例的气候在地貌形成过程中的作用,欧洲及北美的地表植物分布情况,欧洲哺乳动物、海洋生物和昆虫的分布情况,欧洲的农业作物和畜牧业养殖情况,欧洲铜、锡、铁、煤炭等矿产资源的分布以及矿产资源分布与工业、城镇分布之间的联系等内容。

K91/S698—2

A Geography of China and the World/ The Society for the Diffusion of Christian and General Knowledge. —Rev. ed. —Shanghai：The Society for the Diffusion of Christian and General Knowledge，c1905

vii, 376 p. ; 18 cm.

  本书简明扼要地介绍了世界地理概况。根据观察地球的不同视角,本书将地理学科分为数理地理学、自然地理学、政治地理学和商业地理学。其中,数理地理学部分介绍了地球的形状大小、公转和自转运动,太阳系,月球等天体或天体特征。自然地理学部分介绍了地球表层系统,包括地貌水文特征、气候、洋流运动、生物分布、影响地球表层的自然作用等内容。政治地理学部分介绍了各国疆域、政治格局及人口分布,研究了不同国家地区政治现象的差异。商业地理学介绍了各国的动植物、矿产资源,人类在开发运用此类资源中发挥的作用,以及各国、各区域之间商品资源交换的路径和方式。按照上述四种地理学科视角,本书对世界各地自然及人文地理特征进行了简要介绍。在中国地理部分,本书参照中国各个省级行政区地图,详细介绍了中国各省市的相关地理信息,包括各省的主要城市、港口、河流、资源物产和商贸活动等内容。

K91/T192(1)

First Book Home Geography and the Earth as a Whole/ Ralph S. Tarr. —New York：The Macmillan Company，c1906

xv, 279 p. ; 19 cm.

  本书着眼于在家庭中对地理学知识的普及,由两部分组成。第一部分介绍了家庭地理学普及现象以及重要的基础性地理知识概念。第二部分将地球作为一个整体,为儿童早期地理学普及提供了一个全面的地理学全景图。本书作者认为,家庭地理学普及在儿童的地理学学习过程中扮演重要角色,必须重视家庭地理学普及;在学习方法上,地理学学习的基础是实践经验,在家庭地理学普及中必须引入与地理实践相关的基础概念,为进一步学习地理学打下基础。在这一地理学普及理念的引导下,本书首先注重介绍土壤、气候、山川河流等生活中常见的基础地理对象;其次,将地理对象与人类活动联系起来,介绍二者之间的关系及相互影响;再次,将地球作为一个整体介绍地球的外形及地表特征。本书在每一章的结尾添加了复习思考题模块,以加深学习者对学习对象的理解。同时,根据每部分内容提出相应的学习建议,加深学习对象的广度和深度,启发读者思考,为进一步学习创造条件。

K919/D228(29)

The Voyage of the Beagle. Vol. XXIX/ Charles Darwin. —New York: P. F. Collier & Son Co., c1909

524 p.; 22 cm.

  本书记录了英国博物学家、进化论创始人达尔文在1831至1836年随英国皇家舰船"小猎犬"号（又称"比格尔"号）进行环球航行并在途经地区进行科学考察的过程。本书描述了非洲、大洋洲、南美洲、北美洲地区的气候、土壤、植被、河流、地质、地形等自然地理特征，介绍了各地区的动植物分布、动植物生活习性以及各地区土著居民的生活状况、风俗习惯等内容。同时，特别描述了各地区物种分布与当地自然环境的关联，记述了各地区特有物种的生活习性与当地自然环境的关联，讨论了此类关联的成因及不同自然地理环境对具有亲缘关系的物种在外貌、习性等方面产生的影响等内容。

K919/G954

Over the Ocean; or, Sights and Scenes in Foreign Lands/ Curtis Guild. —Boston: Lee and Shepard, c1882

viii, 558 p.; 20 cm.

  本书以游记的形式记录了作者环游西欧之旅，详细介绍了西欧各国的自然、人文景观。本书还介绍了英国、法国、德国、瑞士、意大利、奥地利等国的著名历史建筑和壮丽自然景观，包括威斯敏斯特大教堂、卢浮宫、莱茵河、阿尔卑斯山脉、施陶河瀑布、乌菲兹美术馆、比萨斜塔等景点。

K919/N188

Farthest North: Being the Record of a Voyage of Exploration of the Ship "Fran" 1893-1896 and of a Fifteen Month's Sleigh Journey by Dr. Nansen and Lieut Johansen/ Fridtjof Nansen. —London: Archibald Constable and Co. Ltd., c1904

679 p.; 22 cm.

  本书记录了挪威探险家弗里乔夫·南森在1893至1896年乘"弗拉姆"号探险船进行北极探险的经历。首先，介绍了北极极其恶劣的自然环境并陈述了北极探险的难度和早期探险家的失败经历。随后，介绍了弗里乔夫·南森与众不同的北极探险设想和该方案设想的实现过程。最后，对南森的探险经历进行了完整而又准确的陈述，内容包括对探险船的行进里程、船员日常活动的记录，对途经地区的天气、气候、动植物物种等自然地理情况的考察和记录,以及对航行过程中遇到浮冰、风暴等危险海况的描述。

K919/W362

Manchu and Muscovite/ B. L. Putnam Weale. —London: Macmillan and Co., Ltd., c1904

xx, 564 p.; 22 cm.

本书收录了 B.L. 朴笛南姆·威尔所写的三十二封信函,是对作者在 1903 年 9 月至 11 月探访中国东北地区经历的概括性记录,主要内容包括中国东北地区的总体概况、中国东北地区的各国势力(主要为清政府、俄国、日本)、俄国势力在中国东北地区的处境等。同时,在经济方面,本书介绍了中国东北地区的木材运输、煤矿开采等经济活动。在政治方面,本书对中国东北地区的清政府以及清政府在中国东北地区的统治情况进行了总体介绍,又对中国东北地区各国势力的冲突,特别是日俄势力之间的利益冲突进行了详细的陈述。

K919/W477

Greater Britain: A Record of Travel in English-Speaking Countries/ Charles Wentworth. —London: Macmillan and Co., c1890

x, 633, 55 p.; 19 cm.

本书记录了英国帝国主义支持者、自由党前议员查尔斯·温特沃斯准男爵于 1866 至 1867 年间在美国、加拿大、印度、新西兰等英语国家(前英国殖民地)游历的经历;介绍了作者途径的国家和地区的自然景观、文化教育、风土人情,途径国家和地区的交通条件、交通线路的状况以及政治军事格局状态的情况。本书还详细地描述了英国殖民文化对美国等前英国殖民地国家和地区的影响,认为英国的影响力已经通过美国扩散到世界各地。

K928.6/K91-3

China in Decay: The Story of a Disappearing Empire/ Alexis Krausse. —3rd ed. —London: George Bell & Sons, c1900

xiv, 418 p.; 21 cm.

本书详细解读了近代中国的历史、国民、政府、政治、外交、贸易、铁路建设以及当时中国的社会现状等方面,并探讨了中国的未来。就中国的自然地理条件而言,本书介绍了中国的疆域以及丰富的自然资源;就国民而言,本书介绍了中国的民族成分、中国人的思维逻辑方式和中国人的民族性;就政府和政治而言,本书自上而下地分析了中国（清朝）的政府结构（包括皇帝、议政大臣、六部、总理衙门、地方政府、两广总督等），并描述了清政府的腐坏；就外交而言，本书重点介绍了中国与英国、法国、俄国、德国等国的历史纠葛及条约。同时，本书记录了许多当时中国社会的重要数据，包括各省份的人口、面积、进出口总额等内容，以他者的角度提供了珍贵的记载。

K928.951/N864

Landing at Shanghai/ The North-China Daily News & Herald Ltd. —Shanghai: The North-China Daily News & Herald Ltd., c1911

72 p.; 18 cm.

清宣统三年（1911年），英商旅行社通济隆旅行公司在上海福州路2-3号设办公室，开展旅游业务，提供铁路售票，代理各国邮轮公司在华业务等。本书为该公司针对上海港登陆的游客所提供的旅行指南。该旅行指南涵盖国内线路和国际线路两个部分。在国际线路部分，本书提供了游览日本、朝鲜等中国邻国的旅游方案和旅游路线。在国内线路部分，本书既包括游览中国内地的北京、南京、武汉、大连、青岛、秦皇岛等重点城市的旅游方案和旅游路线，也包括对旅行过程中的交通、通信、花费及沿途重点景点的介绍。

K931.3/C443—8

A Handbook for Travellers in Japan: Including the Whole Empire From Yezo to Formosa/ Basil Hall Chamberlain, W. B. Mason. —8th Rev. ed. —London: John Murray, c1907

570, 28 p.; 19 cm.

本书介绍了在日本进行旅行的注意事项和旅游路线，并以较小篇幅介绍了日本的文化背景，包括日本的历史、语言、艺术、风俗习惯和宗教信仰（日本宗教主要为神道教和佛教）等内容。本书还介绍了在日本旅游中交通、通信条件、气候环境以及旅行中的各项花销。旅游路线则涵盖日本的四大岛屿（由北至南分别为北海道、本州、四国及九州）以及伊豆、小笠原等众多小岛。本书的大部分内容都围绕着这些地区的寺庙、宫殿等历史建筑展开叙述。

K956.1/A219

Photographing in Old England with Some Snapshots in Scotland and Wales/ W. I. Lincoln Adams. —New York: The Baker & Taylor Company, c1910

111 p.; 26 cm.

本书为《时代摄影》月刊的主编林肯·亚当斯收集编撰的随笔文集。该文集取材于1909年作者在英格兰游览时写给《时代摄影》月刊杂志社的九篇随笔文章。每一篇文章的内容都围绕着作者所游览的地点展开。第一篇介绍了秀美的泰晤士河,第二篇介绍了人文气息浓厚的莎翁故居,第三篇介绍了北德文郡浪漫的乡村景色,第四篇介绍了英国西南部别致的克洛夫利小渔村,第五篇介绍了威尔士别具一格的城堡建筑,第六篇介绍了风光秀丽的温德米尔湖区国家公园,第七篇介绍了苏格兰精巧的河流桥梁,第八篇介绍了英国中部威严的大教堂,第九篇介绍了坐落在伦敦地区的知名历史建筑。

K956.17/T284(2)

Old World Memories. Vol. II/ Edward Lowe Temple. —Boston: L. C. Page and Company, c1900

327 p. ; 18 cm.

本书以游记的形式详细地介绍了英国伦敦、沃里克郡、切斯特郡、达勒姆郡、约克郡、林肯郡、汉普郡等地区的名胜古迹。这些名胜古迹主要有伦敦威斯敏斯特区的英国议会、伦敦泰晤士河畔的温莎城堡、沃里克郡凯尼尔沃思市的莱斯特堡遗址、切斯特郡的凤凰塔、爱丁堡的圣吉尔斯大教堂、牛津市的谢尔登剧院、马格德莲塔等。

K971.2/C443

How We Are Fed: A Geographical Reader/ James Franklin Chamberlain. —New York: The Macmillan Company, c1907

xii, 214 p. ; 17 cm.

本书是一部介绍人类如何获取日常生活资料的地理知识读本,介绍了人类日常所必需的生活资料的生产获取过程,包括面包、肉类的生产过程,商品蔬菜的生产经营过程,乳制品的生产过程,海产品的生产经营过程,大米、糖、茶、葡萄、咖啡豆等粮食作物或经济作物的生产经营过程,香蕉、枣类、橘子、蔓越橘、坚果等水果类作物的生产经营过程等内容。

K971.25/D994

The New New York: A Commentary on the Place and the People/ John C. Van Dyke. —New York: The Macmillan Company, c1909

xv, 425 p. ; 21 cm.

本书介绍了20世纪初期美国纽约的全貌,包括纽约的四季景象,纽约的清晨与夜景，标志性街道（包括百老汇、第五大街），古老地标，种植园，潮汐景观，桥梁街道，水陆交通，城市艺术，岛屿景观，贸易交通，民居住宅，商业购物，纽约新城区，纽约中心区等内容。

K995.61/B139—7

Great Britain：Handbook for Travellers/ Karl Baedeker. —7th ed. —London：T. Fisher Unwin，c1910

　　xlix, 624 p.；16 cm.

　　本书介绍了游客赴英国旅行所须知的相关信息，包括旅行费用、旅游的交通路线、使用的交通工具、旅行中的食宿条件及娱乐活动等内容。其中，本书重点介绍了英国各郡市间的交通路线（如从伦敦到约克郡的交通路线、从伦敦到牛津的交通路线）和交通方式（陆上交通、水上交通）。本书以各交通路线为导向，对游客的旅行计划、旅行路线，各旅行路线途中所经过郡市的教堂、城堡（如坎特伯雷大教堂、温莎城堡）等风景名胜、历史建筑或休闲观光场所做了详细的指导，并对游客在游览过程中的途径的各风景名胜、历史建筑的历史渊源、现实状况和游览价值进行了介绍。同时，本书每个章节均配有介绍英国各郡市地理位置和交通路线的地图。

N 自然科学总论

N49/I27

Science in Public Affairs/ J. E. Iland. —London：George Allen，c1906

　　xxiii, 290 p.；19 cm.

　　本书收录了与公共事物学科相关的七篇具有深刻见解的说明类文章，介绍了科学与公共事务之间的关系、公共事务的各个领域及科学在公共事务各个领域中的作用。其中，详细介绍了科学与国民身体健康发展的关系，与城镇建设发展的关系，与国民教育的关系，与殖民地建设的关系，与工业发展的关系，与国家管理、社会管理的关系，与公民权利、公民义务的关系等内容。

N8/K34

Tent Life in Siberia：A New Account of an Old Undertaking Adventures Among the Koraks and Other Tribes in Kamchatka and Northern Asia/ George Kennan. —New York：G. P. Putnam's Sons，c1910

　　xix, 482 p.；24 cm.

　　本书记录了乔治·凯南（美国探险家）等多名俄美电报公司雇员于1865至

1867年间在俄国西伯利亚地区,特别是西伯利亚堪察加半岛地区的探察活动。此次探察活动是俄美电报公司为建设通过阿拉斯加、白令海峡、西伯利亚陆上电报线路的工作。本书以乔治·凯南一行人对西伯利亚的探险经过为基础,介绍了西伯利亚地区的人口分布、气候环境、地理条件等概况。其中,重点介绍了生活在西伯利亚堪察加半岛地区的游牧民族——科里亚克人的生活状况,包括他们的生活条件、风俗习惯、宗教信仰、语言文化、音乐艺术等内容;还特别介绍了古西伯利亚语言,包括楚克奇语、伊捷尔缅语(堪察加语)、科里亚克语、尤卡吉尔语、吉利亚克语等语种。本书配有三十二张介绍西伯利亚地区以及科里亚克人生活状况的插图。

N81/D228

A Naturalist's Voyage: Journal of Researches into the Natural History and Geology of the Countries Visited During the Voyage of H. M. S. 'Beagle' Round the World/ Charles Darwin. —London: John Murray, c1889

x, 519 p. ; 19 cm.

本书记录了英国博物学家、进化论创始人达尔文在1831至1836年间随英国皇家舰船"比格尔"号进行环球航行,并在途经地区进行科学考察的过程;介绍了非洲、大洋洲、南美洲、北美洲地区的气候、土壤、植被、河流、地质、地形等自然地理特征,各地区的动植物分布和生活习性、土著居民的生活状况和风俗习惯等内容。本书特别描述了各地区物种分布与当地自然环境的关联,描述了各地区特有物种的生活习性与当地自然环境的关联,讨论了此类关联的成因以及不同自然地理环境对具有亲缘关系的物种在外貌、习性等方面产生的影响。

O 数理科学和化学

O12/T638

Mensuration for Beginners with Numerous Examples/ I. Todhunter. —London: Macmillan and Co., Limited, c1907

vi, 296 p. ; 15 cm.

本书是为测量学初学者准备的一本入门指南,包括对物体长度、面积、体积进行测量的规则、方法等内容。第一章介绍了点、线、面、几何图形等几何学概念以及相关的几何定理。第二章介绍了长度单位及长度测算方法,包括直角三角形边长、圆的弦长、圆的周长的测算方法。第三章介绍了面积单位及面积测算方法,包括矩形、平行四边形、三角形、四边形、直线图形、圆等相关几何图形的面积测算方法。第四章介绍了体积单位及体积测算方法,包括棱柱体、四方体、圆锥体、圆柱体、球体等物体的体积测算方法。第五章介绍了物体表面积的测算方法,包括圆柱体、平截头体、锥截头体、球体等物体的表面积测算方法。第六章介绍了测量学的实际应用,包括工匠对工件的测量、对木材体积的测量、对木桶容积的测量。第七章介绍了土地测量过程中所使用的测量方法、测量工具,包括冈氏测链、十二进制运算系统、野外测量记录本等内容。

O122/M659

Elements of Algebra/ William J. Milne. —New York:American Book Company, c1894

199 p. ; 19 cm.

本书介绍了代数学的基本概念和基本运算。第一部分是代数与代数式部分,介绍了代数、代数式的定义,代数式的分类,代数式的表达方式,加减乘除、乘方、开方等代数式运算方法。第二部分是方程部分,介绍了方程的定义、分类、解法以及求解过程中所运用的公理定理等内容。本书每一个章节后都配有与本节内容相关的练习题,本书的结尾附有问答题形式的思考练习题,以便学习者复习、回顾书中内容,加深对书中内容的理解。

O123/T638

The Elements of Euclid for the Use of Schools and Colleges/ Todhunter. —London: Macmillan and Co., Ltd., c1903

xi, 400 p. ; 15 cm.

本书介绍了《几何原本》所包含的平面几何命题。本书根据罗伯特·辛普森编译的《欧几里得几何》改编而成,由麦克米兰出版有限公司出版。第一部分为命题部分,摘录并改编了《几何原本》的第一卷至第六卷、第十一卷、第十二卷的部分内容,介绍了与平面几何相关的命题、公理、定理、推论、作图及命题推理证明过程。第二部分为解释说明部分,介绍了《欧几里得几何》的相关历史版本,解释了重点命题及命题推导过程的重点和难点。第三个部分为附录部分,补充了《欧几里得几何》原书中所缺乏的重点命题。第四部分为练习题部分,收录了平面几何相关练习题,帮助学习者理解平面几何命题的推理过程。

O123/W477

Plane and Solid Geometry/ George Wentworth, David Eugene Smith. —Boston: Ginn and Company, c1888

viii, 480 p. ; 19 cm.

本书介绍了平面几何与立体几何的相关内容。第一部分为几何学简介部分，介绍了点、线、面、角、公理、定理、定则、命题、推论、几何图形、几何作图等几何概念。第二部分为平面几何部分，由五章组成。第一章介绍了三角形、平行四边形、多边形等直线图形的定义、性质、相关命题和命题的证明过程。第二章介绍了圆的性质，圆的作图，圆的弦、圆的弧、圆心距、圆内角的测算，与圆相关的命题和命题证明过程。第三章介绍了比例的性质以及比例的性质在几何作图中的应用。第四章介绍了多边形的性质、作图及相关命题。第五章介绍了规则多边形、圆形结合形成的几何图形，并讨论了与此类几何图形相关的命题。第三部分为立体几何部分，由三章组成。第一章介绍了双面角、多面角的性质和相关命题。第二章介绍了多面体、圆柱体、圆锥体、棱柱体、直圆锥、平行六面体等立体图形的性质和相关命题。第三章介绍了球体的性质和相关命题。

O123.1/W477

Plane Geometry/ G. A. Wentworth. —Rev. ed. —Boston：Ginn & Company，c1899
xvii，251-468 p.；19 cm.

本书介绍了平面几何的相关内容，包括简介部分和正文（第一章至第五章）部分。简介部分介绍了点、线、面、角、公理、定理、定则、命题、推论、几何图形、几何作图等几何概念。平面几何部分由五章组成。第一章介绍了三角形、平行四边形、多边形等直线图形的定义、性质、相关命题和命题的证明过程。第二章介绍了圆的性质，圆的作图，圆的弦、圆的弧、圆心距、圆内角的测算，与圆相关的命题和命题证明过程。第三章介绍了比例的性质以及比例的性质在几何作图中的应用。第四章介绍了多边形的性质、作图及相关命题。第五章主要介绍了规则多边形、圆形结合形成的几何图形，并讨论了与此类几何图形相关的命题。

O123.2/W478－2

Solid Geometry/ G. A. Wentworth. —Rev. ed. —Boston：Ginn and Company，c1899
xvii，251-468 p.；19 cm.

本书与《平面几何》为上下册。本书分为四章（第六章至第九章）介绍了立体几何的相关内容。第六章介绍了双面角、多面角的性质和相关命题。第七章介绍了多面体、圆柱体、圆锥体、棱柱体、直圆锥、平行六面体等立体图形的性质和相关命题。第八章介绍了球体的性质和相关命题。第九章介绍了抛物线、椭圆、双曲线等圆锥曲线的相关命题、定理以及命题的证明过程。

O172. 1/W729

An Elementary Treatise on the Differential Calculus: Containing the Theory of Plane Curves with Numerous Examples/ Benjamin Williamson. —Tokyo:[s. n.], c1904

xvi, 472 p. ; 19 cm.

本书介绍了微积分中的微分部分,即对函数的局部变化的线性描述部分的内容。本书分为微分方程和微分几何两个部分。其中,微分方程部分包括微分方程的发展,微分方程的求解以及拉格朗日定理(最主要的微分中值定理)、泰勒定理、欧拉定理等定理的应用和拓展。微分几何部分包括三维欧几里得空间中的曲线、曲面等图形性质研究。例如,曲线在一点的切线、法平面、曲率、挠率,曲面的切平面、法线以及各种曲率的概念属于曲线和曲面的局部性质研究,平面凸闭曲线成立四顶点定理则属于曲线和曲面的整体性质研究。

O18/S651

Elements of Geometry/ J. Hamblin Smith. —New York:Longmans, Green, c1908

xv, 349 p. ; 17 cm.

本书改编自古希腊数学家欧几里得所著的《几何原本》,摘录了原书的第一卷至第六卷、第十一卷、第十二卷,介绍了与平面几何相关的命题、公理、定理、推论、命题推理证明过程等内容。为适应现代几何学教育的需求,本书在《几何原本》希腊文原版内容的基础上进行了编译,删繁就简、查漏补缺,并对《几何原本》所包含的重点命题进行了详细的解释说明。

O182/S642

The Elements of Analytic Geometry/ Percey F. Smith and Arthur Sullivan Gale. —Boston:Ginn and Company, c1904.

xii, 424 p. , 2 leaves of plates; 22 cm.

本书是耶鲁大学教授史密斯和罗契斯特大学教授盖尔合作编写的解析几何学教程,分为平面解析几何和空间解析几何两个部分,共二十三章。第一章至第十五章为平面解析几何部分,介绍了平面解析几何相关内容,包括代数与三角几何学、笛卡尔坐标系、曲线与曲线方程、直线与一元二次方程、圆与二元二次方程、极坐标系、平面坐标变换、圆锥曲线与二次方程、切线与法线、直线与圆锥曲线的关系、点的轨迹与参数方程、二次方程的主要方程式、欧几里得的图形转换方法、数学求逆、圆的极点与极反演变换等内容。第十六章至第二十三章为空间解析几何部分,介绍了空间解析几何相关内容,包括空间笛卡尔坐标系,柱面、锥面、旋转曲面与相关方程,空间中平面与三元一次方程,空间中的直线,空间中的特殊平面,空间中的坐标转换与不同的坐标系统,二次曲面与三元二次方程,直线与二次曲面的关系等内容。

O182/S642I

Introduction to Analytic Geometry/ Percey F. Smith, Arthur Sullivan Gale. — Boston：Ginn and Company, c1905

viii, 217 p.；21 cm.

  本书是耶鲁大学教授史密斯和罗契斯特大学教授盖尔合作编写的解析几何学教程,介绍了平面解析几何、空间解析几何的相关内容,包括代数与三角学,笛卡尔坐标系,曲线与方程,直线与一次方程,圆与二元二次方程,极坐标系,坐标转换,圆锥曲线与二次方程,切线与法线,空间笛卡尔坐标系,空间中的特殊平面、曲面与方程等内容。

O31/L847－4

Solutions of the Examples in the Elements of Statics and Dynamics/ S. L. Loney. — 4th ed. —London：Cambridge University Press，c1906

391 p.；17 cm.

  本书为伦敦大学皇家霍洛威学院已故数学教授S.L.罗尼所编著的静力学、动力学教材,由剑桥出版社出版。本书介绍了静力学、动力学基本问题和问题的解决方法等内容。第一部分为静力学部分,收录了三十九个静力学问题和问题解决方法。第二部分为动力学部分,收录了三十个动力学问题和问题解决方法。静力学部分和动力学部分后均附有相关练习题。

O4/A955

Elementary Physics/ Elroy M. Avery. —New York：American Book Company, c1897

317 p.；19 cm.

  本书是美国法学博士埃尔罗伊·麦克凯德利·艾弗里编写的基础物理学教科书。第一章介绍了物理学的研究范畴、物质的分类、物质的特性。第二章介绍了力学的相关内容,包括力、运动、功和能等物理概念,重力和重力公式,单摆运动,流体力学、气体力学等内容。第三章介绍了声学力学的相关内容,包括声音的本质、声音的反射与折射、音调的特征、声音的共振、物体的震动法则。第四章介绍了热学的相关内容,包括热的本质、热的产生与传导、热对物体的作用、热与功的联系。第五章介绍了辐射能的相关内容，包括辐射能的本质，光的速度与强度，辐射能的反射、折射，光谱与色彩学，光的干涉、衍射与偏振性质，相关光学仪器。第六章介绍了电能与磁力的相关内容，包括静电、电流、磁力的特性，电能的产生，电磁效应以及电磁辐射。

O43/E21

Light for Students/ Edwin Edser. —London：Macmillan and Co.，Limited，c1911
vi，579 p.；18 cm.

　　本书是按照大中学校学生光学学习需求编写的基础光学教材，能够精确、全面地向学生介绍几何光学、物理光学范围内的基础光学知识。第一部分为几何光学部分，论述了光的传播和成像规律，包括光的性质、光的折射、反射规律、光学设备的成像原理等内容。第二部分为物理光学部分，论述了光的属性和光在媒介中传播时的性质，包括光在不同介质中的传播速度，光波理论，光谱学（包括光的波长、多普勒效应），光的辐射、吸收、扩散，光的干涉、衍射、偏振，光的折射、反射理论等内容。此外，书中附有与光学相关的几何绘图。几何绘图与书中罗列的几何方程相结合，共同佐证了书中所提出的光学理论和光学规律的正确性。

O561/M654

Mechanics Molecular Physics and Heat：A Twelve Weeks' College Course/ Robert Andrews Millikan. —Boston：Ginn and Company，c1902
242 p.；21 cm.

　　本书是按照大学物理课程要求编写的基础物理学教材。第一部分为物理力学，以牛顿三大运动定律为基础，介绍了力学中的重要概念和重要理论（如等加速运动、力的合成与分解、作用力与反作用力、功与功率、力矩和惯性力矩、冲量与动量、刚体和刚性系数、弹性物与弹性系数、胡克定理、简谐运动、重力加速度、向心力定律）。第二部分为分子物理学与物理热学，介绍了玻意耳定律、空气密度、气温测定、阿伏伽德罗定律、饱和蒸汽的温度与压强曲线、气体湿度测定、阿基米德原理、毛细管作用、量热学、物体膨胀等内容。

O6/C648(1)

Elementary Practical Chemistry. Part I, General Chemistry/ Frank Clowes. —London：J. & A. Churchill，c1903
xiv，198 p.；20 cm.

　　本书是按照中学化学课程要求编写的普通化学教材，包括物质的存在状态，物质的分子结构,物质物理特征的测算,物质物理变化与化学变化的区别,化学仪器的使用准备,含氧化合物、含氢化合物、含碳化合物、含硫化合物、含氮化合物的分子结构、化学性质、生成过程等内容。

O6/S642

General Chemistry for Colleges/ Alexander Smith. —New York: The Century Co., c1905,1906,1908

xiii, 529 p.; 21 cm.

　　本书是按照大学化学课程要求编写的基础化学教材,介绍了物质的存在状态、物质的微观结构、物质的化学反应原理及其应用。首先,本书介绍了化学中的基本概念(如原子和原子量、分子和分子运动、化学平衡、溶解和沉淀、化合价和化学反应式、电离和电解作用)。其次,本书根据元素周期表,介绍了不同的元素家族、元素所构成单质、化合物的物理和化学性质,并对化学反应的原理进行了详细说明。

O61/J76

Practical Inorganic Chemistry for Advanced Students/ Chapman Jones. —London: Macmillan and Co., Ltd., c1906

x, 239 p.; 18 cm.

　　本书是一本注重实验操作的无机化学教材。第一部分介绍了化学实验所需仪器和实验制取化学材料的过程。第二部分分析了化学物质的组成部分和组成部分的性质,将金属元素分为五类,介绍了金属元素、金属元素化合物的性质和制取过程。第三部分介绍了滴定分析法,包括酸碱滴定法、络合滴定法、氧化还原滴定法、沉淀滴定法,按照不同类型的滴定分析法进行了试验,并根据据试验中化学反应所消耗的试剂量来确定被测物质的量等内容。

O611/L488

Elements of Chemistry/ Henry Leffmann. —Philadelphia: E. H. Butler & Co., c1882

227 p.; 19 cm.

　　本书是介绍化学学科基本概念、基本理论和研究对象的基础教科书。第一部分为综合讲解部分,介绍了化学学科中的基本概念、术语和基本理论等内容。第二部分为描述性化学研究部分,该部分又细分为无机化学、有机化学两个分支。其中,无机化学部分以族为单位对元素进行了分类,确定了元素和元素化合物的分子结构,描述了不同分子结构化学物质的物理、化学性质以及化学物质的制备过程。有机化学部分描述了碳氢化合物、碳水化合物、蛋白质、脂肪、氨基酸等有机化合物的分子结构、性质和相关化学反应等内容。

O64/W177－6

Introduction to Physical Chemistry/ James Walker. —6th ed. —London: Macmillan and Co. Limited, c1910

xii, 417 p.; 22 cm.

　　本书介绍了物理化学学科的研究范围、研究理论和实验研究方法。本书以丰富的化学现象和体系为对象,大量采纳了物理学的理论成就与实验技术,探索、归纳和研究了化学的基本规律和理论,内容涵盖化学热力学、胶体与界面化学、电化学等物理化学分支学科。

O655/O42－4

A Textbook of Quantitative Chemical Analysis/ J. C. Olsen. —4th Rev. ed. —New York: D. Van Nostrand Company, c1910

xxi, 555, 12 p.; 23 cm.

　　本书是按照定量化学分析学科教学需要编写的教科书课程,介绍了定量化学分析方法的理论依据和实践方法等内容。本书将定量化学分析方法分为四个部分进行了讲解,分别是重量分析法、电解分析法、滴定分析法、气体定量分析法。其中,重量分析法部分讲解了天平称量、沉淀理论以及通过金属化合物沉淀测定物质中的金属元素含量;电解分析法部分讲解了离子理论,电解分析法应用仪器、仪器操作,以及通过电解分析法测定物质中的金属元素含量;滴定分析法部分讲解了酸碱滴定法、氧化还原滴定法、沉淀滴定法的理论依据,以及通过这三种滴定法测量化学物质含量;气体定量分析法部分讲解了测定气体成分、含量的两种常用方法等内容。

O69/L671

Service Chemistry: Being a Short Manual of Chemistry and Its Applications in the Naval and Military Services/ Vivian B. Lewes, J. S. S. Brame. —London: Henry Glaisher, c1906

675 p.; 22 cm.

　　本书是英国皇家海军学院教授薇薇安·B.刘易斯同他人合作编写的军事化学教材,论述了化学基本原理、理论及其在军事领域的应用。化学基本原理部分介绍了化合作用、电解作用、分子动能理论等化学基本原理及各种化学材料的物质成分、性能以及化学材料的制备过程。化学理论在军事领域的应用部分讨论了元素化合物与新型火药的研制、金属元素的性质与金属的制备以及金属合金的性质与金属合金在军事领域的应用等问题。

P 天文学、地球科学

P624－62/B815

The A B C of Mining: A Handbook for Prospectors/ Charles A. Bramble. — Chicago: Rand. McNally & Company, c1898

183 p. ; 17 cm.

本书是专为矿石勘探人员编写的指导手册,介绍了以下内容:勘探人员的必备素质、技能;通过晶体结构、断面、裂纹、韧性、硬度、重量比、光泽、色彩纹路、透明度、味道、气味等矿石样本的性质具体判断矿石的种类;吹管分析法这一岩矿分析与鉴定方法,定性测定矿物中的主要化学成分;具有经济价值矿石的种类与所含矿物质成分;矿石开采过程、方法、工具;勘探人员野外露营的须知事项;如何进行矿山勘测;对于所发现矿藏的处理和经营;勘探人员对于伤病情况的应急处理;火药的存储以及相关注意事项;矿物质成分的原子量计算;勘探过程所需用具;等等。

P9/M459

Physical Geography/ M. F. Maury. —New York: American Book Company, c1908

347 p. ; 21 cm.

本书以自然地理环境为研究对象,综合全面地介绍了近代地理研究成果。本书从部门自然地理学的研究视角出发,内容涉及地球概况、地形地貌、水文地理、地球气候、生物地理,在研究自然地理环境整体的基础上以自然地理环境的某一成分为研究对象,研究了其组成、结构、动态及分布等特征和规律。地球概况部分研究了地球在太阳系中的位置,地球的形状大小及密度,地球的自转公转,地球磁力,地热能以及火山、地震活动;地形地貌部分研究了地球表面的形态特征、成因、分布及其演变规律;水文地理部分研究了地球表面各类水体的性质、形态特征变化与时程分配以及分布规律;地球气候部分研究了地球气候的特征、形成、分布和演变规律;生物地理部分研究了动植物的空间分布规律以及自然环境对人类活动的影响。

Q 生物科学

Q111.2/D213O69

The Origin of Species: By Means of Natural Selection or the Preservation of

Favoured Races in the Struggle for Life/ Charles Darwin. —London: John Murray, Albemarle Street, c1900

xxxi, 703 p. ; 20 cm.

本书是英国博物学家达尔文论述生物进化的重要著作,论述了"物竞天择、适者生存"的生物进化观点。本书介绍了人类选择对物种变异的影响、物种在自然状况下的变异、物种及其个体之间的生存竞争,提出并论证了自然选择(或适者生存)概念、学说,论述了物种的变异法则、自然选择学说的难点,介绍了对自然选择学说的异议、生物的进化本能、杂交和杂种的性质及特征、地质记录的不完整性、生物演替在地质上的表现、生物物种的地理分布,具有亲缘关系的物种的分类等内容。

Q111.2/R599

Darwinism and Politics: With Two Additional Essays on Human Evolution/ David G. Ritchie. —London: Swan Sonnenschein & Co., c1901

vii, 141 p. ; 19 cm.

本书围绕达尔文主义与人类政治生活展开,以自然选择观点对人类的政治、社会生活进行了解释。本书共收录三篇文章,主题为达尔文主义与政治、自然选择与人类精神世界、自然选择与社会制度。其中,第一篇论述了自然选择学说无法为自由放任主义观点提供支撑,第二篇和第三篇论述了达尔文的自然选择学说在何种形式下可以合理地应用于促进人类的道德、智力和社会发展。本书以辩证的方法讨论了达尔文主义与人类政治生活的联系,充分引入了同时代学者约翰·施特劳斯、赫伯特·斯宾塞、爱德华·克罗德、阿尔弗雷德·罗素·华莱士等人的观点,从正反两方面进行了论述,内容涉及自然选择学说、社会制度及社会发展规律,是了解达尔文生物进化观点对近代政治思想的影响的重要材料。

Q93/F529

The Structure and Functions of Bacteria/ Alfred Fischer. —Oxford: Clarendon Press, c1900

198 p. ; 25 cm.

本书是德国植物学家阿尔弗雷德·费舍尔编写的细菌学著作 *Untersuchungenüber Bakterien* 的英文版,旨在向读者介绍细菌学的研究范围和研究进展。本书介绍了细菌的结构与形态变化,细菌的分类地位,细菌的分布与起源,细菌的营养方式与生理机能,细菌的呼吸作用,物理因素、化学因素对细菌活动的影响,细菌在氮元素及二氧化碳的自然循环中的作用,细菌的致病原理等内容。

Q94/C855(1.2)

A Textbook of Botany for Colleges and Universities. Vol. I, Part II, Physiology/ John Merle Coulter, Charles Reid Barnes, Henry Chandler Cowles. —New York: American Book Company, c1910

1 v. ; 21 cm.

本书是按照本科生学习要求编写的植物学系列教材，讲解了植物学中的植物生理学部分，包括植物的细胞结构、植物水分生理、植物矿物质营养、植物体内运输、光合作用、分解代谢、生长发育、感性运动与向性运动、植物的衰败死亡等内容。

R 医药、卫生

R16/S613

The Principles of Hygiene: As Applied to Tropical and Sub-Tropical Climates and the Principles of Personal Hygiene in Them as Applied to Europeans/ W. J. R. Simpson. —New York: William Wood and Company, c1908

xii, 396 p. ; 22 cm.

本书以为生活在热带、亚热带地区的欧洲人提供卫生指导为目标，综合全面地介绍了热带、亚热带地区的基本卫生原理及相关卫生实践。本书详细介绍了热带、亚热带地区的气候、卫生条件，雨水、地表水、地下水等水源的分布与水质状况，通过物理、化学方式进行水净化的方法，水质检测，食物来源与饮食结构，食物对健康的影响，牛奶、奶酪等食物所含营养物质及防腐剂成分的检测，污水、废弃物的收集与处理，排污系统的设置与调整，土壤排水系统的应用，街道、房屋的合理规划与城市卫生的联系，如何保障监狱卫生，热带、亚热带地区的传染性疾病种类与传播途径，蚊虫传播疾病与城市卫生的联系，以及热带、亚热带地区常见传染性疾病的预防措施等内容。

R18/J45

The Diseases of China: Including Formosa and Korea/ W. Hamilton Jefferys, James L. Maxwell. —Philadelphia: P. Blakiston's Son & Co. , c1911

xvi, 716 p. ; 24 cm.

本书记述了近代中国的疾病种类和西方医疗工作者在中国的医疗实践状况，介绍了在中国的医疗实践状况，中国疾病的种类与相关病理学、病因学研究，疾病的预防、治疗措施，医疗实践中遇到的问题和挑战。首先，介绍了在中国的医疗实践状况，包括近代西方医学指导下的科学医学实践以及围绕传统中医药理论、处方进行的相关研究及实践。其次,介绍了疾病地理学研究视域下的中国的疾病分布情况。最后,以分类的方式介绍了中国的疾病种类,包括寄生虫引发疾病、消化系统疾病、神经系统疾病、儿童疾病、炎症、中国特有疾病、骨骼及关节疾病、皮肤病、肿瘤、性传染病、泌尿生殖系统疾病、眼部耳部疾病等内容。在中国特有疾病部分,作者特别介绍了关于妇女缠足、畸形、职业因素导致的漆中毒、汞中毒等疾病现象的研究。本书还涉及鸦片吸食与自杀现象、中国人的卫生状况以及医院、医疗设施建设等社会问题。本书对每一类疾病都配有相关图片说明。这些图片主要取材于医疗工作者在中国进行的医疗实践。

本书旨在通过对中国常见疾病种类与医疗实践状况的记录和描述,使医疗工作者了解中国的疾病种类及现状,并通过指出东方,特别是中国的疾病种类及医疗研究的特殊性,推动对比医学研究及医学理论的演变和发展。

R83—62/L434—13

The Ship Captain's Medical Guide/ Harry Leach. —13th ed. —London: Simpkin, Marshall, Hamilton, Kent & Co. Ltd., c1901

xvi, 190 p. ; 19 cm.

本书根据1894年英国商船法案编写,是船上医疗保健的标准手册。本书介绍了疾病预防措施、船员伤情处理、船员中毒的应急处理、内科疾病及外科疾病的诊断治疗等内容。同时,本书附录有英国议会于1894年出台的商船法案节选,其中的条款规定并说明了船员所应享有的医疗权利以及商船所有者在提供符合标准的船上医疗条件等方面的义务。

S 农业科学

S15/H174

The Soil: An Introduction to the Scientific Study of the Growth of Crops/ A. D. Hall. —New York: E. P. Dutton and Company, c1910

xv, 311 p. ; 20 cm.

本书是研究并介绍土壤的物理、化学、生物性质及土壤的性质对作物生长的影响的专业性农业科学读物,介绍了土壤的形成过程、土壤机械组成、土壤质地、土壤水分运动与耕作的关系、土壤温度、土壤化学分析、土壤生物、土壤盐分积累、土壤肥力丧失成因以及土壤分类等内容。

S562/B959

Cotton: Its Cultivation, Marketing, Manufacture, and the Problems of the Cotton

World/ Charles William Burkett, Clarence Hamilton Poe. —New York: Doubleday, Page & Company, c1906

ix, 329 p. ; 23 cm.

本书介绍了棉花的种植、棉花产品的生产和销售以及棉花产业所面临的问题等。第一部分介绍了棉花自古印度开始至近代的种植历史、棉花在作物中不可动摇的地位、棉花与其他作物的经济价值比较、美国南方在棉花产业中的优势地位、世界范围对棉花的高需求、棉花种植对美国南方各州的意义、棉花种植者行会的形成与作用、如何提升棉花行业的利润等内容。第二部分介绍了棉花的种植方式,棉花种植对土壤、光照、气候等自然条件的要求,棉花种植与土壤肥力的相互影响,棉花种植种肥料的使用,棉花的生长过程与该过程中可能面临的病虫害情况的处理,棉花的收获过程,棉花种植的成本等内容。第三部分介绍了棉花的价格波动及因此带来的问题。第四部分介绍了棉布的生产与棉产业的兴起,棉籽、棉籽油等副产品的经济价值等内容。

T 工业技术

T/I61

International Library of Technology: Ring Farms, Cotton Mules, Twisters, Spoolers, Beam Warpers, Slashers, Chain Warping/ International Textbook Company. —Scranton: International Textbook Company, c1906

1 v. ; 23 cm.

本书是为工程人员编写的棉纺工程教科书,有助于棉纺工程人员及一般民众了解棉纺工程相关知识。本书描述了棉纱的纺织流程以及棉纱进入织布机之前的预处理过程,介绍了环锭纺纱机、走顶纺纱机、加捻器、络纱机、轴经整经机、浆纱机、链经整经机的构造及相关操作。本书首先介绍了棉纺流程中常用的两种棉纺机械——环锭纺纱机和走锭纺纱机,详细地讲解了两种棉纺机械的构造、调整、故障位置、故障类别以及变速齿轮计算,随后讲解了棉纺流程的各个细节。本书将棉纺流程描述如下:粗纱经牵伸变为纤维条,纤维条被加捻制成纱线,随后将成品或半成品的纱卷绕成一定形式以便于进一步加工。本书语言浅显易懂,并配有大量解释性的文字、图片。

TQ176/J76

Asbestos: Its Properties Occurrence and Uses: With Some Account of the Mines of Italy and Canada/ Robert H. Jones. —London: Crosby Lockwood and Son, c1890

xii, 236 p. ; 19 cm.

本书旨在综合、全面地向读者介绍石棉的种类、性质、形成过程和基本用途，从而促进石棉产业的发展和石棉的进一步开发利用。首先，概括性地介绍了石棉的总体性质和特点，叙述了数千年来石棉的应用历史，包括对石棉作为古埃及法老的裹尸布、古罗马贵族的餐巾、查理曼大帝的桌布等用途的记录，也包括希罗多德对于石棉在古希腊时期作为火化用布的记述。其次，具体介绍了角闪石、蛇纹石等石棉变种的特性、化学构成、形成过程、基本用途以及其在美国、俄罗斯、中国、意大利、加拿大、非洲等地的储量和分布情况，并描述了意大利、加拿大等国独有的石棉矿石种类及石棉产业的发展概况。最后，综合讨论了石棉的出产效率、生产成本以及各类石棉在工程、军事、纺织、防火等领域的具体应用等内容。

TS207.3/B285

Methods Used in the Examination of Milk and Dairy Products/ Barthel. —London：Macmillan and Co., Ltd., c1910

xi, 260 p.; 22 cm.

本书分为五个部分，第一部分介绍了牛奶的检测方法，包括牛奶取样操作，物理方式检测牛奶比重、牛奶中的泥土含量，化学方式检测牛奶的酸碱度及牛奶中的固形物、脂肪含量，牛奶中含氮化合物、乳糖的检测，牛奶灰分检测，牛奶中柠檬酸、卵磷脂等物质的含量检测，如何鉴别生牛奶和加热奶，如何鉴别牛奶是否掺杂水、羊奶、脱脂乳、蔗糖盐、人工着色剂等成分，以及牛奶中是否添加碳酸氢钠、硼砂、水杨酸、甲醛、过氧化氢等防腐剂成分。第二部分介绍了黄油的取样、成分检测、含量分析以及是否掺入杂质。第三部分介绍了奶酪的取样、成分检测、含量分析以及是否掺入杂质。第四部分介绍了保鲜乳及巴氏杀菌乳、炼乳、奶粉等奶制品的成分检测和分析。第五部分介绍了牛奶、黄油、奶酪的分解产物成分检测和分析。

TS252/F246

Testing Milk and Its Products：A Manual for Dairy Students, Creamery and Cheese-factory and Dairy Famers/ E. H. Farrington, F. W. Woll. —Madison：Mendota Book Company, c1897

viii, 236 p.; 20 cm.

本书是为从事乳制品生产经营的奶农、学生等人员编写的牛奶、乳制品检测指南，介绍了牛奶及乳制品的成分，牛奶取样的操作流程，巴布科克乳脂测定法，奶油含量测试，巴布科克乳脂测定法在脱脂牛奶、酸奶、乳清等乳制品检测中的应用，乳比重计的使用方法，如何测定牛奶、奶油的酸度，如何测试牛奶的纯度，农场中进行牛奶质量检测的方法,如何组合实验对牛奶质量进行测试,在奶油厂中进行奶油质量测试的方法,如何计算黄油、奶酪的产出,如何计算乳制品的附加价值,如何对牛奶及乳制品的进行化学分析等内容。

TS252.7/S365

Milk Testing: Instructions for Testing Milk and Dividing Money for Creameries, Cheese Factories and Dairymen/ Adolph Schoenman. —2nd ed. —Madison: Tracy, The Author, c1895

iv, 42 p.; 20 cm.

本书是针对乳品行业从业人员编写的牛奶及乳制品检测手册。第一部分论述了在牛奶及乳制品生产过程中应用检测试验的原因。第二部分通过真实的试验案例,对检测流程进行了完整、详细的描述,包括巴布科克乳脂测定法所需的试验器具,如何测定牛奶、奶酪、黄油中的脂肪及非脂乳固体成分含量,如何检测牛奶及乳制品中是否掺入杂质等内容。第三部分编入多条辅助信息,有助于理解与把握本书内容。

TS27/B978

Recipes for the Manufacture of Aerated Beverages and Carbonated Mineral Waters, Non-Alcoholic Brewed Beers, Cordials, Etc. / W.J. Bush & Co., Ltd. —6th ed. —London: W.J. Bush & Co., Ltd., c1903

vi, 125 p.; 21 cm.

本书介绍了汽水、碳酸矿泉水、无酒精啤酒、甜果汁在内的高端饮料的配方及生产过程,所有配方均已通过实践检验。第一部分为前言,简要介绍了饮料产业的发展历程——饮料行业发展初期生产设备简陋,工艺原始,生产者的技术经验匮乏,主要产品为柠檬汁、姜汁、苏打水等原始产品,经过几十年的发展,生产设备、技术工艺得到了改良,生产效率有所提升;而且新型食用香精与灌装技术的应用推动了能够满足不同口味人群需求的多种配方的出现,极大地促进了饮料产业的发展。但由于生产者之间的激烈竞争,饮料的原料、成品质量难以得到保证,如使用劣质糖等原料制成的饮料可能出现产品浑浊、持续发酵的情况。然而,饮料的口感质量取决于制作过程中是否使用优质糖、水、果酸、调味剂等原料。第二部分为通用教学,分为两个小节。第一节介绍了饮料的生产过程及必要条件,包括饮料生产中的充气(加入二氧化碳以助保存),灌装过程中的注意事项,饮料生产对于厂区、设备卫生条件的要求,水、糖、糖精、二氧化碳、果酸、食用香精(调味剂)等原料的使用要求,对酸性发酵、黏液性发酵等不良发酵过程和制作过程中产生的沉淀情况。第二节介绍了啤酒的发酵过程,包括对发酵过程中的液体比重、温度、设备清洁、酵母等条件的要求,并讲解了发酵后着色剂、澄清剂的使用以及充气、灌装等生产过程中的注意事项。第三部分为配方介绍,首先介绍了糖浆的制作配方、制作过程及注意事项,随后将饮料按照原料成分归类为汽水、碳酸矿泉水、无酒精啤酒、甜果汁饮料,还介绍了不同种类饮料的配方,特别是配方中糖浆、着色剂、香精、果酸等成分的比例。

TS656/S464

Elementary Turning for Use in Manual Training Classes/ Frank Henry Selden. —Chicago:Rand,McNally & Co.,c1907

197 p. ; 18 cm.

本书介绍了木质材料的车削加工工艺。第一部分介绍了工件位置调整、串珠饰加工、圆锥面加工、轴类零件加工、工件打磨和抛光等基础加工工艺。第二部分介绍了程序较为复杂的车削加工工艺(如如何进行小木槌(法官用)、木匠木槌、雕刻师木槌、铸工捣锤、织补架、木环、餐巾环、虎钳丝杠、木质螺杆、木盒、烛台、帽托、木质高脚酒杯、刀叉台、木质托盘、木框、凳子、脚凳、钢琴凳等木质器具的加工)。第三部分介绍了木材车削过程中所使用的车床机床的类型、构造以及加工过程中使用的卡尺、凿子、夹盘、圆规、面板、圆凿、油石、切刀、刮刀、鹅颈车刀、校准刀、突刺顶尖、样板等工具的使用方法。此外,本书收录了大量的实例和图片,用以描述模型样式和加工过程,以便学习者对本书内容进行直观的、更深入的了解。

TS97/H283

Marion Harland's Complete Cook Book:A Practical and Exhaustive Manual of Cookery and Housekeeping/ Marion Harland. —New, Rev. and Enlarged ed. —Indianapolis:The Bobbs-Mierrill Company Publishers,c1903

viii, 781 p. ; 21 cm.

本书以家庭主妇为目标读者,不仅介绍了英美国家一日三餐的主要菜品以及菜品制作过程中的注意事项,而且介绍了实用的家务常识和家务妙诀。首先是家务部分。该部分主要介绍了如何选购、储备优质食材;厨房用具包括哪些及如何使用;化学方法在厨房中的应用;餐前准备及餐桌礼仪;家庭中如何选购、使用、清洁、存放织物;如何照料儿童、了解儿童的特殊需求;饮食结构与人体消化的关系以及应季食材的存储要领等内容。其次是烹饪指导部分。该部分按早餐、午餐、晚餐分为三类,向读者介绍了一日三餐中各类食物、菜肴的制作方法。其中,早餐部分包括早餐水果、早餐谷物、早餐面包、蛋类、早餐鱼类、早餐肉类、早餐蔬菜;午餐部分包括午餐菜肴、炸肉饼、砂锅菜、奶酪、吐司、午餐蔬菜、三明治、沙拉、午餐水果、煎蛋卷、午餐蛋糕;晚餐部分包括汤类、晚餐鱼类、晚餐肉类、晚餐蔬菜。此外,本书还讲解了馅饼、布丁、烘糕、煎饼、生奶油甜品、牛奶冻等甜点以及水果甜品、冷饮、家庭自制糖、下午茶、茶点、烩干果、果冻、腌菜、番茄酱、自制酒、罐装食品等食品饮品的制作方法,并介绍了正式早餐、午宴、晚宴的菜品目录以及宴请过程中的注意事项。本书还加入了"俗话闲谈"谈话条目,主题为早餐的重要性、家庭主妇在家庭生活中的重要作用、如何维持厨房环境、家庭主妇如何不断积累家务经验、女主人的职责、女主人如何处理与家中女仆的关系、主人如何施行好客之道以及如何应对家中的突发事件。

TS972.183/W256

Mrs. Beeton's Cookery Book: All About Cookery, Household Work, Marketing, Trussing, Carving, Etc. / [Ward, Lock & Co. Limited.] —London: Ward, Lock & Co. Limited, c1909

380 p. ; 19 cm.

本书是一本内容翔实的烹饪指南,介绍了各类食材的烹饪方法,同时,涉及家务的处理方法和技巧。本书内容丰富、覆盖面广,各项家务活动在书中均有涉及(如各项厨房器具的功能和使用方法、如何清洁家中的大小物件、如何选购各类食材、各个季节有哪些应季食材以及如何节约食材)。本书详细介绍并讲解了汤类、肉类、鱼类、禽类、野味、蔬菜的分类和烹饪过程,讲解了烘、烤、煮、煨、炸、炖、煎、熏、蒸等烹饪方法和烹饪过程中所用的器具,讲解了甜点、酱料、面包、饼干、饮料、腌菜、开胃菜、罐装食品等食品的分类、制作过程和制作方法。此外,本书讲解了如何照料病弱者的饮食需求、如何进行餐前准备以及如何设置早中晚餐的菜单等内容。

TU-098.154.6/R965(1)

The Stones of Venice Vol. I/ John Ruskin. —London: George Allen, Sunnyside, Orpington, c1900

xvi, 414 p. ; 18 cm.

本书叙述了4至16世纪的威尼斯城邦史,威尼斯建筑艺术的历史文化背景,拜占庭时期、哥特时期、文艺复兴时期威尼斯建筑技法的变更,拜占庭风格、哥特风格、阿拉伯风格在威尼斯建筑中的体现,以及不同时期威尼斯建筑的总体特征。文中所涉及的建筑包括圣马可大教堂、威尼斯公爵宫、托尔切洛大教堂等。本书通过详细描述威尼斯建筑中尖顶、扶壁、墙饰、集柱、柱顶、穹顶、飞檐、基墩等部位的历史演变,集中展现了威尼斯建筑在不同时期的风格特征。此外,在本书第二章中,作者表述了关于如何进行社会管理的政治思想。

TU—098.2/L776

Ancient Landmarks of Pembroke/ Henry Wheatland Litchfield. —Pembroke: George Edward Lewis,c1909

188 p. ; 22 cm.

彭布罗克是美国马萨诸塞州历史积淀最为深厚的村镇之一,其建筑和遗迹忠实地记录了美国早期殖民活动的痕迹,记录了一个个早期殖民家族的家族传承与繁衍生息。在本书中,读者可以通过作者的视角,细心体味一座座建筑遗迹承载的浓厚历史信息,仔细窥探美国早期殖民者在彭布罗克的生活状态和生活经历,深入了解菲利浦王之战、威廉王之战等美国殖民史中的重大历史事件给殖民者及印第安人原住民带来的深刻影响。这些具有充分代表性的建筑和遗迹包括旧时堡垒、萨蒙德旧居、艾伦农场、埃萨克·利特尔庄园、法官惠特曼旧居、伯顿庄园、鲱鱼河、聚会所、安东尼·科拉摩尔庄园、基恩先生宅邸、迪肯·惠特曼庄园、公共牧场、城镇墓地、钟楼及彭布罗克首座教堂。

U 交通运输

U261/J32—11

Elementary Manual on Steam and the Steam Engine: Specially Arranged for the Use of First-Year Board of Education, South Kensington, City and Guilds of London/ Andrew Jamieson. —11th Rev. ed. —London: Charles Griffin and Company, Limited,c1906

xiv, 355 p. ; 18 cm.

本书介绍了理解蒸汽机运作所必需的基础测量学知识,包括以下内容:几何图形周长、面积,物质比重及几何体表面积、体积的测量;蒸汽机工作原理所涉及的热学知识;热量、热容量、比热、比热容等概念的定义;热辐射、热传导、热对流等热传递形式;热的性质、功热转化与热力学第一定律;潜热、显热与热动能理论;蒸发过程中的热量变化;干、湿、饱和蒸汽的定义及水在不同压强下的沸点;蒸汽机工作过程中的功热转化效率;对内做功和对外做功的定义;高压蒸汽的功率;蒸汽温度与气压曲线;蒸汽压强、密度、体积与玻意耳定律;蒸汽机的主要构造、部件和发展演变;历史上著名的蒸汽机所存在的缺陷及后人在前人成果基础上进行的改良;纽科门大气式蒸汽机与瓦特的单动式蒸汽机的区别;凝汽式和背压式蒸汽机的区别;单动式与双动式蒸汽机的区别;单胀式蒸汽机与多胀式蒸汽机的区别等内容,并以圣罗格瓦尔蒸汽机为例介绍了现代高压蒸汽机的主要构造、部件及各部件的功用。此外,本书简要介绍了铁路蒸汽机车的种类和发展历程。

Z 综合性图书

Z2/C344

The World of Wonders: A Record of Things Wonderful in Nature, Science, and Art/ [Cassell and Company]. —London: Cassell and Company, Limited, c1896

viii, 416, 8 p. ; 26 cm.

本书按照首字母顺序编排记录并描述了自然界、人类科学、艺术和历史等领域的奇妙事物,呈献给读者一个光怪陆离的奇幻世界。这其中既包括对尼亚加拉大瀑布、北极光、大彗星、海市蜃楼、地震、海啸、火山、冰川、雷暴、霜冻等自然景象的描述,对狐猿、野雉、豪猪、鲶鱼、箭鱼等具有特殊习性的陆地、海洋生物的描述,对风弦琴、太阳系仪、飞行器、蒸汽机等人类科学技术成果的描述,对巨石阵、金字塔、摩索拉斯陵墓、亚历山大图书馆、古罗马竞技场、圣马可大教堂、比萨斜塔、西班牙埃斯库里亚尔修道院、埃迪斯通灯塔、南京瓷塔(大报恩寺)等建筑艺术的描述,对巨人、大力士、梅佐凡蒂主教的惊人记忆力等人类身体机能的描述,对庞培古城的失落、圣巴托洛缪大屠杀、拿破仑征俄大溃退等历史事件的描述。

Z2/C387(H351)

A Catalog of Scientific Apparatus Instruments and Supplies for the Teaching of Physics, Chemistry and the Natural Sciences in the Laboratory and Classroom. Catalog H351/ [Central Scientific Company]. —Boston: Central Scientific Company, c1889

768 p. ; 27 cm.

本书是美国中央科学公司向其潜在客户提供的教学用实验室仪器设备的产品目录。产品目录是近代用于目录邮购的一种出版物,现已很少使用。19世纪后期,目录邮购兴起于英国,部分公司通过编辑、出版囊括其公司主要产品的产品目录,使偏远地区的顾客能够按照产品目录进行选择并以邮购的方式购买所需物品,而不必亲自到公司所在地进行选购。本书记录的主要产品为物理、化学、生物学等自然科学实验教学中所需的实验仪器(共分为三类:第一类为生物学常用仪器,包括植物学、农学仪器,展示材料,解剖仪器,昆虫学仪器,展示箱,显微镜载片,投影放映设备,生态缸,以及玻璃仪器、放大镜、显微镜、牛奶测试仪器、土壤测试仪器等通用仪器设备;第二类为基础化学、普通化学、分析化学教学实验所使用的化学仪器,包括各类容器、毛刷、燃烧装置、夹具、过滤纸、玻璃器皿、烤箱、橡胶制品、硅线石器皿、支架、金属丝网等;第三类为中学物理实验常用物理仪器,包括各类称量计算仪器、工具)。

Z22/P641－2(2)

Chinese Repository. Vol. II/ Pill Shin Corp. —2nd ed. —Tokyo：Pill Shin Corp, c1833

vii, 576 p. ; 21 cm.

本书是由美国新教传教士裨治文在广州创办的第一份英文月刊,也是世界范围内进行汉学研究的第一份英文月刊,旨在向西方读者介绍中国,促进基督教文明与东亚文明之间的相互交流。本书详细记录了第一次鸦片战争前中国的政治、经济、文化、宗教和社会生活等诸多方面的内容,深入分析了中国的社会关系与宗教现状,具有重要的文献价值。

Z256.1/U59－11(27)

The Encyclopaedia Britannica. Vol. XXVII (Tonalite to Vesuvius), A Dictionary of Arts, Sciences, Literature and General Information/ The University of Cambridge. —11th ed. —Cambridge：Cambridge University Press, c1911

1064 p. ; 30 cm.

本书是最早的以英语为书写语言的百科全书,被认为是当今世界上最知名也是最权威的百科全书,是世界三大百科全书(美国百科全书、不列颠百科全书、科利尔百科全书)之一。1689 至 1771 年,该百科全书的第一版于苏格兰爱丁堡出版,共三卷。此后不断修订出版。其中,出版于 1875 至 1889 年的第九版标志着该百科全书的学术性出现质的提升,出版于 1910 至 1911 年的第十一版更是以其学术性和出色的文体风格闻名于世,被称为英语百科全书历史上的顶峰。

Z271.2/P739

The Frontiersman's Pocket-Book/ Roger Pocock. —London：John Murray, c1909

xx, 463,20 p. ; 15 cm.

本书是供大英帝国"戍边者"军团成员训练使用的指导手册。"戍边者"军团成立于第一次世界大战之前,是官方认可的半军事化民兵组织,成员主要来自大英帝国本土以及澳大利亚、加拿大、东非、南非、印度等前英属殖民地,目的是为帝国训练一批具有一定军事素养,能够进行侦察、小规模作战等军事任务的民兵,以应对帝国所面临的潜在战争威胁及突发事件。本书分为五个部分,全面综合地介绍了军团成员应具备的军事素养,并有针对性地提出了相应的训练指导方案。第一部分为基础素养训练,目的是指导军团成员,使其了解有关路线选择、食物饮水获取、取火、食物制作、着装、隐蔽地点寻找、野外扎营、自我防卫等事项的基本常识。第二部分讲解了与军事活动相关的各类交通运输方式,涉及马术、牲畜驮运物资、人力搬运、渡河、船筏制作、汽船操作、汽车驾驶、铁路运作等内容。第三部分讲解了集体性训练项目(如战地侦察、目标射击、军事信号理解与收发、战术练习、敌方建筑摧毁、敌方物资破坏、个人卫生、战舰识别)。第四部分讲解了士气在军事活动中的重要性,涉及军事人员管理、"戍边者"军团的角色作用、帝国海上霸权面临的威胁、军团成员的责任、猎物储存、军事人员的婚丧嫁娶、军团内的宗教活动、娱乐活动、成员的基本礼节等内容。第五部分讲解了在没有医务人员的情况下,成员如何进行基础的内、外科治疗以及训练,包括基础的内、外科医学常识、护理常识,以及出血、肠道疾病、感染病的处理等内容。

Z815.61/S699-3(1)

The Best Books: A Reader's Guide. Part I/ William Swan Sonnenschein. —3rd ed. —London: George Routledge & Sons, Limited, c1910

458 p. ; 24 cm.

　　本书简要地介绍了科学、艺术、文学等领域的近十万部具有一定影响力的优秀书籍(英文书籍为主),是系统目录学研究中的重要成果。本书既包括对书籍的主题、出版时间、价格、出版社、出版地点、书籍是否在版的记录,也包括编者对于书籍主题的介绍和评论等重要信息。本书根据内容分为三卷。第一卷介绍了神学、神话学、哲学领域的优秀书籍。第二卷介绍了社会学、地理、历史、古代文明等领域的优秀书籍。第三卷介绍了科学、医学、艺术、贸易、体育运动、文学、语言学等领域的优秀书籍。本书内容完备、条目清晰,具有一定的专业性和权威性,对于读者查询相关领域书籍、拓宽自身视野、提升阅读的深度和广度具有重要意义。

德文图书

B 哲学、宗教

B516.31/K91—2

Populäre Darstellung von Immanuel Kant's Kritik der reinen Vernunft/ Albrecht Krause. —2. Aufl. —Lahr：Verlag von Moritz Schauenburg，1882
16，211 S. ；19 cm.

  本书介绍了伊曼努尔·康德所著《纯粹理性批判》（第二版）中所表现的哲学思想以及这一哲学思想的任务、实现历程及发展。本书引用了康德的先验论，在阐述"科学研究"在哲学领域中的争论、所属对象及方向后引出了"纯粹理性批判"所担当的确切任务、要完成此任务所走的弯路、为纠正错误所采用的一些新的哲学方法以及这些新方法所引起的误解。这些理论形成了"纯粹理性批判"这一哲学思想的开端。作者还分析了康德的先验感性论、先验逻辑论、先验分析论、先验辩证论、先验方法论；参照康德对空间、时间的看法，分析了时间、空间与感官、认知之间的关系，从分析的概念（包含分析的对象）及准则为起点，阐述了各种对立的分析对象之间的关系，并介绍了形而上学的理论、认知方法、原则及各哲学理念间的区别，同时，分析了"纯粹理性"的错误判断、二律背反及其理想等论点。

B821/K38—2

Mehr Freude/ Paul Wilhelm von Keppler, Bischof von Rottenburg. —2. Aufl. —Freiburg im Breisgau：Herdersche Verlagshandlung，1911
260 S. ；19 cm.

  本书探讨了人类所享有权利中的快乐问题，描述了快乐的根源与自我追求，时代的快乐及其快乐状况，快乐的多少和增减的关系，快乐与艺术、民谣、青年及基督信仰之间的联系，快乐与感恩和教育之间联系，如何通过快乐来得到快乐，以及精神上的快乐与物质上的快乐的差异等内容。

B848.6/H476—4

Vier Temperament der Erwachsenen：Eine Anleitung zur Selbst- und Menschenkenntnis und ein praktischer Führer und Ratgeber im Umgang mit der Welt/ Bernhard Hellwig. — 4. Aufl. —Paderborn: Verlag von J. Esser, 1899

99 S. ; 20 cm.

本书描述了成年人所具有的爽朗乐天、暴躁易怒、多愁善感、冷漠迟钝四种主要特征,介绍了这些特征在成年人身上的不同体现,对比分析了这四种特征并针对这些特征的不足给出了改善的方法。

B97/C434—7(2)

Betrachtung für Priester oder der Priester geheiligt durch die Übung des betrachtenden Gebetes. 2. Band/ P. Chaignon. —7. Aufl. —Trier: Verlag der Fr. Lintz'schen Buchhandlung, 1896

324 S. ; 20 cm.

本书介绍了与教士相关的诸多问题,主要有对抗罪恶的方法、回归上帝的旅途、追随耶稣的条件、教士对抗天命所承担的责任及思考如何自重并从别人那里获得尊重等内容。

B97/E65

In Stiller Stunde: Andachten und Betrachtungen/ Ernst Aller's Verlag. —Strehlen ScHl. : Ernst Aller's Verlag, 1892

12,300 S. ; 20 cm.

本书以书信的形式记录了基督教徒们向上帝陈述自身经过心灵修养和沉思得到的启示,收集了教徒们六周的每日早晚祈祷上帝赐福的内容,探讨了贫困与痛苦、愉快与悲伤、幸运与不幸、罪恶与圣洁等内容。主要包括餐前的祷告,路德的早晚祷告词,对一年四季变化的祷告,收获前后的祷告,在不同的天气情况下的祷告,自然灾害出现时的祷告,对人类承受病痛(贫穷、战争、生病、死亡、罪责、坟墓)及获得喜悦(自由、胜利、庆祝)的祷告,对家庭各个成员的祈祷,对农民工人的祷告以及在各种节日里的祷告。同时,记录了教徒们对与基督相关的节日的沉思,对生死、信仰、谦卑、疾病、人生目标的沉思,对耶稣的出生、宣言、升天及圣灵降临的沉思等内容。最后,详细介绍了耶稣的精神。

B97/H169—6(1)

Hülfsbuch für den Evangelischen Religionsunterricht an den Höheren Lehranstalten. 1. Teil, Für Sexta bis Quarta aller Anstalten/ H. Halfmann, J. Köster. —6. Aufl. —Berlin: Verlag von Reuther & Neichard, 1905

8,208 S. ; 22 cm.

　　本书为德国中学一年级至三年级学生使用的宗教课程教科书,教授学生如何认知新教。本书包括各个时间段所用的祷告词(主祷文、晨祷、餐前祷告、餐后祷告和晚祷),中学一、二、三年级的教材内容及马丁·路德的训话。其中,中学一年级的教材用的是《旧约》中的故事;二年级的教材用的则是《新约》中的故事;三年级的教材则主要包括对《圣经》各部分内容的简要介绍及对《旧约》和《新约》的导读。本书还以问答的形式介绍了路德的基本宗教思想。

B97/H249—3

Jesus von Nazareth, Gott in der Welt und im Sakramente: Sechs Vorträge, Gehalten in der Fastenzeit 1890 in der Kirche St. Martin zu Freiburg/ Heinrich Hansjakob. —3. Aufl. —Freiburg im Breisgau: Herdersche Verlagshandlung, 1901

8,86 S. ; 23 cm.

　　本书收集了六篇在德国弗莱堡的圣马丁教堂里举行的1890年的封斋节期间的演讲稿,包括两个部分。第一部分介绍了耶稣基督,讲述了基督创造的奇迹并歌颂耶稣基督对人类的影响。第二部分介绍了耶稣基督在《旧约》中的形象及世人对此的看法,证明人与上帝同在;描述了耶稣在《圣经》中所展现的大爱,说明最神圣的《旧约》便是体现神对世人的爱的最伟大的奇迹。

B97/H693

Das Buch der Bücher: Gedanken über Lektüre und Studium der Heiligen Schrift/ Hildebrand Höpfl. —Freiburg im Breisgau: Herdersche Verlagshandlung, 1904

13,284 S. ; 20 cm.

　　本书汇集了《圣经》中有关神的内容、阅读和研究《圣经》的方法和结果、对《圣经》研究结果的运用和《圣经》的研究简史等内容;介绍了在真意、信仰、谦卑、心灵净化、敬畏和勤奋祈祷几个方面中《圣经》所用的编排方式,阅读《圣经》的方法,对《圣经》的虔诚研究,《圣经》中的注释等内容。

B97/L727(1)

Die wahre Braut Jesu Christi. 1. Theil/ Alfons Maria von Liguori. —Regensburg: Verlag von Georg Joseph Manz, 1874

499 S. ; 17 cm.

　　本书介绍了以下内容:每个修女修士要忠于上帝;修道士追求完美时的条件是与上帝达成一致;自尊自爱,勿自私自利;谦恭人与物,学会理解和正视偏见;回顾自身的言行举止，放松自身；勿贪嘴；在天主看来，贫困是显圣的前提；修道士应博爱，承担责任，并服从上帝的意愿；做礼拜要虔诚地朗读；保持思想的纯洁；坚持祈祷；修道士应沉思解脱、浮华、永恒、罪恶、死亡、审判、地狱；爱耶稣的真正意义等。

B97/M578—5(1)

Das Leben Unseres Herrn Jesu Christi des Sohnes Gottes. Band I/ Moritz Meschler. —5. Aufl. —Freiburg im Breisgau：Herder'sche Verlagshandlung，1902

22，653 S.；20 cm.

　　本书介绍了耶稣诞生前的世界和耶稣在尘世中的部分经历。

B97/M578—5(2)

Das Leben Unseres Herrn Jesu Christi des Sohnes Gottes. Band II/ Moritz Meschler. —5. Aufl. —Freiburg im Breisgau：Herder'sche Verlagshandlung，1902

10，586 S.；20 cm.

　　本书介绍了耶稣从教堂落成仪式开始到受审受难直至死亡的经历。

B97/S314

Die Mysterien des Christentums：Wesen，Bedeutung und Zusammenhang Derselben nach der in Ihrem Übernatürlichen Charakter Gegebenen Perspective Dargestellt/ M. J. Scheeben. —Freiburg im Breisgau：Herder'sche Verlagshandlung，1865

16，772 S.；22 cm.

　　本书从超自然特征的视角出发，分析了基督教中存在的本质、意义等，讲述了三位一体、上帝创世、原罪与一般意义上的罪、耶稣基督与他的牺牲精神、圣礼、教堂和圣事、基督教的辩解、神化和最后的事物、天命注定等基督教奥秘。本书首先阐述的是探究基督教奥秘的兴趣点所在，并给出奥秘的一般概念及基督教奥秘的特殊概念，并对各奥秘分别进行了说明。其中，在说明三位一体的奥秘时谈到了黑暗和光，也谈到了三位一体与人之间的联系、三位一体奥秘的哲学和神学意义。在说明与耶稣基督有关的奥秘时，提到了耶稣基督的本质和品性，也提到了耶稣基督与人类和宇宙的关系。

B971/K68—20

Praktischer Kommentar zur Biblischen Geschichte：Mit Einer Anweisung zur

Erteilung des Biblischen Geschichtsunterrichts und Einer Konkordanz der Biblischen Geschichte und des Katechismus/ Friedrich Justus Knecht. —20. Aufl. —Freiburg im Breisgau: Herdersche Verlagshandlung, 1904

14, 815 S. ; 22 cm.

  本书为《圣经》的授课讲义,目的是让学生们能更加了解宗教知识。本书包含两部分内容,对《旧约》及《新约》中的《圣经》故事做出实用性的评价,每部分都用通俗易懂的语言详尽地解释了《圣经》中所提到的故事。本书首先阐明了中学生学习宗教知识的必要性和难易度、《圣经》故事在这一课程中的重要地位以及此门课程的教授计划和教授方法。其次,分三步详细解释了《圣经》故事中所包含的深意。例如,《旧约》部分中上帝创世这个《圣经》故事,分段列出故事的文字内容,并给一些在《圣经》中具有特殊意义的词进行了注释,解释它们在《圣经》中的意义,并以问答的形式解释了中学生们看到这则故事时的疑惑之处。最后,教授者简要地评价了故事中的人物形象(主要指上帝),并对学生们在了解这些之后应付出的行动给出了建议。

B971－61/M228－5(1)

Biblische Realkonkordanz: Repertorium für Prediger, Religionslehrer, Seelsorger und Theologen. 1. Band, A-J/ Bernhard Mairhofer. —5. Aufl. —Regensburg: Verlagsanstalt vorm. G. J. Manz, 1900

12,743 S. ; 24 cm.

  本书是供传教士、宗教教师、牧师和神学家使用的专业工具书,收集整理了以字母 A 至以字母 J 开头的诸多单词。与普通字典不同,本书中未列出该词在日常使用中的意义,未使用人们常用的例句,而是将该词在宗教领域中使用时的各种可能意义一一列出。书中包含的都是在宗教领域中比较常见的词汇,详细地整理出每个单词在其他的宗教书籍或名人语录中的引用。

B975/H699－2

Eins ist not!: Ein dritter Jahrgang Predigten, Meistens über Freie Texte/ H. Hoffmann. —2. Aufl. —Halle a. S.: Richard Mühlmann's Verlagshandlung, 1903

9,403 S. ; 22 cm.

  本书记录了传教士在各种基督教节庆日上的感悟,不仅介绍了节庆日的活动,而且从传教士的视角出发传播基督的精神思想,并以此启发人们,使世人进一步领悟基督教教义。本书按时间先后顺序所著,从基督降临节的四个主日开始到

12月26日的圣斯德望殉道日,每个节日的到来都意味着教堂的钟声响起,神圣的声音从布道台上传来。对每个基督教节庆日的来源,书中给出了相应的解说,在讲述上帝或耶稣在此节日的经历及感叹他们的神圣的同时,告诫着世人要正确行事,虔诚祈祷以使自身免陷于诱惑。

B975/L727—2

Schule der Christlichen Vollkommenheit für Welt- und Ordensleute/ Alphons Maria von Liguori. —2. Aufl. —Regensburg: Verlag von Friedrich Pustet,1898

16,702 S.; 21 cm.

  本书在基督教的背景下重点讨论了"完美"一词。在基督教信徒们看来,它因为上帝的爱而存在。对于如何追求这种"完美",本书给出了相应可行的建议。首先,要善意地对待生活和身边的人,包括自己的亲人。其次,要进取,严肃惩罚自身犯下的错误。在前进的路途中不要气馁,而要学会忍受所有的苦难。在最后的时刻,即使死亡降临,也不要害怕彷徨,因为努力所得的"完美"已让人身处极乐。

B975/R554(3)

Gedenkblätter aus dem Leben und Schriftlichen Nachlasse des Domkapitulars Paul Stiegele. III. Band, Ausgewählte Predigten/ B. Rieg. —Rottenburg a. N.: Wilhelm Bader,1905

494 S.; 23 cm.

  本书记录了修士保罗·施蒂格勒的传道经历,并通过其遗留下的资料分析了他的宗教思想。本书资料来源于保罗的传道笔记,包含了他在各种基督节庆日、不同的纪念日及几个特殊的星期天期间所写的布道演讲稿。本书是以基督节庆日来源中的重要人物和重要事件为标准进行排版的,以耶稣节日作为开篇。在保罗的布道词中,作者通过节日讲述了耶稣的生平经历并从与以往不一样的角度阐述了基督教的教义。本书还记录了保罗在圣母玛利亚节日期间和万灵节期间的布道词。

B976.1—43/S759

Lehrbuch der Speciellen Methodik des Kathlischen Religionsunterrichtes: Pädagogische Grundsätze bei Ertheilung des Katholischen Religionsunterrichtes in der Volks- und Buergerschule/ Franz Spirago. —Trautenau: Verlag von Professor Spirago,1900

230 S.; 21 cm.

本书为天主教宗教课堂上使用的专业教科书,介绍了学校开设宗教课这门课程的意义、作用、目的、筛选教材的方法及相应的教学计划,还介绍了对德国中小学生进行宗教思想教育的基本准则,详细地分析了宗教课课堂应有的性质及课程教学方式和不同模块的宗教内容的教学方法。

B979.9/P293—4(3)

Geschichte der Päpste seit dem Ausgang des Mittelalters. 3. Band, Geschichte der Päpste im Zeitalter der Renaissance von der Wahl Innocenz' VIII. bis zum Tode Julius' II. / Ludwig Pastor. —3. und 4. Aufl. —Freiburg im Breisgau: Herdersche Verlagsbuchhandlung, 1899

49,956 S. ; 23 cm.

本书讲述了文艺复兴时期在位的各位教皇统治下的宗教状况及其统治期间所发生的故事。本书从描述诺森八世开始,依次讲述了教皇亚历山大六世和庇护三世以及文艺复兴时期最后一位教皇——尤里乌斯二世,叙述了每位教皇被加冕的经历,分析了他们作为教皇所存在的不足点,列出了四位教皇统治期间发生的重大事件,分析了他们在位期间的重要举措,并将其与同时期的名人进行了比较。

D 政治、法律

D0/S353

Repetitorium der Praktischen Politik: Unter Berücksichtigung der Betreffenden Werke von Dahlmann, Waitz, Mohl, Escher, Bluntschli u. / Ludw. Heinr. Schmidt. —Leipzig: Verlag der Rossberg'schen Buchhandlung, 1881

138 S. ; 17 cm.

本书讲述了政治是国家未来的风向标,它与社会风纪、政府权力、经济状况息息相关;国家政治明确了国家区域的领土范围,避免了国家内外的领土争端,同时,它影响着国民经济的发展,决定着国家财产、国民总收入及国务国债。宪法具有最高的法律效力,它在国家政治中扮演着重要的角色。财政政策明确了国家资金、经济制度等内容,在处理国外事务时需要根据其中的准则进行。本书还介绍了一些现代政治理念(如自由、平等、自治及一些党派类别)。

D751.6/H376—3

Der kleine Staatsbürger: Ein Wegweiser durch's öffentliche Leben für das deutsche Volk/ Max Haushofer. —3. Aufl. —Berlin: Verlag für Sprach- und Handelswissenschaft, 1902

8,280 S. ; 17 cm.

  本书通过列举现实生活中的事例来指导德国国民进一步了解国家政治的基本知识。人们共同生活存在着差异,家庭、民族、语言及风俗把每个国民联系在一起,也把每个国家连接在了一起。本书详述了各种政治小知识(如国家与政府、法律与法规、犯罪与刑罚、司法与诉讼及国家宪法、行政、财政、军事)。对每个国家而言,公安机关、农业、手工业及商业贸易都是极为重要的存在。不同类型的警察在维护着国家秩序和国家安全,不同类型的农业、手工业劳动者在为国家的发展而努力着,不同行业的商人们在法律的监督下促进着国家经济的发展。人们在深入了解这些政治字眼的前提下,也将促进自身的发展。

D751.6-62/H699-2

Deutsche Bürgerkunde: Kleines Handbuch des Politisch Wissenswerten für Jedermann/ Georg Hoffmann, Ernst Groth. —2. Aufl. —Leipzig: Fr. Wilh. Grunow, 1897

8,360 S. ; 18 cm.

  本书介绍了德意志帝国的政治特性、政治体制等内容,包括德意志帝国政治体制及确定德意志帝国国家体制及地方区域制度,国王和总理在参议院、联盟议会中的地位作用,帝国行政机关的分配与责任,国法与私法,法院组织及规程,军队制度及海军建制,经济贸易与交通运输,财政关税,宗教制度及教育体制,社会立法,统一后的德意志帝国获得的一些民主制的特点等内容。

D951.6/F899-5

Die Handelsgesetzgebung des Deutschen Reiches: Handelsgesetzbuch vom 10. Mai 1897 einschließlich des Gerechtes. Allgemeine Deutsche Wechselordnung. Die Ergänzenden Reichsgesetz/ Emil Friedberg. —5. Aufl. —Leipzig: Verlag von Breit & Comp, 1899

54,848 S. ; 20 cm.

  本部法典是德国的新商法典。1895年,德国司法部草拟了这部法典的草案,而后经过委员会的讨论修改,于1897年4月7日作为《德国商法典》被帝国议会通过,并在德意志帝国施行。它规定了通用的贸易交换制度,是对国家基本法规的补充。1900年1月1日,该法典与《德国民法典》同时生效,并一同沿用至今。

D951.639.9/R347-39(2.1/2)

Deutsches Reichs-Gesetzbuch für Industrie, Handel und Gewerbe einschließlich

Handwerk und Landwirtschaft: Vollständige Sammlung aller Einschlägigen Reichsgesetze, Verordnungen, Ausführungsbestimmungen. Band II. Teil 1. / Redaction des Reichs-Gesetzbuchs für Industrie, Handel und Gewerbe. —39. Aufl. —Berlin: Verlag von Bruer & Co., 1905

9,903,304 S.; 24 cm.

  本书囊括了德意志帝国所有与工业、商业、贸易、手工业和农业相关的法律法规及各项条例。本书属于该系列法典的第三十九版次,于 1905 年在德国柏林出版。该版共两卷,包含四部分内容,本书介绍了第一部分和第二部分的内容。本书共收条例五千七百余条,介绍了公民(自然人)、法人、债务人与债权人之间的法律关系,物权法,家庭法,继承法,民事诉讼法,法院组织法,诉讼主管机关,法律手段,票据诉讼,督促(还债)程序,强制执行,司法,工资法破产法,裁判权,刑法,法院工作的执行人员,证人证词及鉴定员,律师等内容。

D951.64/S798—7

Strafgesetzbuch für das Deutsche Reich nach der Neuesten Stande: Nebst Anhang, Enthaltend die Wichtigsten Strafrechtlichen Nebengesetze/ Julius von Staudinger. —7. Aufl. —München: C. H. Beck'sche Verlagsbuchhandlung, 1900

19,261 S.; 15 cm.

  1871 年,王朝战争结束,德国统一,德意志帝国建立。这一年德意志帝国宪法建立了君主立宪的近代德国宪政制度,同时,于 5 月 15 日颁布了《德意志帝国刑法典》。本部刑法典是根据德意志帝国当时的情况所编定的。该法典对犯罪进行了分类,将其分成重罪、轻罪、违警罪三大类。按照罪刑法定原则、法不溯及既往原则等施行。该刑法典中共划分了二十九种罪名(如杀人罪、抢劫罪、犯罪未遂、不论罪),并将犯人分为共同犯罪者、主犯、从犯等类型。根据不同的罪名,要对不同类型的罪犯进行刑罚,而刑罚的种类有死刑、无期徒刑、有期徒刑、苦役、拘留、罚金和剥夺公权等。该刑法典是德国施行的新刑法典《德意志联邦共和国刑法典》的基础,后者于 1975 年 1 月 1 日正式颁布。

E 军事

E516.51/V971

Exerzir-Reglement für die Feld-Artillerie: Vom 23. August 1877/ Vossische Buchhandlung. —Berlin: Vossische Buchhandlung, 1877

23,309,30 S.; 19 cm.

  本条例于 1877 年 8 月 23 日颁布并实施,是整个部队军事训练的基本法规,适用于炮兵部队的军事训练。条例中规定了军事训练的主管机关即司令部主要职责,军事训练的步伐速度和行进速度,同时,对部队的单人训练及多人训练的各项事宜做出了相关的规定(如无佩刀时的正确站姿、向左向右转或向前向后转的正确做法、在各种情况下听到稍息指令的正确做法、如何带佩刀立正和前进、拿刺持收握枪时各种动作的基本原则)。条例中规范了炮兵部队中的连队队形及进行活动时的各个事项(如转换队形、接受检阅列队行进、带旗操枪的正确做法)。同时,本条例中对炮手班人员的训练及参加大型阅兵式的事项也做了详细的规定。炮兵连由各个炮兵团组成,作战时,这些炮兵部队如何编队、如何展开火炮阵地、如何看开火指示、如何正确开炮及炮兵如何保护自身,在此条例中都可找到。

E920.2/E65

Schiessvorschrift für die Infanterie/ Ernst Siegfried Mittler und Sohn. —Berlin: Ernst Siegfried Mittler und Sohn, 1899

157 S.; 15 cm.

本书旨在指导军队步兵的射击训练。该书将射击教程分为三个阶段,即射击准备训练、射击训练和战斗射击训练,介绍了枪炮的构造、弹道的结构及射击成绩的构成,靶、支架及弹药的组成,单人射击训练的任务及管理人员的任务分配,训练的过程及目的,远距离射击训练,射击能力的等级分配,射击表现优秀奖,战斗射击训练的目的及步骤,武器使用演示,射击测验的组成,行进射击的训练方法,持左轮手枪的射击训练,其他与射击相关的书籍和报告,弹药测试等内容。

F 经济

F20/J51

Grundbegriffe und Grundsätze der Volkswirtschaft: Eine populäre Volkswirtschftslehre/ Carl Jentsch. —Leipzig: Fr. Wilh. Brunow, 1895

8,446 S.; 18 cm.

本书介绍了国民经济的基本概念和基本理论。国民经济是指一个国家社会经济活动的总称,是由互相联系、互相影响的经济环节、经济层次、经济部门和经济地区构成的,是人们进行物质产品生产经营活动的总过程,由各不相同的经济产业所构成。本书介绍了国民经济的经济、国民经济和世界经济各自的概念及相互之间的区别,国民经济学的基本概念和理论,人对于国民经济的意义及人作为国民经济的支柱,国民经济的自然法则,人的经济天性,物资、价值、财产、生产等的一般理论及其相互之间的联系,生产能力及经济效益的关系,收入及收入分配,自由竞争的私营企业和共产主义。本书对经济原理的解释通俗易懂,有助于人们了解国民经济各方面的内容。

F20/L619

Grundriss der Nationalökonomie/ Paul Leroy-Beaulien. —Frankfurt a. M.: J. D. Sauerländer's Verlag, 1896

8,255 S.; 21 cm.

  本书分为五个部分。第一部分讲述了产品制造的理论,介绍了生产三要素——自然、劳动力和资本的含义,也介绍了工作分配的原则、机器生产的规则及生产规模的判断方法。第二部分介绍了财物分配的相关理论(如分配的一般条件、继承权的使用和利润、各种租金及薪金的分配)。第三部分是财物循环理论,内容主要与价值价格交换、信贷、银行、国家贷款、贸易以及商业危机有关。第四部分介绍了财富的使用法则,重点是要懂得节约,不要过度奢侈浪费,要关注大众、贫困和慈善。第五部分的内容与国家金融有关,阐明了国家在经济中的性质、任务以及税和国债的意义。

F595.22/K18—27

Die Schweiz Nebst den Angrenzenden Teilen von Oberitalien, Savoyen und Tirol: Handbuch für Reisende/ Verlag von Karl Baedeker. —27. Aufl. —Leipzig: Verlag von Karl Baedeker, 1897

28,484 S.; 16 cm.

  本书适用于前往欧洲中部的游客们使用,涉及瑞士、意大利、法国和奥地利的旅游。本书为游客们提供了多种旅游计划,游客可以通过参照书中提供的旅行消费、旅店膳食、徒步旅行、护照海关、国家地图、邮政电报及交通工具等内容完善自己的旅行计划。按照不同的旅行路线,游客们将会看到不同风格的景点。本书共详细介绍了七条线路,即瑞士北部、四林州湖及其周边,圣哥达峰、伯恩高地、瑞士西南部,日内瓦湖、法国霞慕尼小镇及瓦利斯岛,法国与意大利的临界地区,阿尔卑斯山脉地区,瑞士东南部的格劳宾登州、意大利瑞士的湖群,意大利的加达湖、马乔列湖、科摩湖及瑞士的卢加诺湖。

G 文化、科学、教育、体育

G551.69/K67

Geschichte des Deutschen Schulwesens/ Karl Knabe. —Leipzig: Verlag von B. G. Teubner, 1905

154 S.; 18 cm.

本书按照文化形态的发展变化介绍了德国各时期教育事业的发展状况,包括德国教育事业的开端与公立学校;德国教育中的人文主义、宗教改革、反宗教改革、虔信主义、仁爱主义、启蒙运动;在新人文主义的文化背景下,德国的教育事业也表现出的不同发展状态及这些阶段中的教育目的的变化。此外,本书还介绍了一些哲学家的教育理念,阐述了人们逐渐认识分工必要性的过程及公立学校的建设过程。

G633.52/K77—9

Geschichts-Kursus für die Oberen und Mittleren Klassen Höherer Lehranstalten und zum Selbstunterricht/ H. Koepert. —9. Aufl. —Leipzig:Georg Reichardt Verlag, 1890

206 S. ; 20 cm.

本书是供德国高等院校的高年级和中年级使用的历史教科书,也可供自学者使用。本书介绍了德国历史的三个阶段,即早期历史、中期历史及近代历史。本书将早期历史又分为三个阶段。第一阶段是从最古老的王国的建立开始到波斯战役,介绍的是亚洲、埃及和犹太人的状况。第二阶段是从波斯战役到亚历山大大帝死亡,展示了希腊国家的发展、繁荣和没落。第三阶段是从亚里山大大帝的死亡到民族大迁徙,主要讲的是罗马帝国的历史。中期历史也被分为三个阶段,即从民族大迁徙到卡尔大帝,从卡尔大帝到鲁道夫一世,从鲁道夫一世到宗教改革时期。近代史则分为从宗教改革至三十年战争结束、从最高统治时期至弗里德里希大帝死亡、从1815年法国大革命至1888年威廉二世即位三个时期。

G633.55/D184—200

Leitfaden für den Unterricht in der Geographie/ H. A. Daniel. —200. Aufl. —Halle a. S. : Verlag der Buchhandlung des Waisenhauses, 1895

20,219 S. ; 19 cm.

本书分为四个部分,即地理基础知识,亚洲、非洲、美洲及澳大利亚洲地理知识要点,欧洲地理知识要点,德国地理知识要点。第一部分介绍了地球和太空(如地球的形状、自转和公转、经纬线、回归线、极圈、地带、星空、恒星、行星、彗星、陨星、月球);还介绍了地球表面(如水陆、海陆、沿海、五大洋、海洋、岛屿、气候、低地和高地、平原与山脉、河流湖泊、陆地水循环、动植物、人类及人种)。第二部分介绍了四大洲的基本信息(如民族、地势、重要国家及与德国的联系)。第三部分按方位介绍了整个欧洲的地理,包括南欧三大半岛、中欧的多瑙低地地区及科尔巴阡山脉、西欧的法国、大不列颠和爱尔兰、北欧的重要半岛及丹麦、东欧低地等内容。第四部分介绍了德国的山脉及河流的流经地区,与德国相邻的国家及德意志帝国的基本信息。

H 语言、文字

H313.2/K66—3

Englische Synonymik: Kleine Ausgabe für Höhere Unterrichtsanstalten/ C. Kloepper. —3. Aufl. —Rostock: Wilh. Werthers Verlag, 1891

124 S.; 23 cm.

  本书是专供德国高等院校学生学习英语的德英词典,按照首字母顺序共列出了四百三十六个与德语词相对应的英语同义词的读音及词义,并列举了德语例句及英语例句。

H314/B124—10

Englische Konversations- und Korrespondenz- Grammatik für den Selbst-Unterricht/ E. Bachmann. —10. Aufl. —Berlin: August Schultze Verlag, 1903

8,64,96,128,94,64 S.; 19 cm.

  本书旨在指导人们通过自学的方式学会使用英语,尤其是英语会话和英语信件来往方面。本书分为五个部分。第一部分为英语基础知识,指导英语初学者的学习,内容轻松简单。第二部分分析了英语词类(如冠词、名词、形容词、代词、数词、副词、连词、介词、表示时间的词),同时,介绍了英语词的次序规则、首字母的使用方法、英语词语分类法以及用于标点符号的使用。第三部分是英德词典。第四部分介绍了商务英语信函和英语个人信件的书写规则。第五部分是英语对话训练。

H32/R539—5

Lehrgang der Französischen Sprache/ Wilhelm Ricken. —5. Aufl. —Berlin: Verlag von Wilhelm Gronau, 1904

186 S.; 22 cm.

  本书为法语教科书,适合学习初级法语的德国学生。第一部分至第四部分包括四十五篇法语素材及相对应的法语素材的练习题、用作练习的德语短文,根据第一部分法语素材列出的消遣性问题等内容。第五部分是法语语法,解释并分析了法语名词的格、性,名词的复数形式和与名词相关的冠词的使用规则,也分析了法语形容词、代词、数词、动词、副词、介词、连词的使用规则。第六部分是词汇索引表,翻阅此部分内容,可以找到法语生词的对应德语解释。

H329.9—62/P729—16

Voyage A Paris: Sprachführer für Deutsche in Frankreich: Praktisches Handbuch der Französischen Umgangssprache/ Karl Ploetz. —16. Aufl. —Berlin: Verlag von F. A. Herbig, 1903

126 S.; 15 cm.

本书是一本实用性法语入门书,适合旅游时随身携带。本书包括法德对照旅游基本词汇、对话方式中套话和法德对照习惯用法。其中,基本词汇中涉及交通、穿着、饮食、住房、通信等内容。对话部分也包含了基本性问答(如询问、餐饮、购物时可能用到的交谈内容)。

H33/B283—9(1)

Dr. Friedrich Bartels Lern- und übungsbuch für die Deutsche Sprachlehre und Rechtschreibung. 1. Heft/ Friedrich Bartel. —9. Aufl. —Leipzig: Verlag von Theodor Hofmann, 1904

60 S.; 21 cm.

本书是一本关于德语语言学习的教学书(附练习分册),介绍了德语词句的书写形式,句子类型,名词的概念及写法,冠词的类型及使用,音节的划分规则,发音和音标,元音和辅音的正确发音及书写,名词、形容词、动词的单复数概念,同音词、动词的时态语态,名词、动词及形容词三者之间的区别等内容。对各部分内容,本书都首先给出了例句或示例段落,按照各部分内容的重点对其进行了分析,并给出练习题以对所学知识点进行复习并加深理解。

H33/B469

Die Schwierigkeiten Unserer Muttersprache: Übersichtliche zusammenstellung der Zweifelhaften Fälle im Mündlichen und Schriftlichen Sprachgebrauche, mit besonderer Berücksichtigung der Kaufmännischen Sprache/ A. Bennewitz, L. Link. —Leipzig: Verlag von G. A. Gloeckner, 1898

284 S.; 19 cm.

本书总结了德国人在学习和使用德语时常遇到的问题。第一部分解疑三类德语词,即名词、形容词、动词;第二部分解疑德语句子及措辞方式。关于名词,本书讲解了德语名词的阴性、阳性和中性,辨别词性的一般规律,名词的单复数形式,名词的变格,复合名词的构成规律,名词的构成;关于形容词,本书讲解了形容词的变格、比较级和最高级、固定搭配、构成及正字法;关于动词,本书讲解了动词的时态、助动词 haben 和 sein 的使用规则、分词、可分动词和复合动词、动词不定式、动词的语态等。本书还提到了德语数词、副词、代词、介词和连词的使用规则。关于德语句子和措辞方式,本书分析了句子的主语、谓语、主谓数、性、人称和格的一致,复合句、句子的构成规律,如何缩写句子等内容。另外,这一部分还讲解了德语外来词。本书也特别关注了商务德语。

H33/G978—41

Gottfried Gurckes Hauptpunkte der Deuschen Sprachlehre/ Gottfried Gurcke. — Hamburg: Otto Meissner, 1900

8,112 S. ; 19 cm.

  本书分为德语词法学和德语句法学两个部分,介绍了德语的基础语法。关于德语词法,介绍了德语词的语音,包括长短音、音节划分和词重音;各类德语词的基础概念及使用规则;德语名词、代词、形容词、数词、动词的使用以及德语副词、介词、连词和感叹词的用法。句法学部分包含了简单句、扩展简单句和复合句三个部分。首先,介绍了主语和谓语结构构成,德语句子宾语的四格宾语、三格宾语、二格宾语类型,介词短语作宾语、定语作宾语等内容。其次,介绍了复合句结构中主从句的语法规则,分析了从句的类型,包括主语从句、宾语从句、定语从句、状语从句等。本书还介绍了德语标点符号的使用规则等内容。

H33/T388—2

Sprachleben und Sprachschäden: Ein Führer durch die Schwankungen und Schwierigkeiten des Deutschen Sprachgebrauchs/ Theodor Matthias. —2. Aufl. —Leipzig: Friedrich Brandstetter, 1897

14,484 S. ; 21 cm.

  本书介绍了基本德语语法和德语词句,分析了德语在各方面表现出来的不稳定性。第一部分分析了德语词的词缀及其代表的含义,解释了某些特殊副词(如 seither、her und hin、inhier 的具体含义)。第二部分讲解了名词、形容词、数词、代词、动词的基本概念、性质及其在使用中的变化(如名词的性质、名词的类型、外来词、名词变格、名词单复数、形容词变格、动词的时态和语态、助动词的使用)。第三部分讲解了词的搭配,包括冠词的搭配、介词的搭配、名词与名词连接的结构(如名词与名词的二格相连)、动词的搭配等内容。第四部分讲解了德语句子,即与简单句和复合句相关的内容。首先,分析了简单句的构成,句中主谓语的语法规则,构成句子的各组成部分在性、格、数上的一致,名词化的不定式,非名词化的不定式。其次,讲解了主从句、关系从句、动词不定式和动词的分词结构作为缩句的手段、句子模式(如命令句)、句子的语序等内容。同时,本书详解了德语句子的基本构成规则。

H33－61/B864－13(11)

Brockhaus' Conversations-Lexikon:Allgemeine Deutsche Real-Encyklopädie. 11. Band, Leo-Murray/ F. A. Brockhaus. —13. Aufl. —Leipzig:F. A. Brockhaus,1885

956 S.;25 cm.

本书收集了从 Leo 至 Murray 的所有词语的百科知识。本书融词典与百科全书于一体,形成了与《不列颠百科全书》不同的德国百科全书的风格。本书具有条目简短、安排周密、释文简明、知识广博、事实充实、材料精新的特点,被奉为各种语言百科全书的典范,先后被译成英、俄等语言并出版。欧洲的许多百科全书以其为范本。参与撰稿的国内外学者达一千四百多人,收词目约十万条。

H33－61/B864－13(13)

Brockhaus' Conversations-Lexikon:Allgemeine Deutsche Real-Encyklopädie. 13. Band,Phraates-Russkohle/ F. A. Brockhaus. —13. Aufl. —Leipzig:F. A. Brockhaus,1886

948 S.;25 cm.

本书收集了从 Phraates 至 Russkohle 的所有词语的百科知识。

H33－61/B864－13(14)

Brockhaus' Conversations-Lexikon:Allgemeine Deutsche Real-Encyklopädie. 14. Band,Russland-Spahis/ F. A. Brockhaus. —13. Aufl. —Leipzig:F. A. Brockhaus,1886

954 S.;25 cm.

本书收集了从 Russland 至 Spahis 的所有词语的百科知识。

H33－61/D845－5

Vollständiges Orthographisches Wörterbuch der Deutschen Sprache:Mit Zahlreichen Kurzen Wort- und Sacherklärungen und Verdeutschungen der Fremdwörter/ Konrad Duden. —5. Aufl. —Leipzig:Bibliographisches Institut,1897

18,350 S.;18 cm.

本书为《杜登德语正字法词典》的完整版,于 1897 年出版,是该系列书籍的第五版。本书用简明扼要的语言解释了常用的德语词汇，并对这些词汇所表达的事物进行了详尽的说明。另外，列出的词汇中还包括一类特殊的德语词汇——外来词。

H33－61/H541－3(1)

Herders Konversations-Lexikon：Reich illstriert durch Textabbildung，Tafeln und Karten. 1. Band，A bis Bonaparte/ Herdersche Verlagshandlung. —3. Aufl. —Freiburg im Breisgau：Herdersche Verlagshandlung，1902

1740 S.；25 cm.

本书收集了从 A 至 Bonaparte 的所有词语的百科知识。这部百科辞典融词典与百科全书于一体，特点是采用丰富的插图（包含文字说明、图表及地图），条目简短、安排周密、释文简明、知识广博、事实充实、材料精新。

H33－61/H541－3(4)

Herders Konversations-Lexikon：Reich illstriert durch Textabbildung，Tafeln und Karten. 4. Band，H bis Kombattanten/ Herdersche Verlagshandlung. —3. Aufl. —Freiburg im Breisgau：Herdersche Verlagshandlung，1905

1790 S.；25 cm.

本书收集了从 H 至 Kombattanten 的所有词语的百科知识。

H333.3－61/S215－2

Zitatenlexikon：Sammlung von Zitaten，Sprichwörtern，Sprichwörtlichen Redensarten und Sentenzen/ Daniel Sanders. —2. Aufl. —Leipzig：Verlagsbuchhandlung von J. J. Weber，1905

712 S.；17 cm.

本书收集了德国的名人名言、格言谚语、习惯用语，还有一些众所周知的警句。

H334/L522－2(2)

Unterrichtsstoff für die Deutsche Grammatik und Orthographie：Zum Gebrauch in Vorschulen und in den Unteren Klassen Höherer Bürgerschulen und Töchterschulen. 2. Teil/ Lehrer der Königlichen Vorschule zu Berlin. —2. Aufl. —Berlin：Verlag von Carl Habel，1898

308 S.；19 cm.

本书适合学龄前儿童预备班、高等公立学校及高等女子学校的低年级学生学习德语时使用。本书内容主要与德语语法有关,分为两个部分:第一部分为第五学期学生应学的语法知识,第二部分为第六学期学生应学的语法知识。第五学期的语法学习主要集中于:名词的种类、复数形式、变格,复合名词及名词的派生(包含各种标志性的名词前后缀);形容词的种类、变格、比较级和最高级,复合形容词及形容词的派生(包含各种标志性的形容词后缀);句子结构主谓语的基本运用,作谓语的动词的种类及形式,动词标志性的前后缀;人身代词的变格。本书也介绍了一些基本的德语正字法(如元音和辅音的变化、元音长度的标志)。第六学期的语法学习除了对上一部分内容进行了延伸外,还增加了物主代词、指示代词、疑问代词、不定代词等代词,并介绍了介词、副词、连词、感叹词的使用规则。在德语正字法部分,讲解了 das 和 dass 的使用和名词词首大写规则。

H334—61/V878

Ausführliches Grammatisch-orthographisches Nachschlagebuch der Deutschen Sprache: Mit Einschluss der Gebräulicheren Fremdwörter und Angabe der Schwierigeren Silbentrennungen/ August Vogel. —Berlin: Langenscheidtsche Verlagsbuchhandlung, 1902

8,478 S.; 20 cm.

  本书是根据正字法编纂而成的德语词典,供德语学习者查阅使用。本书包含了基本的德语词汇、词的语法性质、常见外来词的解释等内容,并对音节的划分进行了说明。

H335/M363—4(1)

Deutsches Stilbuch. Erster Kurs, für die unteren Klassen Höherer Lehranstalten, sodann für die Oberklassen Gehobener Volks- und für Fortbildungsschulen/ G. N. Marschall. —4. Aufl. —Nürnberg: Verlag der Friedr. Kornschen Buchhandlung, 1882

284 S.; 20 cm.

  本书介绍了一些德语书面语的写作技巧。前半部分适合德国高等学校的低年级学生阅读,能帮助他们提高写作水平,通过示例指导学生如何对文章进行简单的改写(包括变换词序和缩句等)、如何转译自由诗、如何仿照已有段落写出属于自己的文章、如何找出所给文章段落的构架并根据构架详细地解释原文内容、如何写关于动植物等物品及特定人物对象的说明文。后半部分则适合高等公立学校及进修学校的高年级学生阅读,主要介绍的是德语书信体文章(包括通知、通告、消息、邀请函、贺词等)及商务文章的写作技巧等内容。

H336/A239-5

Venns Deutsches Wörterbuch nach der Neuen Rechtschreibung für Schule und Haus：Mit Besonderer Berücksichtigung der Gebräuchlichsten Fremdwörter und Eigennamen/ Verlag von Adolf Gestewitz. —5. Aufl. —Berlin：Verlag von Adolf Gestewitz，1891

320 S. ；23 cm.

　　本书是一部标准德语工具书,收集了德语日常用语中八千至一万的基本词汇量。本书收录的词汇实用,释义准确、精炼,突出了字词的语义特点和风格。本书充分考虑了各词汇在实际应用中的使用条件和表达习惯,准确地给出了每个词汇的同义词,通过这些同义词,能够帮助德语学习者更加准确地理解每个德语单词的意义。全书使用新正字法编写,符合新正字法规范。另外,本书包含了对常见外来词及某些专有名词的详细解释说明。

H336/H515

Deutsches Wörterbuch：Kleine Ausgabe/ Moriz Henne. —Leipzig：Verlag von S. Hirzel，1896

1288 S. ；27 cm.

　　本书收录了四万余个词条,每个词条的释义准确规范,语法解释详细。本书选词精练,体例一目了然,便于查找。释义的德语十分贴切、简明易懂,在每个词条后列出的该词的衍生词也具有实用性强的特点。本书还收录了很多新词及其用法。

H336/H699-3

Wörterbuch der Deutschen Sprache nach dem Standpunkt Ihrer Heutigen Ausbildung/ P. F. L. Hoffmann. —3. Aufl. —Leipzig：Friedrich Brandstetter，1884

705 S. ；19 cm.

　　本书是一部以促进当代德国教育事业发展为目的而编的德语词典,内容涉及德语变格变位、复合词、词义及各类词汇的书写规则,纳入了大量源自日常生活的例句。

H339.4/B665-24(2)

Deutsches Lesebuch für die Bedürfnisse des Volksschulunterrichts：Kleinere Ausgabe （A.） für Einfache Schulverhältnisse in Zwei Teilen. 2. Teil，Deutsches Lesebuch für die Mittlere und Obere Stufe der Ein- und Zweiklassigen Volksschule/ Eduard Bock. —24. Aufl. —Breslau：Ferdinand Hirt，Königliche Universitäts- und Verlags-Buchhandlung，1885

16，449 S.；20 cm.

  本书是适合在德国公立学校课堂中使用的德语小读本，有利于提高一、二年级学生的德语阅读水平，并帮助他们加深对世界各领域的了解。书中每篇文章的篇幅都较短，但包含的内容涉及德国甚至世界领域的诸多方面，包括昼夜四季更替德国社会家庭的日常生活，配有绘图的自然界的生物，德国工商业，欧洲历史、德国历史、德国地理、世界地理等内容。

H339.4/E93(5)

Deutsches Lesebuch für Höhere Lehranstalten. 5. Teil，Obertertia/ M. Evers，H. Walz. —Leipzig：Verlag von B. G. Teubner，1903

8，332 S.；22 cm.

  本书结合了当时最新的普鲁士教学方案编著而成，适合中德及北德地区九年制中学中的五年级学生使用。本书是《高等院校德语读本》的第五部分，包括德国散文和德国诗歌两个部分。散文部分又分为短篇小说、德国文学故事、德国历史故事、生物界自然事物的描述、德国地理学说明及德国民族学说明、微型文章六大类。其中，德国文学史故事部分主要讲的是德国著名文学家莱辛、歌德、席勒和乌兰德的人生经历，并介绍了他们名作的创作背景及内容梗概。诗歌部分介绍了德国著名诗人歌德、席勒、乌兰德的部分诗歌，也介绍了三十三首自1715年起由德国诗人们创作的在德国乃至世界较有名的诗歌。

H339.4/H476－3(2)

Deutsches Lesebuch für Höhere Schulen. 2. Teil，Deutsches Lesebuch für Quinta/ P. Hellwig，P. Hirt. —3. Aufl. —Leipzig：Verlag von L. Ehlermann，1903

12，340 S.；21 cm.

  本书适合德国九年制中学中的二年级学生使用，包括德国散文和德国诗歌两个部分。散文部分分为叙事性散文和说明性散文两种类型，叙事性散文包含了寓言、童话、短篇小说、神话、历史故事，说明性散文则主要与自然和地理有关。其中，德国神话历史故事部分讲述了古希腊罗马神话中的人物及著名事件，同时，追溯了德国在历史中的痕迹。诗歌部分分为叙事诗及抒情诗两大类，其中，叙事诗所包含的内容在形式上与叙事性散文一致，只是增加了与人生思考相关的诗歌。

H339.4/P153—5(2)

Deutsches Lesebuch: Ausgabe B für Höhere Mädchenschulen. 2. Teil, Drittes Schuljahr/ F. C. Paldamus, Karl Rehorn. —5. Aufl. —Frankfurt am Main: Moritz Diesterweg, 1901

20,213 S. ; 21 cm.

本书适合德国高等女子中学的三年级学生使用,包括散文和诗歌两个部分。本书根据主题对散文及诗歌进行混合排版。散文部分包含了短篇小说、寓言、童话、神话、历史故事等内容,诗歌部分包含了寓言、短篇小说、童话、歌谣、格言、谜语等内容。

H339.4/S388—3(5)

Berlinisches Lesebuch. 5. Teil, Oberstufe II. Abteilung/ Otto Schulz. —3. Aufl. —Berlin: Nicolaische Verlagsbuchhandlung, 1901

8,592,26 S. ; 22 cm.

本书收编了欧洲文学家们的三百余篇文学作品。本书分为五个部分,每部分都与人密切相关(如人与上帝、人与他人、人与自然、人与祖国、人与广阔的世界)。书中文学家们对"人"这门学问进行了深刻的思考。

I 文学

I222.2/S912

Schi-King: Das Kanonische Liederbuch der Chinesen/ Victor von Strauβ. —Heidelberg: Carl Winter's Universitätsbuchhandlung, 1880

528 S. ; 21 cm.

本书附有长达六十页的序言,对《诗经》及其文化背景进行了概要的评述,对《诗经》的内容进行了较为详细的评论,还对诗歌本体的艺术表现进行了深刻的探索,在每首诗下又加了脚注。此译本在欧洲影响较大,自1880年再版修订以来,直到1933年、1969年仍有重印本问世,并且被英国学者詹宁斯誉为欧洲最佳译本。

I516.09/W515

Zur Geschichte der Deutschen Literatur/ Rudolf Wessely. —Leipzig: Verlag von B. G. Teubner, 1905

169 S. ; 20 cm.

本书收集了十一篇评论性文章,评论了德国的著名作家、优秀文学作品、著名文学性机构。本书收集的文章主要有对马丁·路德创作的降临节之歌《救世主耶稣》的评论,对中世纪最为著名和受欢迎的骑士抒情诗人瓦尔特的介绍,对第三帝国时期最具影响力的文学杂志——"新文学"的介绍,对德国启蒙运动时期重要的作家和文艺理论家莱辛的介绍,对魏玛古典主义时期德国诗人及哲学家赫德尔的介绍,对德国"狂飙突进运动"的代表人物席勒及魏玛古典主义时期最著名的代表人物歌德的介绍,对席勒的戏剧《西班牙王子唐·卡洛斯》的评论,对德国诗人、戏剧家、小说家克莱斯特创作的戏剧《赫尔曼战役》的评论,对奥地利著名剧作家弗兰茨·格里尔帕尔策尔的介绍,对德国19世纪重要抒怀诗人埃杜阿特·默里克及德国小说家、剧作家古斯塔夫·弗赖塔格的介绍等。

I516.23/S451

Graf Albrecht von Mansfeld:Erzählende Dichtung aus dem Zeitalter der Reformation/ R. Seehaussen. —Gütersloh:Verlag von C. Bertelsmann,1892

204 S.;18 cm.

  本书是一部叙述性诗歌集,每首诗的主题都不同,分别为阿尔布雷希特伯爵的女儿们、约翰·恩斯特伯爵、安娜女士、阿尔布雷希特伯爵、艾斯莱本、黑暗时刻、徒劳的回转、朋友的忠告、路德集、和平之作、狂欢节游行、和解宴、路德之死、新的纷争、京根军营、阿尔布雷希特伯爵复仇、冥想、德拉肯堡之战、占领曼斯菲尔德宫、围攻马格德堡、突变、婚礼、结局等。

I516.24/B347

Nordische Melodien:Gedichte/ Nicolai Baumbach. —St. Petersburg:W. Erickson & Co.,1883

268 S.;17 cm.

  本书收集了19世纪北欧地区二百余首诗歌。诗歌类型包含叙事诗、晚间小调、圣诞歌、颂歌、十四行诗、民谣、恋歌七种,内容涉及表达情感、思考人生、感慨时光、人情冷暖等。

I516.24/U31

Uhlands Gedichte:Auswahl/ Ludwig Uhland. —Bielefeld:Verlag von Velhagen & Klasing,1893

14,150 S.;17 cm.

  本书由德国浪漫主义时期著名诗人、哲学家及文学史家约翰·路德维希·乌兰德撰写。他是日耳曼语文学的奠基人之一,从1807年开始成为一名诗人,著有

《诗集》(1815)等。他的许多诗歌及民谣具有民间传说的风格,所写的叙事诗和抒情诗多采用历史传说(如《歌手的诅咒》《诗集》),流传很广。乌兰德在诗中美化中世纪,充满想象力和自由精神,同时,抨击了当时的封建专制统治。晚年,他开始从事学术研究,著有关于德国和法国的古代诗歌的论文。本书分为两个部分,一部分是乌兰德所写的民歌,另一部分除此之外还包含了乌兰德所写的抒情叙事诗(如第一部分中就有著名翻译家钱春绮所译的诗《春天的信念》的德语原文)。

I516.44/R111-18

Der Hungerpastor/ Wilhelm Raabe. —18. Aufl. —Berlin: Verlag von Otto Janke, 1903

384 S.; 19 cm.

本书是德国 19 世纪下半叶现实主义文学的重要代表之一,由维廉·拉贝著。当拉贝还是大学生的时候,便以笔名雅科布·科尔维诺斯发表了他的处女长篇小说《麻雀巷编年史》,并一举成名。成名后他便终止学习,转而专事创作。拉贝最出名的中篇小说是《黑色木战舰》及本书——《饥饿牧师》。他的作品反映了 1848 年革命失败后德国的社会以及坚持革命理想的知识分子的复杂心理。他同情被压迫的群众,但又把正在兴起的无产阶级革命看作"灾难"。他不去揭露丑恶的现实,只以幽默的笔调抒发自己的不满。他笔下的正面人物不愿与现实同流合污,或逃避现实,或远去国外,或因苦闷而性格怪僻,作品中流露出悲观、忧郁的基调。本书描写的是两个性格相反的人的不同遭遇,拉贝通过本书传达以下思想:只有逃到偏僻的小乡村才能真正找到所追求的东西。

I516.64/H468(1)

Heinrich Heine's Sämmtliche Werke. 1. Band, Französische Zustände/ Heinrich Heine. —Hamburg: Hoffmann und Campe, 1872

8,436,264 S.; 16 cm.

本书选自海涅文集。海涅是 19 世纪德国著名的作家。在法国七月革命爆发之后,海涅因其政治观点受到了越来越多的攻击。同时,他因对德意志的书报检查制度感到厌恶,于 1831 年去了巴黎,并从此开始了他生活与创作的第二个阶段。在本书中,海涅致力于把法国的情况介绍给德国人,并将德国的情况介绍给法国人。本书收集的内容有海涅于 1831 年在巴黎举办的画展对法国几名画家所进行的介绍,海涅写给德国作家雷瓦尔德的十封私信,海涅在巴黎发表的关于音乐的报道及其在 1844 年所写的关于音乐季的报道,海涅所著的以路德维希·伯尔内为中心的备忘录等。

I516.64/M729(3)

Generalfeldmarschall Graf von Moltke Ausgewählte Werke: Vier Bände. 3. Band, Feldherr und Staatsmann/ Graf von Moltke. —Berlin: Verlag von Reimar Hobbing, c1901

14,414 S.; 29 cm.

  本书由普鲁士和德意志名将、总参谋长、军事家及德国陆军元帅——毛奇撰写。毛奇在战争动员、军队编成、作战指挥、武器装备等方面多有建树,他的军事理论对西方影响较大,有著作传世(如《毛奇全集》《毛奇军事著作》)。本书介绍了1857至1890年间德意志军事政治形势和荷兰、比利时、波兰、德国及其邻国的政治文献、上议院和德意志帝国议会上的政治谈话、1830至1890年间的政治信件等内容。

I516.72/E69(3)

Die Volkslieder der Deutschen: Eine Vollständige Sammlung der Vorzüglichen deutschen Volkslieder von der Mitte des Fünfzehten bis Erste Hälfte des Neunzehnten Jahrhunderts. 3. Band/ Friedrich Karl Freiherrn von Erlach. —Mannheim: Heinrich Hoff Verlag, 1835

632 S.; 21 cm.

  本书汇集了15世纪中期至19世纪上半叶的所有优秀民谣。本书民谣主要来源于随笔的诗歌部分、周报或杂志的诗歌部分、17世纪杰出诗人的诗集或现代诗集的诗歌部分、民间故事的诗歌部分等。

K 历史、地理

K1/P729－11

Auszug aus der Alten, Mittleren und Neueren Geschichte/ Karl Ploetz. —11. Aufl. —Berlin: Verlag von A.G. Ploetz, 1895

8,434 S.; 18 cm.

  本书按古代史、中世纪史、近代史三个部分进行编排,将世界各国、各地区的历史整合。在世界古代史部分,本书对古代东方文明的缘起、兴盛、衰落的历史过程进行了介绍,叙述了古希腊罗马时期古希腊和古意大利等欧洲国家的历史状况。在中世纪史部分,本书将其再分为四个时间段,叙述了375至1492年间欧洲各国的历史大事件(如民族大迁徙、卡洛林王朝统治下的法国),同时,对东方国家的中世纪历史进行了简要介绍。在近代史部分,本书叙述了1492年至19世纪的欧洲历史大事件及欧洲各国的历史状况,并适度增添了科技文化方面的内容。

K516—43/S324

Lehrbuch der Geschichte für Höhere Lehranstalten: In Übereinstimmung mit den Neuen Lehrplänen/ K. Schenk. —Leipzig: Verlag von B. G. Teubner, 1899

70 S. ; 21 cm.

本书是一本为适应新的教学计划而编纂的历史教科书,适合高等院校使用。本书介绍了德国历史上的部分著名人物(如德意志皇帝威廉一世、腓特烈三世和威廉三世,勃兰登堡大选帝侯腓特烈·威廉,普鲁士王国的第一位皇帝威廉一世,古代和中世纪历史时期的卡尔大帝、海因里希一世、奥托大帝,霍亨斯陶芬王朝的弗里德里希皇帝,哈布斯堡王朝的鲁道夫一世),讲述了他们的生平、成败及其经历的重要战役,并用历史文献证实了所述内容的真实性。

K835.165.2/M729(4)

Gesammelte Schriften und Denkwürdigkeiten des General-Feldmarschalls Grafen Helmuth von Moltke. 4. Band, Briefe des General-Feldmarschalls Grafen Helmuth von Moltke an seine Mutter und an seine Brüder Adolf und Ludwig/ Grafen Helmuth von Moltke. —Berlin: Ernst Siegfried Mittler und Sohn, 1891

15,315 S. ; 22 cm.

本书介绍了1823至1837年间毛奇写给其母的信件、1839至1871年间毛奇写给他的兄弟阿尔道夫的信件及1828至1885年间毛奇写给他的兄弟路德维希的信件。

K91/H733—10

Erdbeschreibung: In Zwei Lehrstufen/ C. Holl. —10. Aufl. —Stuttgart: Verlag der J. B. Metzlerschen Buchhandlung, 1887

10,190,23 S. ; 21 cm.

本书描述了人类赖以生存的地球的方方面面,旨在向读者讲解基本的地理知识,介绍了地理概论、五大洲的自然地理和政治地理、古代地理和巴勒斯坦地理等内容。第一部分对地球圈层、经纬线、太阳、月球及地球的运动、五大洋及五大洲、气候及产物、人种及宗教等进行了基本的介绍。第二部分介绍了五大洲,即欧洲、亚洲、非洲、美洲、澳大利亚洲(此书中按此划分),其地理位置、地貌、气候气象、人文及世界大国。第三部分详述了古代亚非欧三洲的重要地理信息(如古埃及、古希腊罗马、日耳曼民族),同时,重点介绍了巴勒斯坦的基本地理信息。本书还介绍了德国最大的红葡萄酒产区乌腾堡的基本地理概况。

K991/S766—7

Dr. K. von Spruner's Historisch-geographischer Schul-Atlas/ K. von Spruner. —7. Aufl. —Gotha：Justus Perthes，1874

1 Heft；25 cm.

本书是一本历史地理教学图册,共收纳了二十三幅地图。地图记录的是 476 年至 19 世纪的欧洲历史,从图中可探知这段历史中欧洲版图和德国版图所发生的变化。前言部分对地图做了简要介绍（如地图中记录的历史事件、某些数字符号）。

O 数理科学和化学

O6/H672—8

Katechismus der Chemie/ Heinrich Hirzel. —8. Aufl. —Leipzig：Verlagsbuchhandlung von J. J. Weber, 1901

10,453,16 S.；17 cm.

本书对化学基础概念、元素及其化合物知识、化学实验等方面进行了系统的归纳、整理,强调了知识的内涵、相关知识的联系及在实践中的应用,并通过典型示例解析各部分知识。本书分为两个部分。第一部分介绍了十三类化学元素及其简单化合物。第二部分则详述了十种碳合物的基本化学信息。这十种碳合物分别是碳氢化合物、醇、醛、有机酸、酮、糖类、生物碱、染料、白朊化物及动物身体各部分的不同组成成分。

P 天文学、地球科学

P3—62/Z73—4(1.1)

Der Erdball und Seine Naturwunder. 1. Band, Populaires Handbuch der Physischen Geographie. 1. Band/ W. F. A. Zimmermann. —4. Aufl. —Berlin：Verlag von Gustav Hempel, 1855

8,378 S.；22 cm.

本书分为地球概况与宇宙概况、大气圈两个部分。第一部分详述了地球及宇宙的基本信息（如地球的各种物理特征,包括形状、半径、表面积、体积、密度、经纬度、轨道参数、气候带分布）;古代著名的宇宙学说（如哥白尼的日心说、伽利略的宇宙学说）;其他宇宙星体,包括太阳、月球、行星、彗星、星云星系、双星;季节更替、昼夜更替与地球的运转的联系;日食和月食等内容。第二部分介绍了与大气圈相关的各种知识（如大气圈的组成和结构、气压及气压计、大气圈的温度、蜃景、大气圈的湿度及降雨量、气流、陨石、黄道光）。

R 医药、卫生

R5—43/S927—13(1)

Lehrbuch der Speciellen Pathologie und Therapie der Inneren Krankheiten für Studierende und Ärzte. 1. Band/ Adolf Strümpell. —13. Aufl. —Leipzig：Verlag von F. C. W. Vogel，1900

8，624 S.；22 cm.

  本书介绍了常见的急性感染病、呼吸系统疾病、血液循环疾病三大类疾病，其中，又将呼吸系统疾病下分为与鼻、喉、气管及支气管、肺、胸膜相关的五类疾病，将血液系统疾病下分为与心脏、心包膜和血管相关的三类疾病。本书在详述各类疾病基本症状的同时，介绍了对各类疾病的病因、发病机制、病理变化、转归和结局等方面的描述，阐明了各类疾病的本质，从而为认识和掌握疾病发生发展的规律以及为防治和诊疗疾病提供了必要的理论基础。

R96/S348—4

Grundriss der Pharmakologie in Bezug auf Arzneimittellehre und Toxikologie/ Oswald Schmiedeberg. —4. Aufl. —Leipzig：Verlag von F. C. W. Vogel，1902

12，496 S.；22cm.

  本书不仅涉及药理学，也涉及毒物学。在医学界，药物同毒物有时难以严密区分，因此，药理学实际上也以毒物为研究对象。本书介绍了毒物学的相关知识，分为三个部分：脂肪族、生物碱类、芳香族、樟脑类、萜（烯）及细菌毒素的神经毒物和肌肉毒物；可以造成强烈腐蚀及长久刺激的有机化合物；可以作为神经毒物、肌肉毒物、新陈代谢毒物、腐蚀性毒物的无机化合物等内容。

S 农业

S6/T351

Der Jugend Gartenbuch：Zu deren Freude und Belehrung/ Marie Teuscher. — Frankfurt a. M. ：Verlag der Königlichen Hofbuchdruckerei Trowitzsch & Sohn，1902

8，184 S.；23 cm.

  本书为园艺爱好者介绍了一些基本的园艺知识，在果树栽培、蔬菜种植及花草养护方面为其提供了实践性的指导意见。本书从最基础的园林知识讲起，介绍了如何分辨土壤类型、如何利用堆肥或肥料改善土质、如何知晓植物所需营养、如何在适当的时间种下正确的植物、如何帮助植物预防虫害及自然灾害等知识。关于植物学和昆虫学的基础知识,本书也穿插着进行了简要的介绍。为了帮助读者更好地识别,本书还配有二百余幅精美的图片。

S68/H583—2

Anleitung zur Blumenpflege im Hause/ Max Hesdörffer. —2. Aufl. —Berlin：Verlagsbuchhandlung Paul Parey, 1905

185 S.；22 cm.

本书分为三个部分。首先,介绍了在室内栽培植物须知的一般性知识(如布置室内花园所需的设备及其使用方法,土壤及品种的选择,播种及移植的最佳时期及播种移植的注意事项,如何给盆栽浇灌、施肥及剪枝,伤害室内植物的因素,花房中温度、空气等的标准,在冬季和夏季如何给室内植物创造良好的生长环境)。其次,介绍了最适合在室内种植的植物种类及各类植物适合摆放的位置。最后,举例介绍了大棚植物的栽培技术(如风信子、水仙、五月花及各种灌木的栽培)。为了便于识别和使用,本书还配有插图,更为清晰地描述了一些室内植物的形态特征、生态习性、栽培管理及相关设备的功能作用。

S685.12/J91

Rosenbuch für Jedermann：Die Kultur, Behandlung und Pflege der Rose in monatlicher Arbeitseinteilung/ Paul Juratz. —Berlin：Verlagsbuchhandlung Paul Parey, 1901

8,128 S.；19 cm.

本书用文字详细地介绍了蔷薇的培植技术知识,并配有精美的绘图,以便读者识别不同种类蔷薇的形态特征。本书按 1 至 12 月这条脉络,介绍了各月中蔷薇的不同状态及蔷薇花栽培者需注意及要做的事项。蔷薇的栽培品种有野生玫瑰、传统玫瑰、现代月季及杂交茶香月季。本书介绍了一种或多种产自不同国家的玫瑰的各项特征(如花期、花形、花色、植株大小)。

S852/J58

Kompendium der Bacteriologie und Blutserumtherapie für Tierärzte und Studierende/ Paul Jess. —Berlin：Verlag von Richard Schoetz, 1901

10,102 S.；19 cm.

本书是一本适合兽医及学医者阅读使用的专业医学书,分为以下几部分：细菌学简介和细菌培养法、特殊区域的细菌学、注射疫苗的一般守则、免疫学概要、相应疾病的疫苗接种、血清疗法概要及其在治疗动物和人的过程中的使用。各部分内容引用的案例典型、叙述的步骤详尽且列出的数据也十分精确,方便读者将此书作为依据进行实际操作。

T 工业技术

T-62/H888-18(2)

Des Ingenieurs Taschenbuch. Abteilung II. / Der Akademische Verein "Hütte". —18. Aufl. —Berlin: Verlag von Wilhelm Ernst & Sohn, 1902

867 S. ; 18 cm.

  本书对工程师的工作职责、专业技术知识、业务管理和质量管理实施细则以及有关的专业法规、标准和规范进行了介绍,并对新材料、新技术、新工艺的应用进行了阐述,是一本便于学习和掌握的实用工具书。测量学篇介绍了如何运用仪器及算术测量和计算直线的长度、角度、高度等内容;高层建筑的建设篇讲解了基底、墙体、屋顶等建造,介绍了特殊建筑设备的使用,分析了建造成本及预测完工时间等内容;同时,介绍了建筑供水系统的设计及建设、建筑排水系统的设计及建设、通风装置及供暖设备的安装、道路工程建设、建筑结构的平衡、桥梁建设、造船技术、铁路建设技术、钢铁冶金学、电气工程学、煤气制造等内容。本书将理论与实践相结合,突出了对施工管理人员实际工作能力的培养,具备实用性和可操作性。

TS112/E37

Die Bedienung der Arbeitsmaschinen zur Herstellung bedruckter Baumwollstoffe unter Berücksichtigung der Wichtigsten Arbeitsmaschinen der Spinnerei und Weberei/ Wilh. Elbers. —Braunschweig: Verlag von Friedrich Vieweg und Sohn, c1905

14,226 S. ; 29 cm.

  本书以从事棉纺织生产技术各个层面的技术人员为主要对象,结合理论与实践,介绍了棉麻织品的生产流程及其生产机械——纺纱机、织布机和印花机的操作规程。棉纺纱技术部分介绍了棉纤维的各种特征及纺纱的具体操作规程;织造工艺部分介绍了编织前的准备工作(如漂洗、剪切和上浆),编织的流程及织布机的使用说明;印花工艺部分介绍了织物印花的发展历程,织物脱毛、烧毛、丝光、漂白的具体操作过程,织物印花的操作规程,印花织物的后期处理(如去污、消毒、上浆)及成品的丈量和审查。

TS38/F953

Salzbergbau- und Salinenkunde/ F. A. Fürer. —Braunschweig: Verlag von Friedrich Vieweg und Sohn, 1900

22,1124 S. ; 22 cm.

　　本书介绍了采盐和制盐的具体操作流程。第一部分介绍了食盐的价值和来源,盐水及储盐场所的出现,矿盐、盐溶液及盐水的特征属性,钾盐及镁盐的储藏和特征,欧、亚、非、美洲及澳大利亚洲的重要盐产国以及盐税。第二部分介绍了矿盐和钾盐的开采,从水溶液萃取食盐的过程,钾盐、镁盐和母液的加工处理,也介绍了制盐工厂建筑的构造、制盐设备的使用方法、不同的制盐方法、盐和盐水的化学研究进展等内容。

TS972.1/W642—36

Neues illustriertes Kochbuch oder die Kunst ohne jede Vorkenntnis Schmackhafte und wohlfeile Speisen für den einfachen wie auch reicheren Tisch bereiten zu können: Enthaltend gegen 900 erprobte und bewährte Rezepte/ Gertrude Wiemann. —36. Aufl. —Berlin: Verlagsdruckerei Merkur G. m. b. H. , 1902

347 S. ; 20 cm.

　　本书共列出了近九百道菜肴的烹饪方法,详细介绍了各菜肴的烹饪过程、所选烹饪器具的使用方法及各类食材的处理方法。第一部分为烹饪基础知识简介,介绍了上菜顺序、称量、采购、保存食材的设备和方法、四季的新鲜食材、厨房基本构造及厨具的摆放、烹饪火候、烹饪时间及食材处理等协调方法。第二部分为各类食物的典型烹饪技巧及烹饪器具的使用方法,介绍了饮料、焙制食品、丸子、汤、酱汁、鱼蟹贝类食物、蔬菜蘑菇、猪肉、野味、家禽、糖煮水果和沙拉、蛋奶面制食品、胶冻、奶油、蜜饯罐头、凉菜、斋食等制作方法及步骤。

TS972.161/D249—41

Praktisches Kochbuch für die Gewöhnliche und Feinere Küche: Unter Besonderer Berücksichtigung der Anfängerinnen und Angehenden Hausfrauen/ Holle. —41. Aufl. —Bielefeld: Verlag von Belhagen & Klasing, 1904

52,826 S. ; 19 cm.

　　本书是根据德国最著名的烹饪书撰稿人亨里艾特·戴维蒂斯所著的《实用烹饪书》编纂而来的,适合初学烹饪者和未来的家庭主妇使用,旨在帮助他们烹饪出可口的饭菜。首先,本书介绍了烹饪需要掌握的基础知识(如炉灶、炊具的正确使用及保存方法,好食材的辨别方法,装盘技巧及配料的适当添加)。其次,本书分门别类且步骤分明地介绍了汤、蔬菜(尤指土豆)、各类肉、糕点、各类海鲜和河鲜、布丁、蛋饼、煎鸡蛋、蛋奶面米制食品、果冻和肉冻、糖煮水果、沙拉、饺子和丸子、酱汁、焙制食品、蜜饯罐头、香肠、饮料、奶酪、果酒、凉菜、斋食、病人用食等的制作。最后,本书阐述了饮食与服务业和经济之间的联系。

TU111.43/K27-2

Die Feuchtigkeit der Wohngebäude der Mauerfraβ und Holzschwamm: Für Baumeister, Bautechniker, Gutsverwalter, Tüncher, Maler und Hausbesitzer/ Adolf Wilh. Keim. —2. Aufl. —Wien: A. Hartleben's Verlag, 1901

8,141 S.; 18 cm.

本书重点介绍了建筑领域中的住宅湿度问题,分析了住宅楼潮湿的原因及房屋湿度对住宅造成的影响(如墙皮脱落、木架腐蚀),同时,阐述了解决这一系列问题的方法。第一部分讲解了房屋潮湿及墙皮脱落的原因,住宅楼在建设时为预防房屋潮湿及墙皮脱落应采取的措施,如今解决古旧住宅楼房屋潮湿问题所使用的方法,新建住宅楼及旧住宅楼的干燥、创新、可靠、持续有效且已经证实的干燥墙体及住房的方法。第二部分讲解了房屋木架被腐蚀的原因及此问题对人类健康的危害、建造房屋时为预防此类问题的发生应采取的措施、旧时解决木架腐蚀问题的方法及新的解决方法。

TU3/F899

Leitfaden für den Unterricht in der Bau-Constructionslehre/ Johann Friedel. —Wien: Wilhelm Braumüller, 1900

975 S.; 22 cm.

本书以图文结合的方式介绍了弗里德尔的建筑理念和建筑技巧。图片部分帮助读者了解各种工艺的原理,文字部分则记录了建筑工艺。本书介绍了以下内容:各种天然及人造建筑材料的特征描述及使用说明,砌筑工作技术(包括拱顶设计、木架镶嵌技术等),铺路工作技术,桌椅的制作工艺,门窗安装技术,屋顶搭建技术,粉刷技术,水井建造技术,住房基石、天花板的建设技术,桥梁搭建技术,阳台、楼梯、窗台、烟囱、厨房、炉灶、供暖供水系统的搭建技术。

Z 综合性图书

Z351.6/B582-5(8)

Meyers Konversations-Lexikon: Ein Nachschalgewerk des allgemeinen Wissens. 8. Band, Groβkreuz bis Hübbe/ Bibliographisches Institut. —5. Aufl. —Leipzig:

Bibliographisches Institut, 1896

1056 S. ; 24 cm.

  本书按字母顺序收有从 Großkreuz 至 Hübbe 的词条一万余个,另附插图、表格一千余个。该系列百科词典是目前世界上收录词条数目最多的百科全书。该百科词典是一部由德国人文主义者及出版商约瑟夫·迈耶创立的莱比锡文献学研究所出版的百科全书。全书以小条目为主,但对重要主题也设有较长的条目介绍。本书的参考书目较多且新颖;插图精美,彩色图与黑白图各占一半,但图幅很小,地图分插在地理性条目释文内。与其他百科词典相比,这本工具书更注重科技和工商业。

Z351.6/B582—5(9)

Meyers Konversations-Lexikon: Ein Nachschalgewerk des allgemeinen Wissens. 9. Band, Hübbe-Schleiden bis Kausler/ Bibliographisches Institut. —5. Aufl. — Leipzig: Bibliographisches Institut, 1896

1060 S. ; 24 cm.

  本书按字母顺序收有从 Hübbe-Schleiden 至 Rausler 的词条一万余个,另附插图、表格一千余个。该系列百科词典是目前世界上收录词条数目最多的百科全书。

法文图书

I 文学

I565.3/4

L'œuvres de p.；Corneille tome septième Agésilas/ P. Corneille. —Paris：Libairie de L. Hachette et Cie，1862

8,526 p.；21 cm.

本书包含高乃依的三部悲剧《阿格西莱斯》《苏莱娜》《阿提拉》、一部悲剧芭蕾舞剧《普赛克》、两部英雄喜剧《普尔喀丽亚》《提图斯与贝热尼丝》。

I565.45/140

Provenge/ Vieilles Mœurs, Vieilles Coutumes. —Paris：A. Lions, 1905

286 p.；18 cm.

本书对法国普罗旺斯省的一些传统习俗、服饰及其起源进行了介绍。例如，在结婚的习俗中，介绍了表白、求婚、订婚、婚礼。在为孩子出生做准备的习俗中，介绍了一些棘手的问题、孩子的受洗和安产礼的一些习惯。在巫术与魔法的习俗中，介绍了保佑孩子的一些习俗。在普罗旺斯五月节习俗中，介绍了面具与巫师，包括阿尔玛纳面具、两个驼背人等。在朝圣的习俗中，介绍了对花神与地母神的崇拜及过去有关求雨或是求晴天的习俗。在圣枝节篇中，介绍了树的象征与橙子的象征。本书也介绍了在收割成捆的小麦中举行的订婚式，对泉水的崇拜，圣伊洛节的仪式、大餐及服饰，火把节的习俗，守护的诸圣，保佑爱情的圣人，旧时的舞蹈，古老的歌曲，主保圣人节及婚礼上的对抗游戏，乡村里的风俗，节日游行，葡萄节，古时驿站，青年节，勒内国王游戏、各类游戏及游戏成员，杀猪时的风俗，诸圣节，圣诞节及一些趣事，村庄在圣诞节时的马槽，祖母们的裙撑，旧时商铺的一些招牌，牧歌，圣物，迎接新年的习俗，狂欢节，燃烧的帽子，浪漫的小夜曲，平民的戏剧，三孔笛与长鼓，关于荞麦面的回忆，去世及下葬的习俗等内容。

I565.74/1

Fables de la Fontaine/ L'Aimabel Mentor. —Paris：Librairie Générale Catholique,

1899

10,182 p. ; 15 cm.

　　本书以诗歌形式介绍了多个寓言故事及其所含寓意,包括乌鸦与狐狸(奉承我们的人往往伤害我们);气壮如牛的青蛙(嫉妒与野心并不是好事);两只骡子(财富都是骗人的);狼与狗(心应向往自由);小牛、山羊和绵羊与狮子结伙(不要与恶人交好,而应与好人交往,近朱者赤近墨者黑);狼与小羊(在恶棍眼里,暴力才有话语权);狐狸和鹳鸟(欺人者必自欺);燕子与小鸟(不要瞧不起经验);生病的狮子(务必信守诺言);狮子与叫驴(爱吹嘘的人会为此付出代价);狐狸与山羊(我们要提防魔鬼);狼与鹳鸟(坏心眼的人总是忘恩负义的);年老的狮子(要尊重上了年纪的人);用孔雀羽毛装扮自己的松鸦(骄傲是多么的令人鄙夷);小鱼和渔夫(不要总是看太高);披着狮皮的驴(严重的缺点总有一天会暴露);主人的眼睛(没有什么能逃过上帝的眼睛);去战斗的狮子(谨慎些是有好处的);猪、山羊与绵羊(美德比生命更重要);猫和老鼠(没有信仰的人是最可怕的);狮子与老鼠(我们要互相帮助);鸽子和蚂蚁(善行不会被忘记);老人和他的孩子们(团结是力量)等一百二十八个故事和道理。

K 历史、地理

K565/3-2

Les Grandes Légendes de France/ Edouard Schuré. —2e ed. —Paris：Librairie Académique Didier,1895

299 p. ; 18 cm.

　　本书分为四个部分。第一部分介绍了凯尔特时期的人物概况。第二部分介绍了加尔都西大修道院与圣布鲁诺的传奇等内容。第三部分介绍了高卢时期墨洛温王朝时期的人和事。第四部分介绍了列塔尼传奇及凯尔特守护神、伊苏城与达鲁特传说、巫师梅林的传奇、塔林传奇、凯尔特守护的聚成与使命等内容。

K565.4/5(10)

Histoire du Consulat et de L'Empire Tome 10/ M. A. Thiers. —Paris：Paulin,1851

511 p. ; 20 cm.

　　本书介绍了拿破仑对于欧洲外交的态度、拿破仑的经济手段与军事手段、这场战役对于拿破仑的一系列影响、拿破仑加速战争的准备工作、阿本斯贝格战争、埃克缪尔战役的概况、对雷根斯堡战役评价、波兰事件、德国的起义运动、埃斯林战役、七月六日华格姆战役、兹奈姆停火协定、1809战役的特点等内容。

K565.4/5(11)

Histoire du Consulat et de L'Empire Tome 11/ M. A. Thiers. —Paris：Paulin, 1851

476 p. ; 20 cm.

本书分为两个部分。塔拉维拉与瓦尔赫伦部分介绍了1809年法国人在西班牙的活动，关于争夺半岛的战争计划，苏尔特元帅于1809年在波尔图拉开的战役情况，波尔图事件，与英国人的秘密协商，预定7月28日发动塔拉维拉的战争情况，西班牙事件，英国人为促进这次关于大陆远征同奥地利人的商谈所做的努力，罗什福尔讨伐战，英国人向安特卫普交火情况，弗利辛恩的投降，安特卫普进入防御阶段的声明等内容。分裂部分介绍了阿尔滕堡谈判进展状况、《维也纳和约》的签订情况、拿破仑回到法国后的事态、教会在1809年军事与政治大事件发生期间的事务、拿破仑的婚姻情况、法兰西对于帝国统治最后的幻想等内容。

K565.41/1－13(2)

Histoire de la Révolution Française Tome 2/ M. A. Thiers. —13e ed. —Paris：Furne et Cie, 1845

466 p. ; 21 cm.

本书介绍了第五章至第八章的内容。第五章介绍了立法议会的情况、制宪议会的裁判状况、第二国民议会的开放情况、针对流亡贵族及宣誓派教士的法令、战争准备、在战争问题上党内的分化情况等内容。第六章介绍了匈牙利国王与波希米亚国王的战争宣言、吉伦特内阁的划分、奥地利委员会的情况、拉法耶致议会的信件、佩蒂翁在六月事件中扮演的角色、拉法耶对议会的起诉情况、塞纳河议会诸党派的和解等内容。第七章介绍了佩蒂翁政府停止职权的状况、巴黎的起义情况等内容。第八章介绍了吉伦特派内阁的状况、军队情况、拉法耶与新政府的对抗情况、瓦尔米大胜利和联盟军的撤退等内容。

K565.41/1(6)

Histoire de la Révolution Française Tome 6/ M. A. Thiers. —Paris：Furne et Cie, 1845

591 p. ; 20 cm.

本书介绍了第二十一章至第二十四章的内容。第二十一章介绍了敌对党最后的处决结果、针对旧贵族的法令、废止除雅各宾派之外的社会团体、委员会的内部分工情况、1794年欧洲各国的概况、皮特政权的概况、朱安党发动战争的情况、圣多米尼哥的大灾难、马提尼各失利等内容。第二十二章介绍了罗伯斯庇尔的统治状况，包括1794年初法国内部的情况、委员会的行政工作、财政法、雅各宾专政、巴黎大处决、委员会成员的决裂、罗伯斯庇尔的谢幕等内容。第二十三章介绍了包括1794年从北部到中部的军队活动,专政最后的日子,委员会人员的重组,对旧委员会成员的控诉,专政之后的财政、商业及农业状况,党派矛盾的激化,在国民公会的发言等内容。第二十四章介绍了朱安党叛乱,包括军队活动的重启、乌尔特河与鲁尔河之战、攻占莱茵河沿线全部、法国人的全面胜利、热月党人的情况,对雅各宾派的暴力状况、巴黎的动荡状态等内容。

K565.41/1—13(9)

Histoire de la Révolution Française Tome 9/ M. A. Thiers. —13e ed. —Paris: Furne et Cie, 1847

427 p. ; 21 cm.

　　本书介绍了第三十五章至第三十七章的内容。第三十五章介绍了共和国五年(1797年)冬法国政府的情况,巴哈、卡诺等五位督政的特点与分工,公众舆论的情况,克里希的俱乐部,共和国五年的大选情况,1797年国外(法国外)各势力的情况及军队情况,拿破仑军在意大利国土上的对抗情况,与奥地利人新的战争状况,(意大利)布雷西亚及威尼斯国等地的革命情况,在莱奥本做出的与奥地利和解的尝试等内容。第三十六章介绍了威尼斯人的背信弃义,维罗纳大屠杀,威尼斯共和国的灭亡,对督政府的反抗,共和国第五年的财政新状况,党内权力的分化,政治布局与军队布局变化,内阁的变化,政治大游行,与皇帝进行的关于和解的商议,与英国人的里尔会议等内容。第三十七章介绍了对立党内部的分离状况、督政府为反对大多数议员(王党派)做出的最终计划、军队对两位议员的驱逐情况、对五十三名议员的流放情况、对于2/3债务的偿还情况等内容。第三十七章介绍了与英国人的里尔会议,乌迪内会议,波拿巴在意大利的工作情况,坎波福米奥条约,波拿巴在巴黎期间的总姿态以及他与督政府的关系,法国与欧洲大陆的联系,荷兰、罗马及瑞士的革命,法国内部情况(如共和国六年选举),入侵埃及的准备等内容。

K565.41/6(1)

Histoire du Consulat et de L'Empire Tome 1/ M. A. Thiers. —Paris: Paulin, 1845

494 p. ; 21 cm.

　　本书介绍了第一章至第四章的内容。第一章介绍了法国共和国八年的宪法,法国行政与财政上的混乱,临时执政官对于解决混乱状况做出的努力,财政政策,临时执政官的政治法案,与保皇党领导人的会谈,与国外政府的联系,欧洲总体情况,普鲁士在当时的重要地位,和平的呼声,对于宪法的关心,共和国八年宪法通过及其定于1月4日开始实施等内容。第二章介绍了执政政府的最终宪法、英国及奥地利的和约、法案评议委员会初期的异议、法律机构、法院的一审及上诉、对战争状态的迫切需求、保皇党人的处境、蒙福肯和约等内容。第三章介绍了乌尔姆与热那亚的战争、1800年联盟军的实力、瑞士在此次战争中的重要性、波拿巴将军的计划、马塞纳的指令、热那亚的情况、马塞纳的英勇战斗、恩根战役与莫斯科什战役、奥地利人向多瑙河的撤军状况、莫罗作战的简述、将军的特点等内容。第四章介绍了马伦哥战役、马塞纳的稳定、波拿巴将军向隆巴迪的进军情况、德国部分的停战情况等内容。

K565.41/6(4)

Histoire du Consulat et de L'Empire Tome 14/ M. A. Thiers. —Paris: Paulin, 1847

684 p. ; 21 cm.

本书介绍了第十五章至第十八章的内容。第十五章介绍了与英国和解的第一步、英国工业部门与法国签订贸易条约、两个国家商业利益达成一致的困惑、法国与西班牙重建良好的关系、瑞士的问题、对瑞士这个国家及其宪法的一些说明、德国的情况及吕内维尔条约、教会国的破灭导致日耳曼宪法的大改变、国会论战、1803年议事录等内容。第十六章介绍了旧时的商贸精神，控制所有殖民地的野心，卡昂在印度的使命，黑人革命的情况，黑人的归顺，殖民地的繁荣，民法典、修会及教职员管理，调停法，亚眠和约的破裂，和平短暂的原因等内容。第十七章介绍了英国海军对法国商贸的暴力、殖民地遭遇战争、英法两国实力对比、战斗舰队与运输舰队的状况、海上长期问题的描述、安特卫普计划、水手与士兵的亲密同盟等内容。第十八章介绍了阴谋者们的失望、对于收留谋反者的严惩法令、乔治三世的声明、惨重事件体现的特点等内容。

K565.41/6(5)

Histoire du Consulat et de L'Empire Tome 5/ M. A. Thiers. —Paris: Lheureux et Cie, 1845

473 p. ; 21 cm.

本书介绍了第十九章至第二十一章的内容。第十九章介绍了昂间公爵死后给欧洲带来的影响、在整个德国发生的掠夺与暴力、奥地利中止帝国暴力的信号、法案评议委员会委员对恢复君主制目的的动力来源、法国大革命的新说法、共和国转变为军事君主制等内容。第二十章介绍了推迟攻占英国的动机与益处、共和国预算情况、西班牙根据期限归还欠款情况、拿破仑预备在拉芒什安排一支舰队、发生在英国的大事件、拿破仑在莱茵河沿岸的进行状况、拿破仑加冕礼的准备情况、约瑟芬娜与拿破仑的教内婚礼等内容。第二十一章介绍了教皇在巴黎的行程，意大利共和国变为法兰西帝国附属国的意向，元老院的各项重大会议，拿破仑海军对英国及西班牙宣战的状况，荷兰、法国及西班牙的海军实力，拿破仑攻占印度的计划，调停计划被英国大使发展成为反法同盟计划，拿破仑在意大利的看法与计划，费罗尔海战情况，1805 年出征的计划，拿破仑把火力转向欧洲大陆等内容。

K565.41/6(7)

Histoire du Consulat et de L'Empire Tome 7/ M. A. Thiers. —Paris：Paulin，1847
684 p.；21 cm.

本书介绍了第二十五章至第二十七章的内容。第二十五章介绍了法兰西帝国在普鲁士战争期间的情况，拿破仑为应对同盟的防御准备的方法，普鲁士宫廷对军队的输送，施莱茨之战与萨布尔之战，值得纪念的耶拿战役，拿破仑的进攻，占领莱比锡、维滕贝格和德绍，占领奥得河沿线等内容。第二十六章介绍了拿破仑对普鲁士的胜利在欧洲产生的影响、柏林法令、1806 年的军士召集与 1807 年的征兵令、骑兵的发展、法国人进入波兰的概况、普鲁士人与俄罗斯人的被迫联合、普乌图斯克战役、贝尔纳多特将军在莫龙格漂亮的一仗、拿破仑结集智者为将俄罗斯人赶走、拿破仑在占领奥斯特鲁达与芬肯施泰因时的一些情况等内容。第二十七章介绍了1807 年冬东方的状况、俄国向土耳其全境进军的状况、君士坦丁堡出现的恐慌、拿破仑与波兰军队的艰苦斗争、拿破仑在党茨（音译）长时艰难围攻战、1807 年 6 月 10 日拿破仑军队的重新作战、值得纪念的弗里德兰战役、俄军被迫撤回尼曼河、拿破仑邀请沙皇亚历山大到苏维埃茨特进行谈判及制订的一系列计划、在君士坦丁堡问题上的争论、一些欧洲隐藏的待解决问题、拿破仑与沙皇亚历山大在所有问题上达成的一致、拿破仑回到法国、拿破仑在苏维埃茨特事情之后获得的荣耀、拿破仑的政治及其在这一时期的特点等内容。

K565.41/6(16)

Histoire du Consulat et de L'Empire Tome 16/ M. A. Thiers. —Paris：Paulin，1857
693 p.；20 cm.

本书介绍了第四十九章至第五十章的内容。第四十九章介绍了拿破仑回到德累斯顿并定居在马克里尼宫，拿破仑与梅特捏公爵的会面，拿破仑正式接受奥地利人的调停并指定在布拉格召开全权代表会议，英国人被逐出卡斯蒂利亚，中部军队、安达卢西亚和葡萄牙军队联合起来，威灵顿公爵对 1813 年出征的设想，法国人的设想，巴黎官方与马德里官方的冲突，1813 年 5 月重拾作战计划，一些战争的经过,同年 6 月 21 日维托利亚之战及其后果,拿破仑在这一决定性时期的真实想法,1813 年第二次出征加深了拿破仑对他自己计划的信心,同盟军的计划以及他们在这次大战中显示出的巨大战力,1813 年 8 月 27 日著名的德累斯顿战役等内容。第五十章介绍了西里西亚发生的重大事件、欧迪诺元帅的撤退、同盟军的撤军、几个世纪来最大战役在莱比锡之墙的打响、德累斯顿的投降、1813 年战役的特点等内容。